元華文創
卓越文庫 EB007

席勒與孔子的美育思想探析

由席勒對康德的批判談起

李宗澤 著

自　序

　　本書自撰寫至完成，前後歷時約一年半，期間多經師友提攜鼓勵，實慚感難忘。茲當印行出版之際，爰敘各章之梗概以為序。敬祈各界前輩、師長與同好，不吝指正為禱。

　　本書首章簡述康德與席勒兩人論辯之起因，並指出席勒論美之觀點為何可與孔子之美育思想相映發。第二章則言席勒美學之基本架構。席勒此文係由七封書信輯成，行文之間似頗乏綱領。為廓清眉目故，筆者遂順其理路略作批註，俾釐清其論美之要義何在。第三章則言康德與席勒兩人之異趣為何，並引介席勒論美觀點之源委，以明席勒立論之宗旨。第四章先言前人與近人對於席勒美育思想之理解，次則將筆者於第二、三章中所獲得之觀點與孔子之美育思想相參較，令此兩者相觀而善。末章總結全文，並預作伏筆。

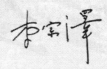

目次

第一章　導論

一、問題緣起

　　本論文之撰寫，最初動機乃緣於康德與席勒兩人間之論辯而來。康德於《道德底形上學之基礎》一書中曾提出「定言令式」一說，並將其表述為三項公式，他將此一令式綜括為「純粹實踐理性之基本法則」，亦即：「要如此行動！使你意志之格律隨時都可以同時被視為一項普遍立法的原則。」[1]所謂「格律」（Maxime）亦可理解為如下：

> 格律是行動底主觀原則，而且必須與客觀原則（即實踐法則）區別開來。格律包含理性依照主體底條件（往往是其無知或其愛好）而決定的實踐規則，且因之是主體據以行動的原理；而法則是對每個有理性者均有效的客觀原則，而且是每個有理性者應當據以行動的原理，也就是一項令式。[2]

　　康德將「對於義務的愛（Liebe）與愛好（Neigung）」斥為道德行為上之

---

[1]　I. Kant: *Kritik der praktischen Vernunft*, in: *Kants Gesammelte Schriften* (Akademieausgabe), Berlin: Walter de Gruyter 1968, Bd. 5, S. 30.　以下引用康德全集之處，一律以 *KGS* 表示。

[2]　I. Kant: *Grundlegung zur Metaphysik der Sitten*, in: *KGS* (Akademieausgabe) Bd. 4, S.420-421.

自私動機。道德行為中之意志須根據此一定言令式且純然透過法則、毫無任何動機所決定，故「義務可被理解為吾人之行動出於『對法則的敬畏』（Achtung fürs Gesetz）的必然性」³另外，康德亦於《實踐理性批判》一書中對此道德法則有如下表示：

> 道德法則對於一個最高最圓滿的存有者的意志而言乃是一條神聖性的法則，不過，對於每個有限的理性存有者的意志而言卻是一條義務的法則、道德強制的法則，以及通過對法則的敬畏並發自對自己義務的敬畏而決定其行動的法則。萬萬不可把另一條主觀原則設定為動機，否則，這一行動雖然可像法則對之有所規範的面貌而產生，但由於這一行動儘管是合於義務的（pflichtmäßig），但卻並非出於義務的（aus Pflicht），故而存心因此便不是道德的，而在這一立法中，真正重要的卻是存心。⁴

> 發自對人類的愛與同情的善意而對他們行善，或是發自對秩序的愛而主持公道，這是非常好的事情，但這還不是我們行為之真正的、與我們作為人類的理性存有者的立場相符應的道德法則。⁵

由康德之論述可知：唯有與愛好相抗所產生的行為才可稱為「道德的」（moralisch）。故道德行為之形成乃純粹出於對於法則之敬畏，如此才具有道德性（Moralität）及真實之價值。康德對此一「唯許法則開口、不許愛好發言」⁶之觀點心折不已，如他所言：

---

3 *Kritik der praktischen Vernunft*, in: *KGS*, Bd. 5, S. 80.

4 同上，S. 82.

5 *Kritik der praktischen Vernunft*, in: *KGS*, Bd. 5, S. 82.

6 Anton Hermann Appelmann: *Der Unterschied in der Auffassung der Ethik bei Schiller und Kant* (mit Quellenbelegen) (G.E. Stechert and company: 1917), S. 7.

義務！你這崇高偉大的名聲！你本身決不容許任何懷有諂媚的巴結，而只是要求服從，但也決不為了推動人的意志而以激起內心中自然的厭惡且使人畏懼的東西來威脅人們，你只是樹立一條法則，它自發地找到內心的入口……面對這一法則，一切愛好都緘默不語，縱使愛好暗中抵制法則。你那可敬的起源是什麼？我們在何處尋找你那傲岸地拒絕與愛好的一切親緣關係的高貴出身的根？而且，到底追溯到哪一條根才是人類唯一可自行給予的那種價值之不可或缺的條件？[7]

不過，席勒卻不滿於康德此一觀點。依他之見，康德「定言令式」之型態過於嚴肅，且有貶抑人性之虞。他於 1793 年 2 月 19 日致友人柯爾納（Körner）函中即表示：

當意志作出道德決定時，實踐理性對我們的衝動所施加的壓制，明顯包含著某種使人感到侮辱、使人在現象中羞愧難堪的東西。無論在何處，我們都不願目睹這種壓制，縱使是理性自己去施加這種壓制，我們也不願看到；因為，我們「把每一個存有者都視為自身之目的（Selbstzweck）」，而且，對我們來說，自由是最高的東西，我們會對那種為了彼物而犧牲此物或將此物視為手段的事情感到厭惡不已（這會使我們忿忿不平）。因此，當我們旁觀一個行動過程，而且，感性由於這個行動而感到不安的時候，道德行為無論如何都不可能是美的。所以，我們的感性本性應該在道德行為中展現出自由，縱使感性實際上是不自由的，而且看似是本性完成了我們衝動的任務，或者，縱使本性此時正好與衝動相反，服從純粹意志的支

---

[7] 同上，S. 154.

配。[8]

此外，席勒亦在〈論優雅與尊嚴〉一文中抨擊康德之觀點，他寫道：

康德的道德哲學是以一種嚴峻的方式（Härte）來表達「義務」底概
念的，而這種嚴峻的方式卻嚇跑了所有的優雅女神（Grazien），而
且會輕易地誘使軟弱的知性在一種修道僧式的禁慾主義
（mönchische Aszetik）之幽暗道路上找尋道德的圓滿性。……家中
的孩子（Kind）到底是做了什麼事，使他只在乎那些奴才（Knecht）？
難道因為極為不潔的愛好經常竊取道德的名號，那高尚心胸中的兒
女之情就必須為此而遭受質疑？難道因為道德上的懦夫樂於把寬容
（Laxität）（它使法則成為其習性的玩物）加諸理性法則，於是就必
須為此把嚴肅（Rigidität）加諸於他，而這種嚴肅把道德自由之充滿
活力的表現轉變為值得誇讚的一幅奴才相（Knechtschaft）？難道真
正的有德之人在自尊與自卑間的選擇，會比感性奴隸在快樂與痛苦
間的選擇更自由？難道純粹的意志會比不潔的意志受到更少壓迫？
難道我們就必須透過道德法則的命令（Imperativ）形式來控訴與貶
抑人性，而他偉大崇高的身分卻同時又是其卑猥的證據？在此一命
令形式中，人身為理性存有者加諸自己的法則（一方面對人形成約
束，一方面又與其自由感和諧共處），難道就無可避免地要採取隔膜

---

[8] F. Schiller: *Brief-Traktate an Körner über den Begriff des Schönen*. in: *Schiller Sämtliche Werke, Philosophische Schriften*(Berlin: Aufbau Verlag, 2005), S. 647-648. 席勒所謂「Selbtzweck」有「以其自身為其目的」義，亦即「自我成全」、「自我完足」。牟宗三先生於《判斷力之批判》譯本之「商榷」文中，以《易傳》之「終成義」、孔子之「君君，臣臣，父父，子子」、孟子之「五穀不熟，不如稊稗，夫物亦存在熟之而已矣」以說明此一「合目的性」義，似與席勒所說之義極貼切。詳參康德著、牟宗三譯《康德：判斷力之批判 上冊》（臺北：學生書局，2000 年再版），頁 9-11。陳昭瑛先生則於〈馬克思主義和儒家的文學觀〉一文中提出所謂「內在目的論」之觀點，似亦可與席勒此處之義相發明。詳參陳昭瑛：《儒家美學與經典詮釋》（臺北市：臺大出版中心，2005年），頁 199-219。

（fremd）而實定的（positiv）法則面貌嗎？[9]

　　由如上引文即可見出兩家差異。席勒之所以謂康德倫理學為「嚴肅」，實緣於康德使「義務」與「愛好」形成敵對之局，義務甚至不可與愛好達成一友好關係：「純粹的義務據此成為道德行動的唯一動機；義務不可與其他動機結合，且根本不可使愛好作為其條件，而是應在其全部純粹性中採取充足的動機。」[10]不過，席勒認為此兩者亦有結合之可能，當非冰炭不同爐：「不論出於愛好的行為與出於義務的行為在客觀的意義下如何相互對立，但在主觀的意義下卻並非如此，何況，人不僅可以、而且應該將愉快（Lust）與義務結合起來；他應當樂意地、心悅誠服地（mit Freuden）服從他的理性。」[11]在此一脈落下，席勒遂提出「優美的道德」（或謂「道德之美」）、「優美的心靈」等觀念，藉此修正康德情理二分之倫理學架構。[12]

　　康德在閱讀席勒此文之後亦有回應。他於《單在理性界限內的宗教》一書之段落中評論席勒此文為「名家手筆」，表面上雖對席勒之觀點有所讓步，但實際上卻又不敢苟同：

---

[9] *Über Anmut und Würde*, S. 200-202. 譯文參閱李明輝：〈康德的「道德情感」理論與席勒對康德倫理學的批判〉，收於《四端與七情——關於道德情感的比較哲學探討》，頁37-38。

[10] I. Kant: *Die Religion innerh. d. Grenzen der bloßen Vernunft*, in: *KGS*, Bd. 6, S. 46.

[11] *Über Anmut und Würde*, S. 200.

[12] 有關康德「道德法則」、「德福一致」之疑實，可詳參牟宗三先生《圓善論》（臺北：臺灣學生書局，民78年）第四、五、六章；亦可參閱楊祖漢先生《儒學與康德的道德哲學》（臺北：文津出版社，民76年）一書中〈從儒家哲學的觀點看康德的道德哲學〉、〈論康德的靈魂不滅說〉等文。對於康德嚴肅主義倫理學之問題，唐君毅先生便曾表示：「哲學家言道德，亦多重建立道德規律，規定一一之義務與當然命令，而依之以實踐。如康德之說是也。故西哲恆以道德純為行為上之事，惟賴吾人自覺的努力與奮鬥，以成就道德人格。中國儒者，則除一方知道德為行為上之事，重悔改過惡，嚴於自律以外，尤重在使人之性情之流露，行為之表現，自然合於道德。最高之道德境界，則為如聖人之『不思而中，不勉而得』，純是一片天機之流行。」詳參唐君毅：《中國文化之精神價值》（臺北：正中書局，1997年），頁224。另唐先生自謂其《道德自我之建立》一書中第四節論「心之本體無限制，故至善，其中亦無所謂苦與錯之存在」，其初乃受席勒美學書札及論文之影響，後於東西大哲之言中隨處得其印證。有關「生滅即不生滅」義，可詳參唐君毅：《道德自我之建立》（臺北：臺灣學生書局），頁32-33；頁110-138。

席勒教授閣下在他論道德之〈優雅與尊嚴〉這篇名家手筆（Thalia,
1793，第 3 期）中，反對這種表述責任（Verbindlichkeit）的方式，
即它彷彿帶有一種修道僧的心情。但既然我們在重要原則上毫無二
致，那麼，只要我們能夠彼此了解，我也能夠承認在這點上我們的
意見是相同的。我願意坦承：正是為了義務概念底尊嚴起見，我們
無法使優雅與之發生關係。因為義務概念包含無條件的強制
（Nötigung），而優雅正與這強制相牴牾。法則（像西奈山底法則）
底莊嚴（Majestät）引起尊敬（這既非排斥性的畏縮，亦非產生親暱
性的誘惑）；但是在此情形下，這種臣屬對其統治者的敬畏，由於該
統治者在我們自己之內，遂引起一種對我們自己的分命
（Bestimmung）的崇高之情，而這比一切美的事物更使我們欣喜。[13]

近人 Appelmann 便指出，康德此一義務概念實充滿「無情強硬、充滿普
魯士威廉皇帝之精神，它高傲地先行於繆斯女神（Musen），決不允許後者影
響前者。如此生硬（Straffheit）與突兀（Schroffheit）實不容任何妥協」[14]：

但是德行（亦即，嚴格地盡我們的義務之堅定存心）底結果也是慈
善的，超過自然和藝術在世間可能提供的一切；而且人底莊嚴形象
（見諸他的這種型態中者）決不容許優雅女神之伴隨。但是我們所
談的尚只是義務，祂們就敬而遠之。然而，如果我們看到德行將遍
及世間的動人效應（假如德行到處為人所接受的話），則以道德為目
標的理性便會使感性（通過想像力）共同發生作用。唯有制服了怪
物之後，赫庫列斯（Herkules）才成為繆斯女神的首領（Musaget）；
而面對這種工作，這些好姊妹懼而卻步。一旦維納斯‧烏拉尼亞

---

[13] *Die Religion innerh. d. Grenzen der bloßen Vernunft*, in: *KGS*, Bd. 6, S. 23.譯文參閱李明輝：〈康德的「道德情感」理論與席勒對康德倫理學的批判〉一文。

[14] *Der Unterschied in der Auffassung der Ethik bei Schiller und Kant*, S. 9.

（Venus Urania）底這些伴隨者想要干預決定義務的工作，並未此而提供動機時，祂們就成為維納斯・狄歐涅（Venus Dione）的蕩婦。現在如果我們問：德行底感性特質（彷彿是氣質）為何？是勇敢的、因而愉快的呢？還是為恐懼所苦而沮喪的呢？則我們幾乎不需要回答。若對法則沒有隱含的恨意，便決不會有後一種奴才的心情。而且在遵從我們的義務時的愉快之心（而非在承認法則時的愉悅）是道德的存心底真實性底一項特徵，甚至是在虔誠中。虔誠並非存在於懊悔的罪人底自我折磨（它是極曖昧的，而通常只是因為違犯明達底規則而產生的內在責難）中，而是存在於精益求精的堅定決心中；這種由於良好進益而生起的決心必然產生一種愉快的心情，否則我們決無法確定我們確已有所好於「善」，亦即，已將「善」納入我們的格律中。[15]

席勒雖亦在函中對康德「寬厚的正確指正」（nachsichtige Zurechtweisung）表示謝意，但卻不滿於康德此一曖昧之詞。就席勒觀之，感性在道德行為之中實不應遭受壓制，而是應與理性同時發揮作用：

讓一種感性的本性與人之純粹的精神本性相伴，並非為了將這種感性的本性當作一個包袱一樣丟棄，或是當作一個拙劣的外殼從身上脫掉，而是為了使它與人之更高的自我最緊密地相協調。當自然使人成為理性而又兼具感性的存有者時，它已藉此向人宣告其義務，即是，不要將它所結合起來的東西分開，甚至在人底神性面之最純粹的表現當中也不要將感性面棄之不顧，而且不要將一方之勝利建立在對另一方的壓制之上。當人底道德心境（sittliche Denkart）從

---

[15] *Die Religion innerh. d. Grenzen der bloßen Vernunft*, in: *KGS*, Bd. 6, S. 24. 譯文參閱李明輝：〈康德的「道德情感」理論與席勒對康德倫理學的批判〉一文。

其整個的「人」（Menschheit）（作為兩項原則共同產生的結果）中
流出，並成為其本性時，這種心境才有保障。因為只要道德的精神
還使用強制力，自然本能就必然還有力量反抗它。只是被壓制的敵
人還可重新站起，而和解的敵人卻可真正被懷柔。[16]

　　康德與席勒兩人之爭論焦點大體如上。此中之關鍵，誠如李明輝先生所
分析，「對康德而言，對道德法則的敬畏之情反映出人類的真正分位，即有限
的存有者。若是我們以為能出於愉快而服從道德法則，則是以無限的存有者
自居，這是一種僭越。……因此，康德的『道德情感』理論預設了一個人的
有限性與上帝的無限性之對揚」，「對康德而言，作為審美效應的愉快或愛好
充其量僅是道德之從屬的、伴隨的要素；但對席勒而言，美卻代表道德圓
成。」[17]換言之，康德與席勒之觀點實有一根本上之差異：其一，康德僅論
及「德行」（Tugenden），而非「德性」（Tugend），僅論及「個別的」道德行
為或存心，而非道德的「狀態」（Zustand）或道德之「造境」（Verfassung）；
其二，康德之觀點乃是將人之神性面的勝利建立在對感性面的壓制之上，僅
關注人的感性面是否受道德意志之懾服，然並非將其一併納入道德行為之
中。[18]席勒表示，「感性」與「理性」兩者可相互關聯，這即是「對義務的愛
好」。誠如 Friedrich Beiser 所指出：

　　從席勒之立場觀之，這兩人的倫理學顯然存在一種對比。若康德代
　　表狹隘的道德觀點，則席勒便支持較為開闊的人類學觀點。席勒表
　　示「片面的道德觀點」（einseitige moralische Schätzung）之問題在於
　　犧牲了個體與以道德為目的的感性：它們或受到壓制、或成為達成

---

[16] *Über Anmut und Würde*, S. 200. 譯文同上。

[17] 詳見李明輝：〈康德的「道德情感」理論與席勒對康德倫理學的批判〉，收入《四端與七情──
關於道德情感的比較哲學探討》一書，頁 49-52。

[18] 同上，頁 57。

道德目的的手段。然而,「完整的人類學觀點」（vollständige anthropologische Schätzung）之價值在於將個體與感性納入更為完整的倫理學理想。它們不再是道德發展中的手段且成為「目的自身」。當席勒將康德「道德教育」之觀點與其人類學之「美感教育」之觀點作一對比時,雙方觀點的區分便非常清晰。道德教育在於培養意志服從理性之規範,美感教育則表示人即是一整體,並栽培感性與理性的力量以使其達成最可能的和諧。席勒多處提出警告,道德教育之無限上綱將會壓制情感與欲望,且為了服從普遍法則而消滅個體。[19]

由此觀之：席勒極為注重人之整體性格（非個別行為）之和諧（非緊張對立）,認為此方足以勘驗人之道德修養之極致。楊深坑先生表示,席勒此一「美感教育」實與孔子所謂「從心所欲不踰矩」之觀點相當類似：

席勒有鑑於十八世紀末專業技術開始發展,卻反而使人類的人格有陷入肢解的危險,因而提倡美感教育,透過美感教育發展人類感性與精神力量的最大可能的和諧,使人從自然狀態,通過美感狀態,導向理性或道德境界。根據嘉達美（H. G. Gadamer, 1986:88）的評論,席勒的美學在本體論上作了一個內在的轉移,也就是藝術所應預備的真正道德與政治的自由,席勒代之以「美感國度的形成」（Bildung eines ästhetischen Staates）,這個美感的國度也就是對藝術有興趣的「教化社會」（Bildungsgesellschaft）。杜斯特（D. C. Durst, 1994:40-41）則以為席勒從康德的感性與理性之二元對立作出發,以道德之美（moralische Schönheit）來彌補理性和感性的鴻溝。道德係透過實踐理性之純粹意志之決定（reine Willensbestimmung）,

---

[19] Frederick Beiser: *Schiller as Philosopher*.(Oxford: Oxford University 2005), p. 184.

具有道德美的行為，仍然依規則而行為，但看起來卻像無規則，就
好像美感的對象看起來無跡可循一樣。具有道德美的行為看起來不
依循規則，因本身已渾然忘卻規則，就像出乎本能一樣，輕而易舉
完成道德義務，質言之，透過美育所完成的人格氣質，已類於孔子
所謂的「隨心所欲不踰矩」的人格最高境界。[20]

楊先生論席勒與孔子相類之觀點，亦可見於李明輝先生〈康德的「道德
情感」理論與席勒對康德倫理學的批判〉一文。實則，王國維先生於 1906
年曾撰有以〈教育家之希爾列爾〉為題的文章，題中「希爾列爾」即席勒之
謂。王國維先生極為推崇席勒之美育觀，認為美育可提高人之感情，使人日
益高尚，遠離暴慢鄙倍：

泰西自亞里大德勒以後，皆以美育為德育之助，至近世諾夫志培利、
赫啟孫等皆從之。及德意志之大詩人希爾列爾出，而大成其說，謂
人日與美相接，則其感情日益高，而暴慢鄙倍之心日益遠。故美術
者科學與道德之生產地也。又謂審美之境界乃不關利害之境界，故
氣質之欲減，而道德之欲得由之以生。故審美之境界乃物質之境界
與道德之境界之津梁也。於物質之境界中，人受制於天然之勢力；
於審美之境界則遠離之；於道德之境界則統御之。[21]

文中「津梁」一詞即席勒《美育書簡》一書中所謂「中間狀態」(mitteler
Zustand) [22]。此一狀態一方使人轉化其材質衝動而與形式衝動相參，一方則使

---

[20] 楊深坑：〈美育在後現代社會中的人格陶冶功能〉，收錄於《教育資料與研究》（第 88 期，2009/06），
頁 2-3。

[21] 王國維原著，佛雛校集：《王國維哲學美學論文輯佚》（上海：華東師範大學，1993 年），頁 20。

[22] F. Schiller: *Über die ästhetische Erziehung des Menschen in einer reihe von Briefen*. in: *Schiller
Sämtliche Werke, Philosophische Schriften*(Berlin: Aufbau Verlag, 2005), S. 352-353.

人活化其形式衝動而與材質衝動相參，當人擺脫此兩種力量之宰制時，人遂有真正之自由可言。王氏認為此一狀態與孔子之美育思想實脗吻不殊：

> 希氏後日更進而說美之無上之價值，曰：如人必以道德之欲克制氣質之欲，則人性之兩部猶未能調和也：於物質之境界及道德之境界中，人性之一部必克制之，以擴充其他部。然人之所以為人，在息此內界之爭鬥而使卑劣之感躋於高尚之感覺。如汗德之嚴肅論中，氣質與義務對立猶非道德上之最高理想也。最高之理想存於美麗之心（beautiful soul）。其為性質也，高尚純潔，不知有內界之爭鬥，而唯樂於守道德之原則。此性質唯可由美育得之，此希氏最後之說也。[23]

王氏謂孔門教學「始於美育，終於美育」（即「興於詩，立於禮，成於樂」），且「於詩樂外，尤使人玩天然之美」。所謂「天然之美」者，即出自《論語》曾點「言志」一節：「暮春者，春服既成，冠者五六人，童子六七人，浴乎沂，風乎舞雩，詠而歸。夫子喟然嘆曰：『吾與點也！』」[24]對於此一美感境界，王氏衷心嚮往並讚嘆道：「由此觀之，則平日所以涵養其審美之情者可知矣。之人也，之境也，故將磅礴萬物以為一，我即宇宙，宇宙即我也！光風霽月不足以喻其明，泰山華岳不足以語其高，南溟渤澥不足以比其大。此時之境界無希望，無恐怖，無內界之爭鬥，無利無害，無人無我，不隨繩墨而自合於道德之法則。一人如此則優入聖域，社會如此則成華胥之國。」[25]

除王國維先生外，徵引席勒美育思想卻未明白指陳者，則為蔡元培先生。蔡氏於其〈對於教育方針之意見〉中表示，教育家之特點乃在其可立身於現

---

[23] 佛雛：《王國維哲學譯稿研究》（北京：社會科學文獻出版社，2006 年），頁 161。

[24] 見《論語》先進篇第 25 節。

[25] 轉引自佛雛：《王國維詩學研究》（北京：北京大學出版社，1999 年），頁 342-343。

象界與實體界之交界處，並力求兩界之貫通：「以現世幸福為鵠的者，政治家
也；教育家則否。蓋世界有二方面，如一紙之表裡：一為現象，一為實體。
現象世界之事為政治，故以造成現世幸福為鵠的；實體世界之事為宗教，故
以擺脫現世幸福為作用。而教育者，則立於現象世界，而有事於實體世界者
也。故以實體世界之觀念為其究竟之大目的，而以現象世界之幸福為其達於
實體觀念之作用。」[26]依他之見，現象與實體非割截為二，而是實體即寓於
現象之中，幸福乃不幸福之人類達於實體世界之作用。據他看來，這種觀念
之養成，唯寄託於「世界觀教育」，或謂美感教育亦可：

> 世界觀教育，非可以旦旦而聒之也。且其與現象世界之關係，又非
> 可以枯槁單簡之言說襲而取之也。然則何道之由？曰，由美感之教
> 育。美感者，合美麗與尊嚴而言之，介乎現象世界與實體世界之間，
> 而為之津梁。此為康德所創造，而嗣後之哲學家未有反對之者也。
> 在現象世界，凡人皆有愛惡驚懼喜怒悲樂之情，隨離合生死禍福利
> 害之現象而流轉。至美術，則即以此等現象為資料，而能使對之者，
> 自美感以外，一無雜念。例如採蓮煮豆，飲食之事也，而一入詩歌，
> 則別成興趣。火山赤舌，大風破舟，可駭可怖之景也，而一入圖畫，
> 則轉堪展玩。是則對於現象世界，無厭棄亦無執著者也。人既脫離
> 一切現象世界之感情，而為渾然之美感，則即所謂與造物為友，而
> 已接觸於實體世界之觀念矣。故教育家欲由現象世界而引以到達於
> 實體世界之觀念，不可不用美感之教育。[27]

蔡氏謂美感教育乃溝通兩界之「津梁」，此說適與王國維同，然王氏提出
此說實早於蔡氏，此或蔡氏有取於王氏之說而光大之，亦未可知。蔡氏謂美

---

[26] 蔡元培著、聞笛・水如編：《蔡元培美學文選》（臺北：淑馨出版社，1989 年），頁 3。

[27] 同上，頁 4。

感乃合美麗與尊嚴於一體而言之，且謂此一觀念濫觴於康德，嗣後哲人乃繼起力倡云云。按康德固在其《判斷力批判》中以美以綰合自然與自由兩界，然明以「美麗」與「尊嚴」兩字合言美之形成者，蓋可溯諸席勒〈論優雅與尊嚴〉一文。席勒於此文中特重靈肉、理事之通貫，於著眼精神之美時亦不捐棄形軀之美，甚謂精神之美須寓諸形軀之美中方得呈露。蔡氏謂「實體者，即在現象之中」與席勒謂「美即是自由寓於現象之中」[28]極雷同，雖未具體表示其論述係援引席勒而來，然觀其所用術語實多本於席勒，可知其受席勒之影響甚巨。

　　朱光潛先生亦曾援引席勒「在美的觀照中，心情是處在法則與需要之間的一種恰到好處的中途」之語，藉以印證此與孔子七十之境界相仿，「用孔子的話來說，藝術和美的欣賞所由起的『遊戲衝動』是『從心所欲，不踰矩』。只有在達到這種境界時，人才能達到生活與形象的統一，感性與理性的統一，物質與精神的統一，也才能達到『完整的人格』與『心靈的優美』。所以席勒說：『只有當人充分是人的時候，他才遊戲；只有當人遊戲的時候，他才完全是人。』」[29]此外，宗白華先生亦指出，席勒之美育將「生活變為藝術」，並由人之生活、道德與事功三方面彰顯出來：「生活須表現『窈窕的姿態』（席勒有文論莊嚴與窈窕），在道德方面即是『從心所欲不踰矩』，行動與義理之自然合一，不假絲毫的勉強。在事功方面，即『無為而無不為』，以整個的自由的人格心靈，應付一切個別瑣碎的事件，對於每一事件給予適當的地位與意義。不為物役，不為心役，心物和諧底成於『美』。而『善』在其中了。」[30]

　　李澤厚先生亦對康德倫理學此一抽象而絕對的先驗律令多所批判，謂「這

---

[28] F. Schiller: *Brief-Traktate an Körner über den Begriff des Schönen.*, S. 649.

[29] 朱光潛：〈《論美書簡》和《審美教育書簡》〉，收錄於《朱光潛全集》第 7 卷（安徽：安徽教育出版社，1996 年），頁 105。

[30] 宗白華：〈席勒的人文思想〉，收錄於《宗白華全集》第 2 卷（安徽：安徽教育出版社，1996 年），頁 114。

作為先驗的絕對律令與經驗世界毫無關係，本體和現象界可以截然二分」[31]，並認為中國文化（尤以孔孟文化為代表）所含有的「實用理性」及「樂感文化」當有進於此：

> 康德把理性與認識、本體與現象作了截然分割，實踐理性（倫理行為）只是一種「絕對命令」和「義務」，與任何現象世界的情感、觀念以及因果、時空均毫不相干，這樣就比較徹底地保證了它那超經驗的本體地位。中國的實用理性則不然，它素來不去割斷本體與現象，而是從現象中求本體，即世間而超世間，它一向強調「天人合一，萬物同體」；「體用一源」「體用無間」。康德的「絕對命令」是不可解釋、無所由來（否則即墜入因果律的現象界了）的先驗的純粹形式，理學的「天命之謂性」（「理」）卻是與人的感性存在、心理情感息息相通的。……「天」和「人」在這裡都不只具有理性的一面，而且具有情感的一面。程門高足謝良佐用「桃仁」「杏仁」（果核喻生長意）來解釋「仁」，周敦頤庭前草不除以見天意，被理學家傳為佳話。「萬物靜觀皆自得，四時佳興與人同」；「等閑識得春風面，萬紫千紅總是春」是理學家們的著名詩句。……宋明理學家經常愛講「孔顏樂處」，把它看作人生最高境界，其實也就是指這種不怕艱苦而充滿生意，屬倫理又超倫理、準審美又超審美的目的論的精神境界。[32]

在孔子之思想中，人之道德實踐最終當可臻於一審美境界。就中國哲學「從現象中求本體」、「即世間而超世間」[33]之角度觀之，可知中國哲學特重

---

[31] 李澤厚：〈關於情本體〉，收錄於《實用理性與樂感文化》（北京：三聯書店，2005 年），頁 64。

[32] 同上，頁 65。

[33] 同上，頁 323。李澤厚所謂「即世間而超世間」此一概念，似可與席勒「於時間中揚棄時間」（Zeit in der Zeit aufheben）一說相參。席勒此語見諸《美育書簡》第 14 封信，可參席勒著、馮至譯：《審

時間，人可於時間之歷程中漸次轉化；然康德倫理學為求保障超經驗之本體地位、先驗的純粹形式，相形之下，不免有貶抑時間、脫離世間之患。職是，李氏援引席勒《美育書簡》之語而對《論語》「子在川上，曰：『逝者如斯夫！不捨晝夜。』」一句詮釋道：

　　儒家哲學重實踐重行動，以動為體，並及宇宙；「天行健」，「乾，元亨利貞」均是也，從而它與一切以「靜」為體的哲學和宗教區分開來。……「逝者如斯夫」正在於「動」。其中，特別涉及時間在情感中才能與本體相關涉。這是對時間的詠嘆調，是人的內時間。……Kant 所謂「內感覺」的時間……只是認識的感知形式。這種時間是理性的內化。而「真正」的時間則只存在於個體的情感體驗中。這種「時間」是沒有規定性的某種獨特綿延，它的長度是心理感受的長度。有如 Schiller 所云：「我們不再在時間中，而是時間以其無窮的連續在我們的心中。」（《審美教育書簡》）。

　　此一「情理雙融」、「形質並重」之觀點，誠為席勒與孔子兩人最大之相似處。陳昭瑛先生指出，「孔子說：『禮云禮云，玉帛云乎哉？樂云樂云，鐘鼓云乎哉？』（《論語・陽貨》）即暗示了禮並非只是玉帛等外在形式，樂也不等於鐘鼓之音而已。他說：『人而不仁，如禮何？人而不仁，如樂何？』（《論語・八佾》）可見他企圖以『仁』來充實禮樂的內容。孔子主張形式與內容必

_____

美教育書簡》（上海：上海人民出版社，2003 年），頁 113。原文見 F. Schiller: *Über die ästhetische Erziehung des Menschen in einer reihe von Briefen*. in: *Schiller Sämtliche Werke, Philosophische Schriften* (Berlin: Aufbau Verlag, 2005), S. 349.（"Der sinnliche Trieb will, daß Veränderung sei, daß die Zeit einen Inhalt habe; der Formtrieb will, daß die Zeit aufgehoben, daß keine Veränderung sei. Derjenige Trieb also, in welchem beide verbunden wirken (es sei mir einstweilen, bis ich diese Benennung gerechtfertigt haben werde, vergönnt, ihn Spieltrieb zu nennen), der Spieltrieb also würde dahin gerichtet sein, die Zeit in der Zeit aufzuheben, Werden mit absolutem Sein, Veränderung mit Identität zu vereinbaren."）對於「時間」一問題，陳昭瑛先生亦指點筆者可與《論語》中「殷因於夏禮，所損益可知也。周因於殷禮，所損益可知也。其或繼周者，雖百世可知也」一語相參。

須維持平衡，以成一不可分割之整體：『質勝文則野；文勝質則史；文質彬彬，然後君子。』（《論語‧雍也》）」[34]而就席勒美育精神言之，其宗旨則如Volkmann-Schluck 所言：

> 席勒鑑於人之兩種根本力量彼此對峙，遂問：人何以可能？因人或成為脫離世界與現實之人格，或自喪於各種變化序列中，而此一變化序列仍被此一形式之自我意識捆束而成。若人之為人為可能，則規定人的這兩種衝動似須統合於第三種衝動中。……席勒逐步確立此一擬定的第三種衝動，終發現其對象為美。而今席勒得出：吾人確知美之存有，且最終使其可能者乃此一衝動。美之功用與真實如此明朗，形式衝動與材質衝動之統一其功用與真實亦復如是。人之為人亦同為可能。美予人以自知之明。[35]

近代音樂家江文也先生（1910-1983）表示，一般人提起「道德」兩字，其予人之印象和「宗教」予人之印象並不相同，它似乎含有較多理智因素在內。因此，人在道德實踐領域上專靠理智來轉移人之實際行為是不足的。孔子謂「知之者，不如好之者。好之者，不如樂之者。」即顯示「德」不僅要以理智知之，更要好之、樂之。所謂「樂」之一字即屬美的領域，而美乃是從人身上流露出來的，它並非出自死板的日常道德律與規定。關於此義，即如江先生所闡述：

> 人的日常行為只是順適禮儀，而且他的一舉一動也都符合道德的規範，這還是不夠的。因為它是受規定所限，所以一舉一動像機械般，不是出自人身之本然。這樣的舉止不是肇自人的個性，而是隸屬於

---

[34] 陳昭瑛：《儒家美學與經典詮釋》（臺北：臺大出版中心，2005 年），頁 29。

[35] K. H. Volkmann-Schluck: *Die Kunst und der Mensch - Schillers Briefe über die ästhetische Erziehung des Menschen*.(Frankfurt am Main: Vittorio Klostermann, 1964), S. 12.

個人集合而成的社會之行動。然而，所謂優雅的行為不可能是由社會行使的，它是奠基在構成社會的單位之個人的個性上而形成的。職是之故，中規中矩、成龍成虎的行為談不上是道德的，談不上是善的。它誠然可以給我們一個立足點，但它無助於生命的發展。它太僵化了，無法融通，它也不可能帶來進步。孔子輕視這樣的道德家，耶穌則罵他們為偽善者。就藝術家而言，這樣的道德行為毋寧意味著死亡。[36]

江氏此處所述之意，亦可見諸席勒所謂「優美的心靈」：

優美的心靈本身就是一種功績（Verdienst）。它輕鬆自如地履行了人性中最痛苦的義務，彷彿僅是本能（Instinkt）所完成的樣子，它使人看見同樣是以這種本能來克服自然衝動的那位最英勇的犧牲者（案：指拉奧孔）。因此，它本身根本沒有察覺自己的行動之美，而且它也想不到有其他行動與感覺方式；反之，道德法則對一個中規中矩的學生所要求的，就像老師對他所要求的一樣，他隨時準備把自己的行為與校規之間的關係列成一張最嚴格的清單。他的人生就像一幅因為筆跡生硬而使人看穿技巧的畫一樣，他頂多只能學到繪畫的技巧而已。但優美的人生就像堤香（Tizian）的畫作一樣，那一切刺眼的鈎邊線條都消失不見了，且整個畫面呈現出更真實、活潑、和諧的面貌。[37]

由江氏與席勒兩人親身之體驗觀之，足證藝術修養與道德功夫在最高之

---

[36] 江文也著、楊儒賓譯：《孔子的樂論》（上海：華東師範大學出版社，2007 年），頁 98。朱光潛先生亦曾提出「問心的道德」與「問理的道德」之不同，藉以顯示此種僵化的道德觀之弊病。參閱朱光潛：《朱光潛全集》第 1 卷，頁 43-44。

[37] *Über Anmut und Würde*, S. 204.

境界上實有其相通之理。此義誠如朱光潛先生謂：

> 古今大藝術家大半後來都做到脫化格律的境界。他們都從束縛中掙
> 扎得自由，從整齊中醞釀出變化。格律是死方法，全賴人能活用。
> 善用格律者好比打網球，打到嫻熟時雖無心於球規而自合於球規，
> 在不識球規者看，球手好像縱橫如意，略無牽就規範的痕跡；在識
> 球規者看，他卻處處循規蹈矩。姜白石說得好：「文以文而工，不以
> 文而妙。」工在格律而妙則在神髓風骨。
> 孔夫子自道修養經驗說：「七十而從心所欲，不逾矩。」這是道德家
> 的極境，也是藝術家的極境。「從心所欲，不逾矩」，藝術創造的活
> 動盡於這七個字了。「從心所欲」者往往「逾矩」，「不逾矩」者又往
> 往不能「從心所欲」。凡是藝術家都要能打破這個矛盾。孔夫子快要
> 到死的時候才做到這種境界，可見循格律而能脫化格律，大非易事
> 了。[38]

錢鍾書先生於其《談藝錄》一書中亦有相同之見，其謂道、藝原非有二，
實乃同出一揆，且以「人事之法天」、「人定之勝天」與「人心之通天」[39]三境
以狀述此一歷程：

> 長吉〈高軒過〉篇有「筆補造化天無工」一語，此不特長吉精神心
> 眼之所在，　而於道術之大源、藝事之極本，亦一言道著矣。夫天理
> 流行，天工造化，無所謂道術學藝也。學與術者，人事之法天，人
> 定之勝天，人心之通天者也。《書‧皋陶謨》曰：「天工，人其代之。」
> 《法言‧問道》篇曰：「或問雕刻眾形，非天歟。曰：以其不雕刻也。」

---

[38] 朱光潛：〈「從心所欲，不逾矩」──創造與格律〉，《朱光潛全集》第 2 卷（安徽：安徽教育
出版社，1996 年），頁 76-77。

[39] 錢鍾書：〈模寫自然與潤飾自然〉，《談藝錄》（北京：三聯書店，2004 年），頁 195。

百凡道藝之發生，皆天與人之湊合耳。顧天一而已，純乎自然，藝
由人為，乃生分別。

藝事之「天工」與「人巧」與道德實踐之「從心所欲」與「不逾矩」適
成一組對照，兩者雖相反而實相成，或如錢氏所謂「貌異而心則同」。[40]由此
觀之，朱、錢兩氏之見，亦足印證上述江氏與席勒之自家體驗，此無他，亦
「天人合一」而已矣。[41]

筆者由康德與席勒之對諍進而得窺兩家之立場何在，再則又因前賢多將
席勒之美學觀點與孔子之美育思想相映發，由此一段背景，遂引發筆者將席
勒美學與孔子美育一作比較之興趣，此亦本文撰述之緣起。

二、章節安排

席勒美學實與「自由」（Freiheit）深相聯繫。自由者，即在破除障礙之
中呈現。席勒亦認同康德之見，以為自由非可以概念正面把捉，故其呈現必

---

[40] 此義誠如錢鍾書先生所言，「莎士比亞嘗曰：『人藝足補天工，然而人藝即天工也。』圓通妙澈，
聖哉言乎！人出於天，故人之補天，即天之假手自補；天之自補，則比人巧能泯；造化之秘，與
心匠之運，沆瀣融會，無分彼此。」詳參錢鍾書：《談藝錄》（北京：三聯書店，2004 年），頁
197。

[41] 錢穆先生即表示，《論語》「仁者樂山，智者樂水。智者動，仁者靜。智者樂，仁者壽」即有一
種「藝術」與「道德」相交融之精神：「本章首明仁智之性。次名仁智之用。三顯仁智之效。然
仁智屬於德行，非由言辭可明，故本章借山水以為形容，亦所謂能近取譬。蓋道德本乎人性，人
性出於自然，自然之美反映於人心，表而出之，則為藝術。故有道德者多知愛藝術，此二者皆同
本於自然。《論語》中似此章附於藝術性之美者尚多，鳶飛戾天，魚躍於淵，俯仰之間，而天人
合一，亦合之於德性與藝術。此之謂美善合一，美善合一之謂聖。聖人之美與善，一本於其心之
誠然，乃與天地合一，此之謂真善美合一，此乃中國古人所倡天人合一之深旨。學者能即就山水
自然中討消息，亦未使非進德之一助。」另，述而篇「子在齊聞韶，三月不知肉味」，亦有「藝
術心情與道德心情交流合一」之義。詳參錢穆：《論語新解》（北京：三聯書店，2002 年），頁
158-159；頁 176-177。

須假借破除障礙以反顯之。因此，他於〈卡莉雅書簡〉一文中提出兩項要旨，一名「現象中的自由」（尤見諸自然之美），一名「技法中的自然」（尤見諸藝術之美），謂藉此當可使此一不可把捉之物「歷歷在目」（anschaulich machen）。然現象中何有自由可言？此即在吾人破除我障以純觀（bloße Betrachtung）萬物，使現象自來奔赴而如如呈現；技法中何有自然可言？此即在吾人破除技法而不囿成法，法法而不法於法，則技法遂不成拘礙而天機自呈。總言之，席勒之用意務在使自由與自然兩者打成一片，不見彼我之隔。席勒於《美育書簡》中嘗言及「第三種性格」（dritter Charakter），謂此既非落於人之自然性格之中，亦非落於人之道德性格之中，其雖與這兩種性格有關，然亦異於這兩種性格；此外，他又言及「於時間中揚棄時間」（die Zeit in der Zeit aufheben），謂人可在此成就「第三種狀態」，此一狀態既非墮於時間之中而生滅流轉，亦非超出時間之外而凝然不動，它雖與兩者有關，然又非此兩者。席勒文中處處以詭譎之詞示人，使相反者卒歸於相成，並以處中之道兼攝兩者。依他之見，所謂「真正的人」乃是情理偕一、內外不二之人，故其學亦可名為「成人之學」。成人之學其途徑即在美感之栽培，亦即人可在美之薰染化育中使對立之兩造歸於和諧統一，進而成為一「全人」（ganzer Mensch）。然則，對立如何歸於一統？其引生之功效又復如何？有鑑於此，筆者遂擬就席勒於 1793 年所撰寫之〈卡利雅書簡〉一文以作為論述其美學思想之發端。

席勒於〈卡利雅書簡〉一文中屢言「道德之美」，並謂「道德本身唯有透過美才使人喜愛」；換言之，道德之事若無法以美的方式呈現出來，則其不免使人產生排斥之感。揆席勒之所以如此立言，即緣於康德倫理學之發展極有可能步入此途。席勒採取了一條異於康德的途徑，即其並非直接針對道德本身入手，而是藉由探討美之問題而間接及於道德之事。誠如首章所論，席勒於討論美之所以為美時，曾提出「美是現象中的自由」這一命題。根據這一命題，他得到一項結論：美與實踐理性底形式之間具有一層相似（Ähnlichkeit）、或謂類比（Analogie）之關係，此即表示：美與道德這兩者之間既不可謂其全然同質，然亦不可謂其全然異質，而是具有一種非一非異、

若即若離之詭譎關係。吾人為何可將現象稱為美？此即與吾人對於現象所採取之態度有關。吾人既可對現象採取一觀察之態度，亦可採取一觀照之態度。當吾人採取觀察之態度時，則是對於現象進行一種識取活動，使對象湊合於我以形成一知識之對象；當吾人採取觀照之態度時，則是使對象因乎其本身而使之自呈其相，故吾人乃是就乎現象自身而了知之。席勒認為吾人唯在觀照態度下，現象方可稱為美。如今，美既不屬於認識之範圍，則其遂與實踐理性有涉。然席勒表示，實踐理性於面對「意志底活動」與「自然底活動」時，亦當採取不同態度。當其面對意志活動時，則其係以「命令之態度」、「責成之手腕」來對待它，此因意志活動須「透過理性底純粹形式」而產生；但當其面對自然活動時，卻必須以「期待之態度」來對待它，此因自然活動係「透過它自己」而產生。若實踐理性將用於意志活動之命令逕直轉施於自然活動之上，則自然活動遂承受了「某一外在之物」、「外來意志」之影響，這便破壞了「使其自行呈現」之狀態，而是使這一自然活動遭受外在勢力之介入，亦即他律之影響。因此，在美之觀照態度下所看待的對象便須排除吾人素所慣用之強制、命令之態度，毋寧須使對象由其本身自行呈現。由上述美學定義出發，席勒遂謂一「道德行為」必須與「美」相互絪縕，否則道德便將形成一種強制面貌。若道德行為執意貫徹其意圖，這對屬於現象界中的美來說便會造成他律。不過，席勒強調：這兩者間之結合並非一「本義上」（im eigentlichen Sinn）之運用，而是一「非本義上」之運用。為了闡明這一「非本義」之運用究竟何所指，席勒曾舉例加以說明。此例最初出於《聖經》，係耶穌傳道時為解釋「愛鄰人」（Nächstenliebe）之義所宣說者。席勒將這一故事略作潤飾，藉以詮釋前述道德與美兩相結合之下所呈現出的「道德之美」、「既善且美」之境界與造詣。透過這一故事，席勒表示：優美的道德行為與純粹的道德行為之差異即在前者於其產生之際乃是「毫無責成」、「不假思索」、「發自自然（本性）自身」的狀態，當事人「此刻完全忘記了自己」，且「從容輕鬆地」履行了這一行為；反之，純粹的道德行為於其產生之際乃是「有所躊躇」、「內心掙扎」、「壓制感性利益的」狀態，當事人係「純粹出於

對法則的敬畏」、「因為義務的命令」且「吃力地」履行了這一行為。兩種行為一經比較，實高下立判。席勒認為康德倫律學具有後者之傾向，終未能圓成道德之極詣。席勒本人則欲透過審美活動以修正康德倫理學。鑑於席勒此一論述與康德之觀點形成極大之對比，故筆者擬於次章中一窺席勒所云「優美的道德」其義理究竟為何，並兼言席勒與康德兩家之論辯。

　　由席勒對「優美的道德」之講說，遂可使其觀點與孔子之思想相接。按席勒於在學時曾從其師亞伯（Abel）研讀當時各家學問，萊布尼茲（Leibniz）亦在此中之列。據學者研究，萊氏係當時對於中國思想最有興趣、且亦備極推崇之人。[42]萊氏於鑽研中國學問時，發現《周易》一書與數學二進位制深有關聯，故其往後所發展之代數與數學語言亦因此受到《周易》之影響。吾人若據之推測席勒於研讀萊氏之學而間接有窺於儒家思想，亦殊嫌武斷。不過，席勒確曾接觸儒家思想，亦是不爭之事實，因其於 1795 年與 1797 年撰有〈孔子語錄〉（Sprüche des Konfuzius）兩詩。此詩最初載於《1796 年繆斯年鑒》（*Musenalmanach für das Jahr 1796*），爾時僅錄有此詩前半節，隔年（1797 年）才將此詩後半節寫成，並將前後兩段綴為一篇，最終則以〈孔子語錄〉為題面世。本章首節擬先列舉國人對於席勒美學思想之理解，次節則比較其可與孔子美育思想相發明者。其一，席勒於《美育書簡》中有「中間狀態」之說，並以使天秤之兩端保持平衡為喻，藉以顯示形式衝動與材質衝動需各安其位，以此勝彼，然亦不礙此兩者可相輔相成；而孔子思想中屢見「扣其兩端」語，後人亦稱孔子為「聖之時者」，其宗旨均在闡發過與不及之中庸義，李澤厚先生有「度的本體論」之說，以為孔門思想端在「分寸感」上見出。再者，席勒美學以遊戲為其大成，認為人置身於遊戲中既不受物質

---

[42] 席勒受東方思想所影響之證據，可參 Günther Debon: "Zwei Sprüche des Konfuzius". in: *Schiller und der chinesische Geist, Sechs Versuche*. Heidelberger Schriften zur Ostasienkunde, hrsg. von Günther Debon und Lothar Ledderose; Bd. 5(Frankfurt/Main: Haag und Herchen, 1983), S. 83-92. 另外，亦參董問樵〈席勒與中國〉、趙乾龍〈席勒和中國文學〉兩文，收錄於楊武能選編：《席勒與中國》（四川：四川文藝出版社，1989 年），頁 11-30。

之壓迫，亦不受精神之壓迫，銷緊張為和緩，化嚴肅為輕鬆，故此一雍容自得之境，實可與孔子七十心境相擬。最末，席勒於《美育書簡》尾聲中有「審美王國」之說，謂人在此一美之風範之薰陶下均可相互揖讓，在上位者此時亦不需以法則相要脅，故在上者可垂拱而治，譬若北辰而眾星拱之，而在下位者亦可各得起所而不知有治人者在，可謂重現三代之治中「帝力於我何有哉」之景象，通覽此書後半部，實有以小康昇進於大同之意味。而孔子之教素重禮樂（所謂「禮以別異，樂以和同」），文質並重（「文勝質則史，質勝文則野，文質彬彬，然後君子」），故一、多不礙，平等、差別可同時並存。以上即為本論中席勒美學與孔子思想相比較之部分。

第二章　席勒美學之基本架構

一、美的客觀概念

(一) 撰文因緣

席勒於 1793 年 1 月至 2 月間以六封書信向其友人柯爾納介紹其美學理論。他在 1792 的 12 月便向柯氏表示：

> 康德所懷疑、而它本身有資格作為品鑒（Geschmack）的客觀原理之「美」的客觀概念，我相信已經找到了。我將整理我的思緒，並在即將到來的復活節以對話體形式刊出一篇題為〈卡利雅，或曰論美〉的作品。如此一種文體與其中的題材極為相適，而這種文體的處理技巧提高我處理的興趣。因為，美學家對於美的論點大抵是訴諸文字，而我認為這些論點應該盡可能地就近取譬，使平凡的書具有不凡的先見之明。[1]

迨及 1793 年 1 月，席勒才決定先將部分觀點告知柯氏。遺憾的是，席勒

---

[1] F. Schiller: *Brief-Traktate an Körner über den Begriff des Schönen*. in: *Schiller Sämtliche Werke, Philosophische Schriften*(Berlin: Aufbau Verlag, 2005), S. 629. 亦參 Nationalausgabe, Bd. 20(1992): *Briefwechsel. Schillers Briefe* 1. 3. 1790 -17. 5. 1794.

此時之身體狀況無法允許他與柯氏展開一連串的論辯，故席勒極為渴盼柯氏之來函。一週後，席勒之美學觀點越益豐富，甚至可預知柯氏會針對其理論提出何種批駁。席勒在 2 月 28 日去函柯氏表示，倘若時間允許，他將在信件中繼續補充其理論。其實，這封信還綴有一份以〈藝術之美〉為題的附件，且在尾聲中表示「來日再續」[2]（die Fortsetzung zukünftigen Posttag）。不過，這封信件卻成為〈卡利雅〉的最後一封，即第七封。席勒雖計畫於此年夏季完成其餘意未盡的觀點，然為疾病所礙，故仍無法將其想法完整表出。因此，所謂「來日再續」之說也並未付諸實踐。其中若干想法，須至其於 1793 年撰成〈論優雅與尊嚴〉一文時才獲得仔細交代。此外，為酬謝奧古斯騰堡大公在其生病時予其經濟上之資助，遂撰寫一系列探討美學的書信，此即〈致奧古斯騰堡大公書〉[3]，後經增潤刪修，遂成為了膾炙人口的《美育書簡》一書。

　　十八世紀中期，正值早期啟蒙運動勃興之際，時人便對主觀的認識形式之問題表現出極大的興趣。在此同時，所謂「審美經驗」之問題亦逐漸受到重視，因為這是一套為藝術與文化奠定基礎的學問。鮑姆嘉通（Alexander Gottlieb Baumgarten, 1714-1762）於 1750 至 1758 年間出版《美學》一書，自此以往，「美學」遂在邏輯學一門之外奠定了其學術上的地位。邏輯學旨在深究人類的理性認識，而美學則旨在探討人類的感性認識（scientia cognitionis sensitivae），並試圖確認其自身之價值何在。席勒於 1791 年始正式閱讀康德著作，此前他僅是讀過其歷史哲學方面的作品；他亦曾在耶拿（Jena）的知識份子圈中參與對康德哲學的討論。不過，他自認學植未厚，故不敢碰觸康德思想。在閱讀康德若干篇章後，自認康德知識論非其所擅，故決定以自己亦曾下過一番功夫的美學問題入手。因此，康德《判斷力批判》一書乃是誘發其撰寫〈卡利雅書簡〉一文的動機，誠如他在 1791 年 3 月 3 日寫給柯爾納

[2] 同上，S. 673.

[3] 同上，S. 673-728.

的信中所說：

> 您或許不易猜測我現在在閱讀和研究什麼作品吧？——不錯，正是
> 康德！他的《判斷力批判》以其豁人神智與無比豐富的內容激發了
> 我，並引起我極大的興趣探索他的哲學。……但因為我早已究心於
> 美學，且多半是以經驗的方式在其中摸索前進，因此以《判斷力批
> 判》下手也較為容易往前邁進，並且還可趁機熟悉康德的表達方
> 式。……我猜想，康德也許不再是一座難以攀登的高峰，而且我確
> 信可更為正確地來理解他。[4]

康德在《判斷力批判》一書的前半部，亦即〈審美判斷力之批判〉之中，
曾分析這種以品鑒判斷為基礎的「特殊的知識」，但這種知識卻不具有客觀普
遍性：

> 我們或許會把一條品鑒的原則理解為如此：我們能把一個對象的概
> 念總歸於這個原則的條件下，然後通過推論得出這對象是美的。但
> 這絕對是不可能的。因為我必須在這個對象的表象上感覺到愉快，
> 而這種愉快是任何論證根據都不能夠侈談的。雖然誠如休謨所說，
> 一切批評家都比廚師更顯得能夠推想，但他們卻和廚師擁有相同命
> 運。他們不能期待從論證根據的力量中，而只能從主體對他自己（愉
> 快或不愉快）的狀況的反思中，來獲得他們判斷的決定根據，並排
> 除一切規範和規則。[5]

因此，審美判斷僅言及主體身上某種愉快或不愉快的感受，但卻不涉及

---

[4]　NA. 26. Band (1992): *Briefwechsel. Schillers Briefe* 1. 3. 1790 -17. 5. 1794. S. 77-78.

[5]　I. Kant: *Kritik der Urteilskraft*. in: *KGS*, Bd. 6, S. 141.

所判斷的對象其性狀、特徵為何。康德謂品鑒判斷「並不是一種認識判斷……，且因此不以概念為基礎，乃至以如此的概念為其目的。」[6]在審美判斷中，因想像力與知性保持一和諧關係，主體遂生愉悅之情。品鑒判斷又非如知識判斷般可加以普遍化，而是僅以主體個人之感受為依據。但康德又說，審美判斷卻並非一私有之物，而是進一步假定某種「審美的共通感」[7]，故彷彿又具一客觀普遍性。最後他總結道：「凡是那沒有概念而普遍令人愉悅的東西，就是美的。」[8]席勒之友人柯爾納對於康德的美學觀頗感懷疑，他認為美除了替主體帶來愉悅外，美的對象所具有的不同性狀與特徵又豈可不予深辨？席勒亦注意到康德之問題，遂在信中與柯爾納就此提出討論。

(二) 感性──客觀之美學

席勒將其於〈卡利雅〉一文中所構思的藝術理論稱為「美底分析論」（Analytik des Schönen）。對席勒來說，此論亦可視為有關「美的判斷的分析論」。席勒在 1793 年 1 月 25 日的第一封信中提出自己的想法。他向柯爾納表示，其意在「客觀地提出美的概念，且從理性的本性出發，完全先天地證成這一概念的合法性」[9]。故席勒係採取了一條類似於康德在《純粹理性批判》中所依循的「先驗途徑」，藉此成立美的概念。首先，他分析了當時所存在的三家美學觀點：

> 指出我的理論可能是解釋美的第四種形式是很有趣的。我們或者客觀地解釋美，或者主觀地解釋美；而且，或是感性──主觀地解釋美（如博克），或是主觀──理性地解釋美（如康德），或是理性──客觀地解釋美（如鮑姆嘉登、孟德爾頌與擁護完善性學說的那些人），最

---

[6] 同上，S. 135-136.

[7] 同上，S. 64.

[8] 同上，S. 68.

[9] F. Schiller: *Brief-Traktate an Körner über den Begriff des Schönen.*, S. 630.

後，或是感性─客觀地解釋美（當然這還是一個你暫時無法想像的術語，除非你把其他三種方式彼此比較一下）。上述這些理論的每一種本身都具有經驗的部分，顯然也都包含了部分的真理；但錯誤似乎就在於，一般人把與該理論相符合的美的部分當作了美本身。當博克派反對吳爾夫派，主張美的直接性與美擺脫了概念的獨立性時，他們完全是對的；但是，當他們反對康德派，認為美僅僅在於感性底刺激，這就不對。而認為大部分的經驗的美是完全不自由的美，而是應當服從於目的概念的邏輯本質（包含所有的藝術品和大部分的自然之美），這種情形則使那些認為美存在於直觀的完善性的人陷入錯誤；因為，邏輯的善此時便與美相互混淆了。[10]

　　席勒首先將當時的美學觀點分為三派，一派是代表經驗主義的博克，一派是代表理性主義的鮑姆嘉登、吳爾夫，一派則是綜合經驗主義與理性主義的康德，最後他則自成一派。他認為以上三派理論均有「經驗的成分」，也包含「部分的真理」，但都不夠圓融。席勒贊成博克的想法，因為美是一種直接的感受，無待於規則或比例等概念。但當博克認為美全然是一種「感性底刺激」，便有問題。席勒亦同意鮑姆嘉登等人的想法，因為美並非僅侷限於感性層面，而是與理性、規則和完善性具有某一關聯。但當鮑姆嘉登將美全然等同於完善性時，亦有問題。席勒對這兩派均有褒貶，認為他們「將美的部分當作美本身」，此皆蔽於一隅而不見整體。席勒亦肯定康德折衷於兩派間的立場，因其使美與目的概念有一嚴格之區分，不過卻對其全然放棄「美的概念」不表認同：

　　康德想透過一種自由的和智性的美（eine pulchritudo vaga und fixa）的假定來解開這個結，並宣稱了某個奇怪的論點：所有服從於目的

---

[10] 同上，S. 631。

概念的美均非純粹的美；因此，阿拉貝斯克圖案花紋或與之相仿的
東西才可視為美，且其純粹度還遠甚於人類的最高之美。依我之見，
他的觀點的最大好處是釐清邏輯事物與美的事物；但是，這種觀點
卻似乎完全放棄了「美底概念」。[11]

　　文中謂「解開這個結」，即指康德欲使美與目的概念全然脫鉤，使美不依
賴於概念。但席勒以為，此種作法實利弊參半，其利在於釐清了邏輯之事與
美之事之相異，其弊則在於全然放棄了「美的概念」。席勒意在為美建立一套
普遍有效之通則，但其所謂「概念」究作何解？這是否又將重蹈康德所批判
的理性主義者之覆轍？他對此解釋道：

當美克服了（überwindet）其對象的邏輯本性時，它才展現出無上的
光芒，而且若是沒有阻力（Widerstand），美又如何克服？美如何將
其形式賦予那完全不具形式的素材？我至少相信，美純粹是形式的
形式（die Form einer Form），而且，我們所名為素材者，根本應是
已被賦形的材質（ein geformter Stoff）。圓滿性（Vollkommenheit）
是素材的形式；反之，美則是這一圓滿性的形式。因此，圓滿性之
與美的關係，正如素材之與形式的關係。[12]

---

[11] *Brief-Traktate an Körner über den Begriff des Schönen*, S. 631.

[12] 席勒此處論點，學者佛離亦曾引王國維之說略作解釋：「他（指席勒）認定，在一件藝術品中，
『材料必須消融在形式裡』；『如果美克服了它的對象的邏輯本性，在其中就可以閃現出美的最
大光輝』。所謂『賦予了形式的素材』是指擺脫該素材的『邏輯本性』，而使之成為一種自由觀
照的形式。王氏講『離其材質之意義』而觀之，也指此而言。做到這種『消融』或『克服』或『離』，
『邏輯的完善』與『美』始有可能真正區分開來。這樣，所謂美是『形式的形式』，其中第一個
『形式』實指『離其材質之意義』而觀之的『素材』，此際素材也就形式化了，此即王氏所謂『適
於喚起美情』之『材質』，但『亦得視為一種之形式』。第二個『形式』即指此種克服了素材的
『邏輯本性』的第一個形式之對象化、客觀化或形象顯現，亦即『適於喚起美情』的『美的客體』
或『美之自身』。它對我們的『反思』（鑒賞）『起觀照』；它的形象顯現對我們『起情感』，

　　席勒為使柯氏了解其觀點，遂指出兩條途徑，一條是「便捷的經驗途徑」，一條是「枯燥無味的理性推理的途徑」（einen sehr reizlosen Weg durch Vernunftschlüsse）。他建議友人選擇第二條途徑，因為「若通過了這條途徑，其他一切就會更令人愉悅地通過」。[13]前文言：美既然是一種無待於概念而令人愉悅的東西，則我們便無法只從經驗中、或僅從所接觸到的美的事物中來獲得這一概念。因此，為了探求「美的概念」，這條「理性推理的途徑」乃是一條必由之途。此時問題便在於：這條途徑究竟如何可能？席勒為闡明此理，認為必須由我們如何對待自然（或謂「現象」）的三種可能方式入手：

　　我們或是被動地（leidend）對待（verhalten）自然（作為「現象」），
　　或是主動地（tätig）對待自然，又或是同時（zugleich）既主動、亦
　　被動地對待自然。
　　「被動」是指我們純然地感受（empfinden）自然的作用；「主動」
　　是指我們規定（bestimmen）自然的作用；「兩者同時」是指：我們
　　表象（vorstellen）這些自然的作用。[14]

　　此處值得留意者在於：席勒係以 verhalten 一字來說明吾人與自然之間的關係。由此可見，此兩者之關係乃是一種「如何相處」、或是「當取何種態度來面對」之問題。因此，這便非以一「能表」與「所表」之知識態度來說明者。吾人或可「被動地」、「退讓地」來對待自然，此時我們乃「純然地感受」自然；抑或「主動地」、「自發地」來對待自然，則此時我們乃是「規定」自然。再者，吾人或可將此兩種方式結合起來，同時既主動又被動、既退讓又自發地來對待自然，此時我們乃是「表象」自然。但席勒既表明其並非以一

　　故屬於『感性—客觀的』。」見佛雛：《王國維詩學研究》（北京：北京大學出版社，1991 年），頁 333。

[13] *Brief-Traktate an Körner über den Begriff des Schönen*, S. 633.

[14] 同上，S. 633.

知識之架構來說明此兩者之關係，故此處所臚列的第三種態度中之「表象」
一字，似當有更清晰之釐定方可。據此，席勒又作進一步的區分：

> 有兩種表象現象的方法。或者以認識現象為意圖（Absicht auf
> Erkenntnis）：我們觀察（beobachten）現象；或者讓事物本身來邀請
> （lassen uns einladen）我們而使自己成為其表象：我們純粹觀照（bloß
> betrachten）現象。[15]

當我們對待事物時可採取兩種不同的表象方法。一者為「以認識現象為
意圖」之態度，亦即「觀察」。這種「觀察」態度，便不是對現象採取一無所
圖之態度，而是含有一種「目的」，亦即欲從現象中獲取知識。故這種態度便
不是就事物本身所呈現的狀態以直下覽觀之，而是與事物是否合於認知之目
的有關。另一種態度為「純粹觀照」之態度。所謂「純粹」者，即表示我們
是以毫無目的之態度來看待事物本身，或者說，我們並不是從現象本身之中
求取一個超出現象之外的東西，此即就現象本身而觀之。此時，我們雖然也
採取了一種表象態度，但這卻與自發地來掌握現象以成就知識之態度迥異。
依席勒之見，這種「就乎現象本身而觀其為現象」之態度，即使吾人處於一
種謙退、被動之狀態，吾人此際乃身處於「讓事物本身來邀請」之地位，事
物本身彷彿想來表象我們。就此觀照態度言之，事物本身遂宛如成為一「能
表象者」，而吾人則成為一「所表象者」。

席勒將「觀察」與「觀照」兩種態度作一區分甚為關鍵。因為，唯有在
作此一區分後，我們方可判定何種事物為美。他在後文中指出：這種觀照態
度，即是一種「品鑒」（Geschmack）之態度，它「將一切事物皆視為目的本
身」。至於「觀照」一字，其亦曾在《美育書簡》一書多有發明：

---

[15] 同上，S. 633.

觀照（返觀自照）是人與週遭之宇宙（Weltall）第一個自由的關係。
嗜欲（Begierde）是直接攫取它的對象，而觀照則是把它推向遠方，
並幫助它的對象遠離激情的干擾，藉此使其對象成為它真正的、不
可喪失的私物（Eigentum）。曾經在感覺狀態中以無可分割的勢力支
配著人的自然必然性，在觀照之際離開了人，在感官中出現了瞬間
的平靜，時間本身（即永恆的變化）凝然不動，此時，分散的意識
之光凝聚為一，形式（無限的摹象）映照在生滅無常的基礎之上。
人身之內一旦出現光明，他身外就不再是黑夜；人身之內一旦平靜
下來，宇宙中的風暴也就立即休歇，本性中鬥爭著的力也就在穩定
不變的界限中旋即止息。[16]

　　由此段引文可知：「嗜欲」恰與「觀照」相反，係直接攫取它的對象，將
之據為己有，以求得其自身之滿足，而這一態度與上述「觀察」之態度藉由
認識現象以達成知識之目的，正相彷彿。這兩種態度均對現象「有所圖」，但
觀照卻對現象「無所圖」，唯是「就乎現象本身而觀其為現象」而已。在此一
態度之下，「嗜欲」、「認識」等事遂可當下休歇，生滅流轉之世間態亦得以凝
然不動，散亂紛飛之意識心亦得收攝為一。

(三) 合目的性的表象

　　然席勒此處所欲探者在於：此一「觀照」態度之所以可能的合法基礎究
竟何在？唯有先行找出此一根據，所謂「美的客觀概念」方不致淪為虛辭。
席勒表示：

　　在觀照現象之際，在我們接受現象的印象之際，我們的態度是被動

---

[16] F. Schiller: *Über die ästhetische Erziehung des Menschen in einer reihe von Briefen*. in: *Schiller Sämtliche Werke, Philosophische Schriften*(Berlin: Aufbau Verlag, 2005), S. 390-391.

的；而當我們把這些印象歸諸我們的理性底形式之際（這一命題是
由邏輯所設定的），則我們的態度是主動的。

也就是說：現象在我們的表象中應服從表象能力的形式條件（因為
這樣才使得它們成為現象），現象必須從我們主體一方獲得形式。[17]

依引文所言，現象之所以成為現象，即在其「服從表象能力的形式條件」，
此即其必須從主體一方來獲得形式。席勒既欲尋找這一有待證成的「美的概
念」，勢須根據此一線索而展開，因其所謂「概念」，即是一種將繁多統合為
一（das Mannigfaltige zur Einheit）的形式：

一切表象均是某種雜多或材質，結合雜多的方式便是它的形式。雜
多是由感性所供給的，結合則由理性所提供（指最廣義的理性而
言）；因為，理性即是某種結合能力。[18]

席勒將理性作最廣義之解釋，並將其稱之為「結合的能力」。理性根據這
種能力，遂產生了不同的理性形式。席勒此處則是援引康德之劃分，將理性
形式分為兩種，此即「理論理性之形式」與「實踐理性之形式」：

理性的形式即是一種表現其結合能力的方式。但結合能力有兩種不
同的主要表現，因此有兩種不同的理性形式。理性或者把表象與表
象相結合而形成認識（理論理性），或者把表象與意志相結合而形成
行動（實踐理性）。[19]

---

[17] *Brief-Traktate an Körner über den Begriff des Schönen*, S. 633.

[18] 同上，S. 634.

[19] 同上，S. 634.

　　理性之形式既已展現了其結合能力，故有必要進一步探索其所結合的質料為何：

> 正如有兩種不同的理性形式，因此針對這兩種形式就有兩種不同的
> 質料。理論理性將其形式用於表象之上，這使得表象區分為直接的
> 表象（即直觀）與間接的表象（即概念）。前者是透過感性所提供，
> 後者是透過理性本身所提供（儘管並不是沒有感性的協助）。在第
> 一種表象中，直觀是否與理性的形式相一致，這是偶然的；在第二
> 種表象中，概念如果不該自我瓦解的話，則它與理性的形式一致
> 就是必然的。因此，在概念中，理性發現了這種與其形式的一致
> 性；但在直觀中，若理性也發現了這種一致性，它會大吃一驚
> （überrascht）。
> 同樣的情形也出現於實踐（行動）理性。實踐理性將其形式用於行
> 動（Handlung）之上，這些行動或者被視為自由的，或者是不自由
> 的，亦即或者透過理性，或者不透過理性。實踐理性對自由的行動
> 所要求的，這如同理論理性對概念所要求的一樣。故而，自由的行
> 動與實踐理性的形式相一致乃是必然的，而不自由的行動與這一形
> 式相一致，則是偶然的。[20]

　　茲先對引文作一整理。誠如上述，理性的形式可分為理論理性與實踐理性，且其作用各自不同。理論理性將其形式運用於表象之上，遂產生直接表象與間接表象，直接表象即指直觀，間接表象即指概念。直觀係由感性所提供，故直觀是否與理性所提供之形式一致，全屬偶然。但是，概念係由理性本身所提供，故概念與理性所提供的形式必相一致，否則將導致自相矛盾。由此觀之，概念與理性形式之相符乃是一定然之事，此實在預料之中；但直

---

[20] 同上，S. 634.

觀與理性形式之相符，則全憑巧合（即直觀亦可能與理性知形式相違），故此兩者之間之符應關係遂全然不在預料之中。因此，當理性發現直觀與其形式相符時，在此一無可預期之狀況下遂產生一驚訝之感。同理，實踐理性亦可作如是觀。實踐理性將其形式運用於行動時便產生了自由的行動與不自由的行動。這一透過實踐理性而來的行動，其形式必定與理性本身相吻合，故兩者間之相符乃是一定然之事。然則，那種不由實踐理性而來的行動，其形式便不盡與理性本身相契，故兩者之相符乃是意外中事。職是之故，當實踐理性發現不自由的行動與其所提供之形式竟兩相契應時，則必定與理論理性發現直觀竟與其所提供之形式相合般，皆使人生起一驚訝之感。

席勒進而對理論理性作一更清楚的說明，並謂：上述「間接的表象」即是對對象作一「邏輯判斷」，而「直接的表象」則是對對象作一「目的論判斷」：

> 理論理性旨在認識（Erkenntnis）。在它使既與的對象服從於其形式的同時，它也檢驗認識是否可從中產生，亦即認識是否可以與已存在的表象結合起來。如今，此一既存的表象或為概念，或為直觀。若它是概念，則它是自己的產物，它本身必定與理性有關，且不過是表現了已有的結合而已。譬如，鐘便是如此一種表象。我們僅是根據它之所以產生的概念來判斷它。因此，理性若只消去揭示既與的表象是概念，則它正是藉由它與理性的形式相一致來判斷它。
> 但是，既與的表象若是直觀，且理性應該揭示它與理性形式的一致，則理性為了遂行自己的目的，為了可以按理性來判斷這一表象，便須（軌約地（regulativ）、而非如上述第一種情況般是構成地（konstitutiv））把來自理論理性的起源借給這一既與的表象。因此，它透過自己的手段將一個目的置入既與的對象之中，並且判斷它是否與這個目的相一致。這通常發生在對自然作目的論判斷的時候，而前者則是發生在對自然作邏輯判斷的時候。邏輯判斷的述詞是合

乎理性，目的論判斷的述詞則是類乎理性。[21]

　　席勒此處之解說，基本上亦沿用康德術語。當理性對既與的表象作「構成性地」判斷時，便成就一知識判斷；當其對既與的表象作「軌約性地」判斷時，則成就一目的論判斷。依他之見，不論知識的表象也好，目的論的表象也罷，此兩者均屬理論理性之範圍。前文言：席勒與康德皆同意「美是無待於概念而令人愉悅的東西」，故席勒若欲成立所謂「美的概念」，則勢必無法以理論理性為根據，亦即：美既無法以知識之表象為基礎，亦無法以目的論之表象為基礎。若此兩種由理論理性之形式而來之表象均無法為美提供基礎，則唯一之途即是實踐理性：

> 據我推測，你將突然發現在理論理性的範圍內遇不到美，也就開始為美憂心。但我一點也幫不上忙，在理論理性那裡必定是找不到美的，因為美根本無待於概念；而且因為美終須在理性的家族中才可望找得到，除了理論理性外，所剩只有實踐理性。所以，我們必將在實踐理性中尋找美，並發掘它。我還認為，至少你在往後會相信：這種親屬關係對美來說並非不體面。[22]

　　若吾人暫撇「美無待於知識之表象」此點不論，僅就「美無待於目的論之表象」觀之，實可一窺席勒立論之精蘊何在，誠如 Heuer 所言：

> 在席勒所處背景下，在鮑姆嘉通之美學理論、且援此而來的此一體系下，得出「以自身完善的合目的性為最高目的之表象」（Vorstellung eines höchsten Zwecks als einer in sich vollkommenen Zweckmäßigkeit）

---

[21] 同上，S. 635.

[22] 同上，S. 636.

此一廣泛的傳統背景下，當我們見出這根本是一種理論理性之思維時，則吾人方始理解：席勒何以必定認為如此一種搖擺之論深具意義。實則，「合目的性底表象無法為說明美的事物提出理由」此一觀點是深具革命性的。其驚人處在於：因為，縱使由康德所提出、且席勒也完全認同的「美根本無待於概念」這一洞見，在康德〈審美判斷力底分析論〉一節中，也依然只能從理論理性、亦即從反思判斷力底形式來說明這種對於美的事物的愉悅之情。因此，席勒在其研究論點上超越康德「審美判斷力之批判」之本意，在這一點上他得出一個決定性的結論，亦即進一步在實踐理性底形式之範圍內來尋找美的根據。[23]

席勒彼時之學術背景，大抵上不脫萊布尼茲－吳爾夫理性主義一派之影響，而鮑姆嘉通則是此派之佼佼者。他承襲理性主義之論點以成立其美學體系，並在其所著《美學》一書中如此定義美學之對象：

> 美學的對象就是感性認識的完善（單就它本身來看），這就是美；與此相反的就是感性認識的不完善，這就是醜。正確，指教導怎樣以正確的方式去思維，是作為研究高級認識方式的學問，即作為高級認識論的邏輯學的任務；美，指教導怎樣以美的方式去思維，是作為研究低級認識方式的學問，即作為低級認識論的美學的任務。美學是以美的方式去思維的藝術，是美的藝術的理論。[24]

由引文可知：鮑氏眼中之「美學」乃是一門隸屬於認識論之學問，且同時亦是一門討論藝術與美的科學。鮑氏將此兩者合論，乃緣於其將萊布尼茲

---

[23] Fritz Heuer: *Darstellung der Freiheit-Schillers transzendentale Frage nach der Kunst*(Köln u. Wien: Böhlau Verlag, 1970), S. 82-83.

[24] 參見朱光潛：《朱光潛全集》第 6 卷（安徽：安徽教育出版社，1996 年），頁 326-327。

「混亂的認識」與吳爾夫「美在於完善」兩家論點結合所致，故認為美學研究的對象即是「憑感官認識到的完善」。鮑氏表示，美學是一種有別於理性認識的感性認識，且是一種低級的認識。康德雖提出「美根本無待於概念」此一論點，表面似已擺脫理性主義者以認識途徑來解釋美的侷限，但當其於〈審美判斷力底分析論〉一節中仍以理論理性、反身判斷力之形式、合目的性之表象等種種概念來解釋美時，實則仍無法擺脫採取知識之觀點以論美之窠臼。席勒則認為此一合目的性之表象實無法為美的事物提出理據，因這仍落於理論理性之範圍。席勒則將康德之觀點貫徹到底，使其不再依違於兩端，並將解釋美的事物之根據建立於實踐理性底形式之範圍內。

(四) 理性之四象

上節已言：理論理性係藉諸概念來解釋、並進而規定一對象，但就美根本無待於任何概念觀之，美勢將不落於理論理性之範圍而須另覓歸宿。此一歸宿即在「理性底家族」中之「實踐理性底形式」：

> 實踐理性從所有的認識中抽離出來，且只與意志底規定、亦即內在的活動有關。實踐理性與這種源自於純粹理性的意志底決定並無二致。實踐理性底形式（Form）即是意志與意志底表象的直接聯結，因而是任何外在的規定根據之排除；因為，不由實踐理性底純粹形式所規定的意志，便是由外在、實質、他律的方式所規定。故而，所謂採納（annehmen）或摹擬（nachahmen）實踐理性底形式，無非是說：不由外在、而是由其本身（durch sich selbt）所規定，由自律的方式所規定，或以如此這般的方式顯現出來。[25]

席勒此處之論說基本上與康德倫理學之觀點無異。實踐理性即是一「意

---

[25] *Brief-Traktate an Körner über den Begriff des Schönen*, S. 636.

志底規定」，其形式便是「意志」與「意志底表象」之直接聯結。此處較為重要的是：這種規定排除了一切由外而來的規定，亦即它不由外在、實質和他律的方式所規定。故而，這一透過了實踐理性底形式所得出的規定，便成就了一道德行為。但顯而易見的是：美並非道德，但卻又落於實踐理性底形式之範圍內，此事又該如何理解？席勒謂，「實踐理性正如理論理性一樣，既可將其形式運用於那種因它本身而來的東西（即自由的行為）之上，亦可將其運用於那種不因它本身而來的東西（即自然底作用）之上」。至於何謂「因它本身而來」（durch sie selbst）？席勒解釋道：

> 當實踐理性將其形式與意志底行為相關聯，則它僅是規定了它之所是；它說明「行為是否是那種它所欲是與所應是者」。（ob die Handlung das ist, was sie sein will und soll）凡道德行為均屬此類。它是純粹的、亦即透過純粹的形式且因此是自律地所規定的意志之產物，而且，只要理性見出行為是如此這般，只要理性知道這是純粹的意志底行為，則「行為是合乎實踐理性底形式」便是一件不言而喻的事情，因為這兩者完全是一致的。[26]

當實踐理性將其形式運用於意志之行為之際，即表示這一形式之「所欲是」與「所當是」兩相合輒，其結果即成就一道德行為，如席勒所謂「自由的行為」。但當實踐理性並未將其形式運用於意志活動之上時，亦即將之運用於「非因它本身而來的東西」（nicht durch sie selbst）之上時，情況又復如何？席勒謂：

> 當實踐理性將其形式運用於對象之上時，但卻不是透過意志、實踐理性，則實踐理性對待這一對象的方式，便如同理論理性對待直觀

---

[26] 同上，S. 636.

的方式一樣，使這個對象顯現為「理性之類似」（Vernunftähnlichkeit）。
實踐理性（軌約地、而非如道德判斷般是構成地）借給對象一種自
行規定的能力、一種意志，並隨即觀照其為對象本身的意志底形式
（這當然不是實踐理性的意志，否則這個判斷就成為道德的）。也就
是說，實踐理性說明這一對象是否是那種它所是的東西，透過對象
本身的純粹意志、亦即透過對象本身自行規定這種力量；因為，純
粹意志與實踐理性底形式是同一個東西。[27]

　　當理論理性將其形式軌約性地運用於對象之上時，則對象遂成為一目的
論之表象；實踐理性亦可作如是判斷，將其形式軌約地運用於對象之上，藉
此成就一美的表象。這種判斷便是將實踐理性底形式轉施於自然底作用之
上，使自然底作用則顯現為一種「理性之類似」。席勒藉實踐理性底形式來成
立此一「類比」（Analogie）概念，實別具深意。[28]
　　實踐理性以軌約的方式將其形式轉施於對象之上，此種情形便與理論理
性對於對象採取一目的論之判斷迴然相異，因為後者涉及對象是否合於理論
理性所給出的形式，而這仍然是以一種知識之態度來對待對象。但實踐理性

---

[27] 同上，S. 637.

[28] Wolfgang Düsing 則由語言學觀點來解釋此一類比概念：「當我們區分兩種截然不同的語言結構，
且在語言學的文本理論之意義下，將其中一種稱為『類比的』或『摹擬的』，將另一種稱為『數
位的』或『符號的』，則文學縱使並非全然、但卻主要是以摹擬的方式來進行語言表達的一門領
域。這種語言並非科學知識的媒介，其功能乃是表現、呈現與展現。作為一門『類比的』或『摹
擬的』語言系統，文學的形式特徵就此而言乃毫無疑問。不過，只要我們問及這種非由判斷所形
成的表現方式的語言究竟傳達了什麼，則困難便隨之而生。一般的答案是：它並非知識，而是體
驗；其真理的判准並非邏輯的精確性，而是展現的力道。……文學（Dichtung）不再是一種自然底
摹仿，而是主體性底展現，或如席勒所謂『人底表現』（Ausdruck der Menschheit）。在藝術所展
現的一切事物中，文學使主體性當下呈現。因此，這並非意指『私我』（das private Individuum），
而是表現人性中塑造人之以為人的『人格』與性格典範。」詳參 Wolfgang Düsing: *Ästhetische Form
als Darstellung der Subjektivität. Zur Rezeption Kantischer Begriffe in Schillers Ästhetik*. In: *Friedrich
Schiller zur Geschichtlichkeit seines Werkes*. Hrsg. v. Klaus L. Berghahn. Kronberg / Ts. 1975. (=
Monographien Literaturwissenschaft. 21.) S. 197.

則不如此。當實踐理性將其形式、亦即將這種無條件的自我規定「借給」對象時，則這一形式便成為了「對象本身」的形式。換言之，當對象本身此時借用實踐理性之形式時，則對象自身便彷彿擁有了它自己的意志、一種自行規定的力量。這種與實踐理性相類比所形成的判斷，即是其對於對象採取一「觀照」之態度所致。因此，吾人此時既擺脫對於對象採取一認識的態度，亦擺脫對於對象採取一道德的態度，而唯是「因乎現象本身而觀其為現象」。至此，實踐理性遂賦予對象一種意志，使對象本身彷彿擁有意志一般：

> 實踐理性命令地（imperativ）責求（fordern）一種意志底行為或道德的行為，亦即透過理性底純粹形式；但實踐理性可期許（wünschen）（而非責求）自然底作用，亦即由其自己（durch sich selbst），使其顯現出自律的樣子。（但此處須再次注意：實踐理性無論如何不可責成如此一種對象係由於實踐理性而存在；因為，對象此時似乎便不是由其自己、不是因自律而存在，——因為任何由理性而來的規定都是以他律的外來之物來對待這個對象的——而是由一外來之物、亦即透過一外來的意志所規定。）[29]

實踐理性在其面對「意志底行為」與「自然底作用」（Naturwirkung）時，當採取兩種不同的態度。當其面對意志底行為時，係以「命令的態度」、「責成的手腕」來對待它，因為意志底行為必須「透過理性底純粹形式」而產生；然則，當其面對「自然底作用」時，卻必須以「期許的態度」來對待它，因為自然底作用係「透過它自己」而產生。若實踐理性將運用於意志行為之命令轉施於自然作用之上，則後者便非「透過它本身」所產生，而是承受了「某個外在的東西」、「外在的意志」之影響，因此這便非自律，而是他律。這兩種不同的態度，當可使人想起上文所言及的兩種觀法。「命令的態度」類似於

---

[29] *Brief-Traktate an Körner über den Begriff des Schönen*, S. 637.

「觀察」，而「期待的態度」則頗近於「觀照」。命令、責成均使對象承受了
一種外來的影響，此於對象本身言之，便是一種外來的異己之物，而不是一
種蘊藏於對象本身之中、透過對象本身所產生出來的東西；反之，那種觀照
的、就乎現象本身而觀其為現象的態度，則是因任對象本身，使對象本身排
除一切外在之規定根據而使其自己貞定自己。若借用康德術語，則後者即「己
律」（Heautonomie）之型態，前者為「自律」（Autonomie）之型態。

　　席勒接著表示：當理性存有者呈現出這種自我規定時，其活動必須發自
純粹的理性，因為理性存有者本身即是理性；然則，當自然存有者呈現出這
一自我規定時，其活動則必須發自純粹的自然，因為自然存有者本身即是自
然。這一發自純粹的理性之活動，即是上述「意志底行為」，而發自純粹的自
然之活動，便是上述「自然底活動」。這兩種來源不同的活動必須嚴加區隔，
以避免意志底行為干犯了自然底活動之領域，致使自然底活動遭受他律之影
響：

> 一般而言的純粹的自我規定即是實踐理性底形式。因此，當理性存
> 有者應呈現出自我規定時，則它的活動必須發自純粹的理性。當純
> 粹的自然存有者應呈現出自我規定時，則它的活動必須發自純粹的
> 自然；因為理性存有者底本身即是理性，自然存有者底本身即是自
> 然。[30]

在區別兩種不同來源的活動之後，席勒便追問實踐理性與「自然存有者」
或所謂「自然底活動」之間的關係何在：

> 實踐理性在考察自然存有者時揭示出：它是由其自己所規定的，實
> 踐理性（正如理論理性在同樣的情況下，承認直觀類似於理性那樣）

---

[30] 同上，S. 637.

便把自由之類似（Freiheitähnlichkeit）、或逕將自由賦予這一自然存有者。但因為這一自由僅是理性借給對象的，又因為只有超感官者，以及決不會落入感官中的自由本身才是自由的，簡言之，這裡所強調的關鍵是：對象顯現為（erscheinen）自由的，而非真正是（wirklich）自由的；所以，對象與實踐理性底形式之間這種類比，並非實際上的（in der Tat）自由，而僅是自由寓於現象之中、自律寓於現象之中。[31]

實踐理性於觀照這一自然存有者時，發現它是「由其本身」所規定的，因此便將「自由之類似」賦予這一自然存有者。不過，這一「自由之類似」是實踐理性「借給」自然存有者的，故這一自然存有者僅「顯現為」自由的，而非「真正是」自由的，因此席勒才將實踐理性與自然存有者之間的關係稱為一種「類比」。[32]這種與實踐理性的形式面、純粹的自我規定相類比所形成的自由，當其顯現於感性界中的對象之上時，則對象本身亦同時顯現了一種由其本身所規定的面貌。

---

[31] 同上，S. 637.

[32] Friedrich Beiser 認為吾人須嚴加注意席勒區分對象「彷彿是自由」與「真正是自由」之用意，否則將落入以形上學觀點來解釋席勒美學之流弊：「無論是在英語或在德語中，『自由寓於現象之中』的『現象』（Erscheinung）一字實有其模稜兩可之處。『顯現』（appear）可意謂『彷彿是』（to seem）某個東西，在某方面看起來好像是這個東西，但卻並非『真正是』這個東西；或者，它可意謂『開顯或揭示』（to manifest or reveal），使一物『真正是』什麼變得更清楚。席勒表示他之所說乃是前者而非後者。這即是其論述之全部關鍵所在：吾人將自由置入（reads itself into）現象之中，而且美只是一種理性底類比。他表示吾人所能宣稱者，僅是『理性之類似』，且吾人唯有根據這一理由才可將美視為自由的現象。這一論點雖說簡單，但卻值得重視。因為，論者常以為席勒所言乃是說：美『真正是』（is）自由底呈現或展現。這種混淆係採用了形上學觀點來詮釋席勒美學。根據這種詮釋，『自由寓於現象之中』即意謂『理體或超感官之真實底展現』。所以，席勒這項原則遂成為典型的黑格爾式或謝林式的『美是理念底感性顯現』。按論者推測，席勒超越康德之處乃是因其往謝林與黑格爾之客觀觀念論靠攏之故。客觀觀念論即是理念外在於主體而有其客觀之地位且自行顯現於感性界之中。而這種詮釋竟犯了席勒所嚴加警告的錯誤：將『軌約原則』與『構成原則』相混！」詳參 Frederick Beiser: *Schiller as Philosopher*.(Oxford: Oxford University 2005), p. 64-65.

　　總之，席勒認為美屬於實踐理性之領域，而與理論理性無涉。美雖然屬於實踐理性之領域，且與它具有一種「親屬關係」，但兩者卻各有分際。他以「採納」、「摹擬」或「類比」等名稱來定義此兩者間相近似的親屬關係。這種採納實踐理性底形式的對象，遂被視為一美的現象。行文至此，席勒所欲尋找的美的客觀概念實彰彰甚明。「自由寓於現象之中」（Freiheit in der Erscheinung）即美的客觀概念之根據，而美的事物之所以為美即以此為基礎而形成。席勒按理論理性與實踐理性各依其構成的運用與軌約的運用，將理性形式所呈現出的四種相貌作一分類：

> 　　因此，在此便得出四種判斷方式，以及與此相應的四種表象現象的分類。
> 　　根據認識底形式所形成的各種概念判斷是邏輯的；根據這同一種形式所形成的各種直觀判斷則是目的論的。根據純粹的意志底形式所形成的某種自由活動（道德的行為）底判斷即是道德的；根據純粹的意志底形式所形成的非自由活動的判斷則是審美的。概念與認識底形式之一致乃是合乎理性（真理、合目的性與完善與這種合乎理性有純粹的關聯），直觀與認識底形式之類比乃是類乎理性（我想將此稱之為目的象、邏輯象）；行動與純粹的意志底形式之一致乃是道德，現象與純粹的意志底形式或自由之類比即是（最廣義的）美。故美不外乎是自由寓於現象之中。[33]

（五）「自由寓於現象之中」

　　至此，吾人可試為席勒所謂「美的概念」作一整理，俾廓清眉目：

　　（1）席勒開篇即表示欲透過「理性的推論」來找出美的概念。因此，他

---

[33] *Brief-Traktate an Körner über den Begriff des Schönen*, S. 638.

援用康德哲學概念為前提，亦即在理性概念中為美的事物謀求根據。但席勒表示，這一先天而純粹的理性概念若無法與直觀相聯，或無法於感性世界中呈現出來，則僅是一主觀之物。席勒提醒柯氏留意其設定的前提：

> 我要順便一提的是：我的美底原則至今無疑只是主觀的，因為目前我只是由理性本身出發來提出論證，且根本還未使其與客體有所聯繫。但凡從理性中先天地導引出來者，將不再是主觀的。[34]

文中謂「美的原則」，即指「自由寓於現象之中」而言。席勒認為此一概念仍過於主觀，因為它尚未與落實這一概念的對象建立關聯。前文已言，「自由寓於現象之中」這是緣於對象與實踐理性底形式相類比而產生，因此，當吾人判斷某一對象與實踐理性底形式相類，則便可將此一對象判斷為「自由寓於現象之中」。論者指出，席勒之所以提出「自由寓於現象之中」乃依據以下兩項理由而來：

> 席勒之命題——「自由寓於現象之中」此一概念即是所尋找的美的概念——，其理據一則在於：這個概念使吾人得以設想某個「根本無待於概念者」，但此物卻依循不受外來所規定的方式且合於其自己的法則。另一理據則在於：若不從理性底本質出發，美的概念根本無以可能。席勒為何要踏上如此一條值得留心的道路，亦即純然從理性的推論出發以掌握那種只能在直觀中晤面相逢之物，實已昭昭甚明。通往美的概念的道路唯有直觀一途，因為美是不待概念而使人愉悅的。故就美底先驗分析論言之，除了從理性本身（它必定透過某種方式與美的事物底來源相關聯）出發外，亦別無其他可能性。[35]

---

[34] 同上，S. 639.

[35] Fritz Heuer: *Darstellung der Freiheit-Schillers transzendentale Frage nach der Kunst*(Köln u. Wien: Böhlau Verlag, 1970), S. 87-88.

此處有兩點值得注意。其一、「自由寓於現象之中」使我們得以設想某一「根本無待於概念者」，而此物既不受外力所規定且又合乎其法則；其二、吾人僅能在直觀之中與「此物」晤面相逢，因「此物」實無法由概念所掌握。因此，在直觀中所呈現、但又無法藉諸概念所掌握之「某物」究係何物？席勒指出：

> 在對象本身中必須見出某物（它是不證自明的），它可使這條原則運用於對象之上，且我有責任把此物揭示出來。但這「某物」（亦即那種在事物中由其本身而來的規定狀態）是被理性所覺察到的，且是被讚許地覺察到的，按事物的本性，此物只可從理性底本質中顯示出來，就此而言它僅是主觀的。但我希望充分證明：美是一種客觀特質。[36]

依席勒之見，存在於對象中的「某物」即是「那種在事物中透過它本身而來的規定狀態」。換言之，「某物」即是「自律」。但這一存在於對象本身中的自律狀態又須於直觀中呈現出來，如此席勒所謂美的原則方可真正用於對象之上，而不致有主觀之嫌。

（2）席勒強調，提出美的概念與透過這一概念而使人產生美感是完全不同的，因後者與「美無待於概念而使人愉悅」此一觀點相牴牾。故席勒所謂「概念」便不能作尋常理解。他提醒柯氏區分以下兩事：

> 我必須強調，「提出美的概念」與「被美的概念所打動」根本是兩件不同的事。我絕不否認「提出美的概念」這件事，因為我本人正在提出這個概念。但我和康德都否認美使人愉悅是透過概念。「透過概念而使人愉悅」是在愉悅感發生之前便預設這個概念的存在，這種

---

[36] *Brief-Traktate an Körner über den Begriff des Schönen*, S. 639.

情形可見諸完善性、真理和道德；雖然我們對這三種對象並不具有同樣清晰的意識。但從「提出美的概念」這件事中可以發現：我們對美的愉悅感並未預存如此一種概念，因為我們現在仍在尋找這個概念。[37]

由此可知，「提出美的概念」並非以一預先存在的概念（諸如完善性、真理、道德）為前提，且美感、愉悅之情也並非概念所致。

（3）柯氏以為美不應由道德推導出來，反之，道德應當由美推導出來，且兩者必須共同由「更高的原則」推導出來。席勒認為其理解大致不謬，但認為「由美推導出道德」這種觀點應再作商榷：

> 你說，美不是由道德、而是由一條共同的、更高的原則演繹出來。按照我所提出的新前提，我根本不希望見到這種異議，因為我與「由道德中推導出美」這種觀點離得那麼遠，甚至認為兩者幾乎不相容。道德是透過純粹的理性而來的規定，而作為諸現象的特質的美，則是透過純粹的自然而來的規定。於現象上察覺出透過理性而來的規定，毋寧取消了美，因為對現象的產物而言，理性底規定是真正的他律。[38]

由道德推論出美固屬不諦，但由美推論出道德亦不諦，此因兩者均各有歸屬（一屬理性的規定，一屬自然的規定），勢必不可相互化約。然則，美的事物之所以為美，即是因其與實踐理性底形式相有類似之故，縱然美與道德之間決不可相互混漫，但也並非表示兩者決不相容。席勒在此亦肯定柯氏之見，謂美與道德兩者實有其「共同的更高原則」，而此一原則即是「源自於純

---

[37] 同上，S. 639.

[38] 同上，S. 639.

粹的形式之實際存在」（Existenz aus bloßer Form）[39]。至於「源自於純粹的形式之實際存在」究作何解，席勒於此卻並未深入闡述。不過，他向柯氏保證，只要其密切關注其理論發展，這條原則將在接下來的論述中獲得釐清。以上論「美的客觀概念之先驗推述」已畢，以下則就其中之義蘊更作剖析。

二、「自由寓於現象之中」之涵義

(一)「似」而非「是」

　　由席勒之論說，吾人已知：美的事物之所以為美，其根據乃在其與實踐理性底形式具有一層相似、類比的關係。實踐理性底形式即是意志的自我規定，亦即依道德法則之所形成者，或如席勒所言，「實踐理性底形式即是意志與意志底表象的直接聯結，因而即是任何外在的規定根據之排除」。席勒謂「任何外在的規定根據之排除」，若換一角度言之，即含有「內在的規定根據之採納」之義。因此，這句話即同於康德倫理學意志之自我立法義。依此而來，當事物仿照、類比實踐理性底形式時，其本身遂採納一內在根據，而非受制於外在根據，如此則事物便可如意志之自我立法般自行規定其本身。若事物不受外在規定約束而自行規定自己，此時便可謂為美。席勒對康德倫理學中此一「自我立法」之觀點嘆服不已：

> 毫無疑問，生命有限的人類至今也說不出任何比康德的言語更偉大的話，這句話同時即是其哲學的全幅內容：「由你自己來規定自己」。這句話如同理論哲學之中的一句話：知性為自然立法。對我們來說，這種自我規定的偉大理念返照於諸般現象之中，而我們就將此稱為

---

[39] 同上，S. 640.

美。[40]

　　所謂「美」者，即是於諸般現象中彰顯此一自我規定，以席勒之用語言之，即「自由寓於現象之中」。前文謂「自由寓於現象之中」，即實踐理性於觀照某一自然存有者時，發現它是「由其本身」所規定者，故實踐理性遂將「類似的自由」賦予此一自然存有者。但此一「類似的自由」既是由實踐理性「借給」自然存有者，故自然存有者僅「彷彿」自由，而非「真正」自由，是以席勒才將實踐理性與自然存有者間之關係稱為「類比」。此一與實踐理性之形式面、純粹的自我規定相類比所形成之自由，當其顯現於感性界中之對象時，對象本身遂呈現一由其本身所規定、不受目的或質料之所影響的面貌。Heuer 對此表示道：

> 「自由寓於現象之中」是說：這種類比係透過實踐理性之規定而來。如此一種類比之得以可能，不外乎存在於「似現」（Schein）或「顯現」（Scheinen）中，存在於被賦予自由、且無法被加以判斷的某物之中，因而此物自由地源自於純粹的理性底規定。也就是說，這導出道德判斷，正如此一判斷唯有發自純粹的理性底自我規定才得以可能，故它決不會考量某個晤面之物是否使人愉悅。道德判斷是將理性存有者視為理體之人；而審美判斷則是以某種方式將美的概念、亦即「自由寓於現象之中」與我們在現象中的晤面之物結合在一起。[41]

　　在「自由寓於現象之中」此一視野下，對象遂因其與實踐理性之形式相類而生起一種宛若自由之相狀。此中關鍵在於：這一相狀與實踐理性之間乃

---

[40] 同上，S. 640.

[41] Fritz Heuer: *Darstellung der Freiheit-Schillers transzendentale Frage nach der Kunst*, S. 95.

是處於一種「似」（als ob）而非「是」（ist）之關係。若吾人遽將對象等同於實踐理性本身，則此兩者便非維持一「似」而非「是」之關係，此時便將導出道德判斷，而非審美判斷。席勒謂：

> 此時便存在如此一種對於自然或諸般現象的觀點，亦即：我們對它除了自由以外，無論什麼也不求取，我們端看它們是否是那種它之為它、因其本身而存在的東西。如此一種判斷方式之所以重要且可能，唯有透過實踐理性，因為在理論理性中根本就找不到自由底概念，而唯在實踐理性中自律才勝於一切。這一被運用於自由的行為中的實踐理性，它要求行為僅是考慮行為底方式（形式）而產生，且質料與目的（終究也是質料）均不對它產生任何影響。此時，若在感性世界中的某一客體看起來像是因其本身所規定的樣子而顯現出來，且如此這般地自行呈現於感官前，以致我們察覺不出質料和目的的任何影響，則被評斷為某個純粹的意志底類似物（而非意志底規定的產物）。因為，可依照純粹的形式來自我規定的意志，謂之自由；而那種在感性世界中看起來像是因其本身所規定的面貌的形式，則謂之自由底展現（Darstellung der Freiheit）。因為所謂展現，即表示理念與直觀相結合，以致兩者均認可同一條認識法則。[42]

吾人可對自然或諸般現象採取一無執之態度，亦即觀其是否是因其本身而存在。此一態度，即席勒所謂「觀照」之態度。觀照之態度，即是對事物本身一無所求，悉如對象本身之所如地觀照之，此時目的相、道德相與邏輯相均一併停歇，而對象本身之所以然者、因其本身而來者遂可頓時呈現，此即形成一美相。不過，席勒強調，這一相狀是類比於實踐理性而來者，故當其顯現時，僅是一依稀彷彿之相，而非實踐理性本身之實際相狀。唯當對象

---

[42] *Brief-Traktate an Körner über den Begriff des Schönen*, S. 640-641.

以類比、仿效之方式顯現於感性界中、呈現於感官之前時,實踐理性本身之實際相狀方才得以顯現。席勒所謂「展現」一詞,即表示此一實踐理性本身之實際相狀(或謂「自由之理念」)與直觀、感性當兩相絪縕,進而使此一不可睹之理念使人親眼目擊。

席勒復對「自由寓於現象之中」這一論旨再作申述:

> 因此,自由寓於現象之中不外乎是事物底自我規定,只要這種自我規定在直觀中自行展現出來。我們把任何一種來自外部的規定與這一自我規定相對立,就如同我們也把任何一種由於實質的原因所得到的規定與道德的行為相對立一樣。但客體不論是從自然的強制力,還是從知性的目的來取得它的形式,只要我們從這兩者中的某一個察覺它的形式底規定根據,則它便很少顯現為自由的;因為,在這種情況下,這種規定根據並非存在於客體之內,而是存在於客體之外,且它不可能是美的,正如同出於某種目的的行為不大可能是道德的一樣。
>
> 若品鑑判斷是全然純粹的,則其必定完全拋棄那種認為美的客體有某種(理論的和實踐的)價值、由某種質料構成與為了某種目的而存在的想法。它根本成為了一個它所願欲的東西!只要我們從審美上來評判它,則我們只想知道:客體是否是那種它所是的東西,能否由於其本身而存在。我們很少過問它的邏輯性質,以致我們寧願把它對目的和法則的獨立性視為最高的優點。[43]

「自由寓於現象之中」即同於「事物底自我規定」,但這種自我規定必須存在於事物本身(或謂客體)之中,而非存在於事物本身之外。若事物係透過「自然的強制力」或「知性的目的」來取得其自我規定之形式,甚至使人

---

[43] 同上,S. 641.

「察覺了」這兩者之中的任何一個，則便很少顯現為自由。故事物若要顯現自由，則必須排除自然強制力或知性目的，以致使人對這兩者之存在渾無所覺，這如同一道德行為必須全然排除「實質原因」和「出於目的」一樣。因此，一純粹的品鑑判斷（即審美判斷）此時全然不暇計及其理論與實踐上之價值，且排除質料與目的之影響，正如同一道德行為對「實質原因」與「出於目的」無所計慮一般。若我們專從「感性上」來形成這一判斷，則我們此時僅是著眼於客體是否是「它之所是」、是否是「由於其本身」而存在。一旦我們詢及客體的「邏輯性質」，便將蹈入「知性的目的」，致使產生他律。總言之，一個專從感性面上所形成的純粹品鑑判斷，其最大之優勢便在於其可超然於目的與法則之外，使其不受目的與法則之制約。

但美果真可完全不受目的與法則之約束？此又不然。席勒旋即指出：

> 儘管目的與合於法則並不會與美兩不相容，相反地，任何一個美的作品都必須合於法則；但因為使人察覺到目的與法則的影響會預示壓制，因而對客體造成他律。美的作品可以且應該是合乎法則的，但它必須看起來像是擺脫了法則的樣子。[44]

席勒雖謂「對目的和法則的最高獨立性」乃是美之最高的優點，但這並不表示美可全然擺脫法則與目的之約束；反之，美仍須「合於法則」、「合於目的」。不過，誠如前文所言，當我們一意專從「感性上」形成一美的判斷時，此間若是使人對法則與目的之影響有所察覺，便會對美的客體造成一種外來干預，換言之，此即所謂「知性的目的」之介入，而知性之目的一旦介入，客體便非保持其自律狀態，而是承受了他律之影響。因此，席勒以為，美的作品亦應當恪遵法則，但最重要的是，美的作品之所以成其為美，其最大特質便在於它使人根本察覺不出法則與目的之痕跡，或者說，其外觀「看起來

---

[44] 同上，S. 641.

像是擺脫了法則的樣子」。行文至此，我們可略為歸納席勒之觀點如下：（1）當我們專從「感性上」形成審美判斷時，此時我們只是關心客體是否是「它所是的東西」、是否是「由於其本身」而存在，其他一切理論與實踐上的價值、以及目的與質料的影響，均在不計之列。（2）當我們形成這一判斷時，若是追問客體的「邏輯性質」，則將使「知性的目的」介入此一判斷，這便會對客體形成壓制，因而導致他律。（3）不過，這種獨立於法則與目的的美的對象，並非與法則和目的無關，反之，它也必須遵守目的和法則。這表示：當我們專從「感性上」審觀對象之際，此時並不會「被迫」、「強求」去運用知性之力量來尋找目的或法則，故在這一對象上也並不會使人察覺出目的與法則之痕跡，以致對象便呈現一種「看來像是擺脫了法則的樣子」。

(二) 離言絕念

席勒繼而表示：吾人對對象所當採取之態度，應是一心純然觀照不作分別計慮想，倘若對對象有所起意，便無法超脫上述目的與法則之影響：

> 但只要我們對於對象有所驚思，則自然中或少數藝術中的對象便未能擺脫目的與法則，且便非透過它本身的自我規定。任何一物均是透過他物而來，任何一物均是為他物而存在，它們均無自律。我們必須在現象外的智思界中去尋找那種以自我規定和不假外求而存在的獨特之物。但美只寓於諸般現象的領域中，故透過純粹的理論理性和假道於分別計慮（Nachdenken），是根本不可能在感性界中碰見自由的。
> 不過，若我們摒除理論底探究，且如客體顯現出來的樣子般（wie sie erscheinen）純然地納受之，一切便別具風貌。法則、目的根本無法顯現出它的相狀，因為它是概念，而非直觀。只要知性不被迫使去尋找客體之所以可能的現實根據，則這一現實根據便決不會落於感官中，它彷彿不是現成的（vorhanden）。因此，為了將現象中的客

體判定為自由的，這端賴全然超脫於某一規定根據（因為，「非由外所規定者」（Nichtvonaußenbestimmtsein）即是「由其本身所規定者」（Durchsichselbstbestimmtsein）的一個反面的表象（negative Vostellung），且甚至是後者唯一可能的表象，因為我們只可懸揣（denken）、而決無法認識（erkennen）自由，甚至連道德哲學家也僅能藉助這種自由之反面的表象。）如此一來，只要我們既不在形式之外去發現、也不被迫在它之外去尋找其根據（Grund），則此一形式看起來便像是自由的。因為，如果知性被迫去追問形式的根據，則它就必然不得不在事物外去尋找根據；又因為事物必須或是被概念規定，或是被偶然規定，但這兩者卻均是以他律的方式來對待對象的。所以，我們可歸結出以下這條原則：當對象的形式並不逼迫反思的知性去尋根究柢時，則對象便在直觀中自行展現出自由的面貌。故美是一種「它說明自己」（sich selbst erklärt）的形式，此處所謂「它說明自己」，即是「它毋需概念之資而自行說明一切」的意思。因此可以說：美是一種不求言詮的形式，或是如此一種無需概念來說明的形式。

一切唯在以概念為前提的狀況下才被認為是可能的形式，在現象中都顯現出他律。因為任何概念對對象來說都是一外在之物。任何嚴格的合法則性（其中尤以數學的合法則性位居首位）都是這種形式，因為它強迫我們接受那個產生它的概念；任何嚴格的合目的性（尤其是有用的合目的性，因為它總是與其他事物有關聯）也都是這種形式，因為它使我們想起對象底任務和用途，因而勢必會毀壞現象中的自律。[45]

此處謂「對於對象有所驚思」、「去尋找客體之所以可能的現實根據」，皆

---

[45] 同上，S. 642.

不外運用知性以對對象有所規劃。這種對對象採取「分別計慮」、「尋根究柢」之態度，即非使對象本身「如其所顯現出來的樣子般」純然納受之，毋寧逼迫對象接受一外來制約，使其受制於一外來的法則、目的。果若如此，則事物之自我規定（亦即自律）亦蕩然無存。席勒表示，吾人只消暫捨知性作用，如對象本身之所顯現般地純然觀照之，則美便可顯現。若就對象本身言之，則此一知性所造成之法則、目的等概念，均非對象本身所固有，因而在其本身看來即是桎梏與束縛，而此束縛、桎梏與自律正相違背。因此，將現象視為一種自由底展現，其中之關鍵唯在「全然超脫於某個規定根據」，並透過一「不由外在所規定者」之表象，以消極、反面之方式來詮顯「由其本身所規定者」這一積極、正面之不可言說、無以表象的狀態。若吾人超脫某一規定根據，則對象便毋需藉人之分別計慮而代其立言，此時，對象本身所顯現之相狀即「說明自己」。對於這一擺脫言說計慮所形成的狀態，席勒在其讚頌希臘人時描摹甚詳：

　　無論是自然法則的物質壓迫，還是道德法則的精神壓迫，在希臘人對於必然性的更高的觀點中均告消亡，這個觀點同時涵融了兩個世界，而希臘人的真正自由恰是來自於這兩種必然性的統一。受到這種精神的點染，從希臘人理想的面目特徵之中既見不到愛好的痕跡、也見不到意志底來源，不如說，他們使這兩者無法辨識，因為他們知道把這兩者在最內在的聯繫中合而為一。宇諾那張神聖的面容對我們所訴說的一切，既非優雅、也非尊嚴；並非兩者其中之一，而是同時兼而有之。女神在要求我們景仰的同時，這神一般的女人也點燃了我們的愛意；但是，在我們忘我地投身於上蒼的嬌柔嫵媚（Holdseligkeit）之際，其自足無待（Selbstgenügsamkeit）又嚇得我們退避三舍。這完整的形體、這全然不可分割的造物靜息與棲居在其本身之中，而且彷彿是在彼岸，既無所退讓，亦無所抗拒；因為此處既沒有相爭的力量，也沒有時間得以入侵的空隙。我們一則不

可抗拒地被祂攫獲和吸引，一則又與祂保持距離，因而我們便同時身處於一種高度的靜謐與昂揚的狀態中，一種奇妙的悸動誕生了，對此，知性無有思議、言語無以名之。[46]

(三) 揚客抑主

知性既已暫捨其作用，則現象中之「對象」遂對吾人「展現」一自由之面貌，對象此時便非知性之對象，不如說，它必須擺脫知性之分別計慮所形成之規定；再者，對象亦非實踐理性所規定之對象，因其僅與實踐理性有一類比之關係，故道德之取善捨惡之作用亦無所施其技。[47]總言之，對象既非

---

[46] F. Schiller: *Über die ästhetische Erziehung des Menschen in einer reihe von Briefen.* in: *Schiller Sämtliche Werke, Philosophische Schriften*(Berlin: Aufbau Verlag, 2005), S. 355-356. 另外，Wolfgang Janke 認為時間乃席勒美學之關鍵，並舉「在時間中揚棄時間」（die Zeit in der Zeit aufheben）一語為其綱領，並以「瞬間」（Moment）來詮釋這種言亡慮絕之狀態。這種狀態實近於宗教中之「恩典」（Gunst）：「『審美的』瞬間並不只是永恆時間底抽象。此一於時間中所揚棄的時間必須同時又具有永恆者之各種意涵。如此一來，這種被限定的當下一瞬的時間性才轉化為超脫限制的瞬間之『恩典』。『審美的瞬間』是美的事物底時間要素，而時間便是在此一契機中受到永恆性的觸動。此一契機賜人以審美存在底現實性。『審美的瞬間』形成某種機緣，在此機緣下，人可剎那在美所呈現出來的光輝相狀中親眼目擊其使命。『美底瞬間』是一種盤據我們所有內心力量的契機。因為，美底作用與存有唯存在於心靈的『被動』和『被觸動的狀態』中，而受到觸動的心靈亦於一瞬間中彰顯。對席勒而言，『瞬間』是以『過渡範疇』（Übergangskategorie）出現的，它化被動為主動、化主動為被動，且因而使『審美狀態』得以成真。人『為了化被動為主動……因此必須從一切規定中瞬間脫身，並歷經一種純粹的可規定性的狀態。』在心靈與美共悠遊的瞬間之中，人便在其『能規定』與『所規定』的狀態中化解這一爭執不休的時間關係。『常』與『變』在瞬間中達成真實和解。因為，如此一種遊戲使人從現實性之當下限制與世間之壓迫中超脫出來。然而，它並非在時間之遣除中將時間排除盡淨，而是將時間納之於『一瞬』。另一方面，遊戲的一瞬間使人渾然忘我，而且這並不是一種『心醉神馳』（enthusiastisch）的狀態，或是淪墮於僅專注在被時間所充滿的一剎那中。不如說，這種恩賜使人『回憶』（er-innert）起他遺忘的自我。」參見 Wolfgang Janke: "Die Zeit in der Zeit aufheben-Der transzendentale Weg in Schillers Philosophie der Schönheit", *Kant-Studien.* 58:4（1976），S. 455-456.

[47] 席勒於〈論情操〉一文尾聲中表示：「因此，我們在審美判斷中對道德本身並不感興趣，而是只對自由感興趣。唯有前者彰顯出後者，我們的想像力才稱心如意。因此，為了擴張理性的疆域而在美的事物中要求道德的合目的性，於是便想將想像力從其合法領土中驅趕出去，這顯然是混淆界限。我們或者必須完全壓制想像力，如此則失去了一切審美效果；或者它與理性共享治權，如

一知性之對象，亦非一道德之對象，它「唯是顯現出自行規定之相狀而已」。因此，單對象本身來說，知性、道德均是一外來之物，而非是其本身固有之物。當摒除了這兩種外來之物，僅以對象本身之自我規定觀之，則對象便彷彿具有一人格般之主體性而流露出其固有之本性。席勒謂：

> 當我說：「事物底本性」（die Natur des Dinges）、「事物遵循本性」、「事物係由其本性所規定」，在此我是使本性與那些異於對象的東西、那些僅是偶然地產生於對象之上的東西相對峙，並且在不取消事物底本質的同時將其一併忘去。這猶如「事物底人格」（Person des Dings），它使事物有別於其他一切與之不同類的事物。因此，一客體與其他一切客體所共有的那些屬性，並不真正算是它的本性，儘管它不會因為拋棄這些屬性而不存在。唯有成為一個特定的事物、成為一個它之為它的東西（was es ist），其本性才顯露出來。舉例來說，所有物體均有重量，但唯有那種發自於其獨特性（spezielle Beschaffenheit）的重力作用，才屬於物體的本性。一旦物體上的重力（Schwerkraft）只顧全自己且脫離了它的獨特性，僅僅發揮普遍的自然力量（allgemeine Naturkraft）的話，則這種力量便被視為某種外來的強制力（fremde Gewalt），且其作用便以他律的方式來對待事物底本性。[48]

當知性、道德俱不對客體作出規定時，則吾人所觀照之客體便係「由其自己規定自己」，或如論者所言，此時它「並非來自於主體法則之主觀性」，

此道德似乎贏面不大。當我們同時追求兩個不同的目標時，將有兩個都達不到的危險。我們或是透過道德的合法性來綑縛想像力的自由，或是透過想像力的任性來毀滅理性的必然性。」詳參 F. Schiller: *Das Pathetischerhabene*. in: *Schiller Sämtliche Werke, Philosophische Schriften*(Berlin: Aufbau Verlag, 2005), S. 273.

[48] *Brief-Traktate an Körner über den Begriff des Schönen*, S. 652.

而是自有其律則可言。在知性與道德之觀點下，客體因承受一外在律則而無以自決，以致產生他律，其地位遂受貶抑；然若排除此一主體所賦予之外在律則，則可客體便可重獲其應有之地位。有關此一「事物底人格」之獨特性，席勒以花瓶（Vase）為喻：

> 花瓶，若被視為一個物體，則受制於重力；不過，若重力不應泯沒花瓶的本性的話，則其作用便必須受到花瓶的形式的潤飾，亦即：加以特別限定且必須由這一特殊的形式所產生。對花瓶來說，任何重力作用都是偶然的，它可以在無損於花瓶底形式的情況下被排除掉。只要重力是在事物的經濟（Ökonomie）、本性之外發揮作用的話，馬上就會顯現出外在的強制力。當一個花瓶僅止於既寬且大的腹身，就發生了這種狀況；因為花瓶看來彷彿被重力取走高度，且被賦予寬度。簡言之：彷彿是重力掌控形式，而非形式掌控重力。[49]

席勒以「沉重的馱馬」（ein schweres Wagenpferd）與「輕盈的西班牙小走馬」（einen leichten spanischen Zelter）之對比為喻，說明縱使在動態物體上亦可發現類似的情況：

> 這一道理亦可見諸各種運動（Bewegung）中。當活動必從事物的獨特性、事物的形式中流露出來時，此一活動便屬於事物底本性。但那種不依賴於事物的獨特形式、而是由重力的通則所規定的運動，則是自外於本性而顯示出他律的運動。我們可舉沉重的馱馬與輕盈的西班牙小走馬為例。馱馬所慣於拖曳的重量已成為牠運動的本性了，縱使牠身後並未拖一輛車，但走起來卻彷彿像拖一輛車般辛勞沉重。牠的運動不再是從牠的獨特本性中流露出來，而是顯示出拖

---

[49] 同上，S. 652.

車底重量。反之,輕盈的小走馬決不慣於超過牠在最大的自由度中
所表現出來的力量。因此,牠的一切運動均是順任其本性的作用
(eine Wirkung seiner sich selbst überlassenen Natur)。因此,與駄馬
帶著鉛一般沉重的步伐走過同一條路相比,牠彷彿毫無重量地活動
得那麼輕盈。「常人根本不曾想過牠是一個物,所以,這獨特的馬的
形式克服了那種必須服從重力的普遍的物體本性。」反之,駄馬的
運動之辛勞沉重瞬間在我們的眼前化為一團質料,而馬的獨特的本
性(die eigentümliche Natur)在此便被普遍的物體本性(allgemeinen
Körpernatur)所壓制。[50]

客體如今既具有其獨特之本性,則吾人當須「尊重」其自由與自決,並
與之達成「共識」,席勒遂以衣容之美為喻來講明此義:

我們究竟何時會說一個人穿得很美?當衣服的自由既不受制於身
體,身體的自由亦不受制於衣服時,當衣服看起來像是與身體毫無
干係、卻又極完美地實現了它的目的時。美,或謂品鑒,將一切事
物視為『以自身為目的』(Selbstzwecke),且根本不容許一個事物把
另一事物當作手段,或一個事物役使另一事物。在美的世界中,任
何自然存有者(Naturwesen)都是自由的公民(freier Bürger),它與
最高貴的存有者均擁有同等權利,且不得為了顧及整體而遭受壓
制,而是須與一切事物達成共識(consentieren)。在這樣一個全然不
同於柏拉圖理想國的美的世界中,縱使是我身上的衣服也要求我尊
重它的自由,且它像一個害羞的僕從一樣,央求我決不要讓任何人
發現它在侍奉我。但是,為此它也互惠地向我保證它會合宜地運用
它的自由,以致絲毫不損害我的自由。如果雙方都信守然諾,則全

---

[50] 同上,S. 652.

世界都會說我穿得很美。反之，衣服若太緊，它與我均失去自由。因此，過窄和過寬的服飾都很少是美的；因為，這兩種服飾均限制了活動的自由，在過窄的衣服那裡，身體只是犧牲衣服而表現自己的體態，在過寬的衣服那裡，衣服則掩蔽身體的體態，衣服此時正在自我吹噓，卻把它的主人貶低為衣架了。

　　席勒此處藉主僕之關係來譬況身體與衣服之關係。身體既不掩蔽衣服，而衣服亦不掩蔽身體，身體與衣服兩者互不妨礙、相得益彰，如是則美感遂可呈露。換言之，身體此時與衣服毫無扞格，可謂「身是衣之身，衣是身之衣」，或以主僕關係喻之，亦可謂為「主是僕之主，僕是主之僕」。主人固不以其身居上位而對下位者行其貶抑輕侮之事，然僕從亦不以其身居下位而對上位者行其僭越侵犯之事。主僕之間誠然於其名分上有其尊卑高下之別，然就其內在本性觀之，其各具不可取代之獨特性則俱屬平等一如，兩無差別。由此可知：這兩者間雖存在著一層縱向、隸屬（Sub-ordination）的差別關係，然亦無礙於其同時存在著一層橫向、並列（Co-ordination）的平等關係。

　　綜結以上所論，當可發現：席勒所以於文中屢屢言及「事物底人格」，此皆緣於事物並非僅是一團冥頑之質料而已，而是宛如人類般具有一不可取代之獨特性，故事物非可視為一物而加以操弄擺佈，而是必須生起一尊物、愛物之心。[51]復次，此一獨特性亦是事物固有之本性，其決不可被化約為「種屬」、「門類」（Gattung）等一般屬性，否則其獨特性、固有性、不可取代性便無由彰顯矣。

---

[51] Wolfgang Düsing 謂：「席勒運用諸如『事物底本性』、『事物底人格』這類說法，或是談及事物底『人格性』、『獨特性』或『自我』。這些譬喻均表示：審美的形式被理解為這一起觀照作用的主體性底某種投射（Projektion），美並不是一個如其他任何對象般的客體，而是展現了『某個事物』，主體在觀照這某個東西時便與其自身晤面相逢。美的對象喚起一種印象，彷彿對象並不是一個物，而是一個活潑的個體，它似乎具有某種與主體性相類似的構造。」參見 Wolfgang Düsing *Ästhetische Form als Darstellung der Subjektivität. Zur Rezeption Kantischer Begriffe in Schillers Ästhetik*, S. 206.

三、美底表象之客觀根據

(一)「自由寓於現象之中」之客觀根據

　　席勒已於前文中將「自由寓於現象之中」稱為美。不過，他本人表示此一定義仍不免主觀，因為這依然無法確定此一現象中之對象應如何呈現自由，亦即：這涉及「自由寓於現象之中」之「自由」應如何落實一問題。有鑑於此，席勒認為目前有兩事亟待證明：

> 截至目前為止，我所證明的結果是這樣的：有如此的一種表象事物的方法，在這種方法中，我們擺脫其他一切事物而僅僅關注：事物是否顯現出自由的、由其本身所規定的面貌。這種表象方式（Vorstellungsart）是必要的，因為它源自於理性底本質，而理性在其實際運用中要求各種規定底自律。
>
> 但是，事物底性狀（Beschaffenheit）（我們以美這一名稱來標明它）與前述「自由寓於現象之中」是同一件事，但我們尚未證明此事；這應該是我目前的任務。因此，我必須闡明兩事：其一，那種在事物身上可望使其顯現出自由的面貌的客觀之物，正好就是那種它存在事物便美、它不存在事物便不美的東西；即使在前一種情況下事物毫無優點可言，而在後一種情況下事物卻擁有其他一切優點；其二，我必須證明「自由寓於現象之中」必定對感受能力自行產生如此一種效果，這種效果完全等同於那種我們認為可與美的表象相結合的東西（雖然以先天的方法來證明後者似乎是一件徒然的冒險之舉，因為唯有經驗才能教誡我們，我們在表象時是否應感受到某物、我們此時該感受什麼。誠然，無論是從自由底概念、還是從現象中

均無法以分析的方法抽繹出如此一種感受,而先天的綜合亦莫不然。因此,我們此處根本被限縮在經驗的證明內,而且,我盼望提供那種向來只是經驗所可提供的東西,亦即,透過歸納與心理學的途徑來證明:這種愉悅之感必須源自於自由、現象和與理性相協調的感性這些並列的概念,這種感受與那種經常伴隨著美底表象的快感是一樣的)。[52]

　　席勒亟待證明的第一件事即是在事物之上指出這一「客觀之物」係事物本身所特具的一種性狀,吾人正是據此性狀而將其稱之為美。其實這一性狀,誠如席勒所曾言及,即是「事物之自我規定」、「事物之自律」。但他隨即表示:「感性世界中沒有一個事物真正享有自由,而只是『彷彿自由』罷了。」[53]因此,這一性狀是否真正歸諸事物本身,或者說,是否被事物本身之所據有,此時仍在未定之數。席勒繼之表示,「事物也無法以正面的自由(positiv frei)的面貌顯現出來,因為這只是一個理性底理念,毫無直觀可與之相符。」[54]不過,若這一「彷彿自由」之性狀終究無法形成一特定之表象而被吾人所確切掌握,則吾人亦無由判定此一事物是否配稱為美。席勒謂:

　　但是,若出現在現象中的事物,既未獲得自由、亦未顯現自由,則我們如何可在現象中找到這種表象的客觀根據?這種客觀根據必須是事物底性狀,其表象無條件地迫使我們在心中生起自由底理念,並使之與客體相關聯。這是我此時所應證明者。
　　自由、由其本身所規定與由內所規定,都是同一件事。任何規定,或者以由外所規定的面貌出現,或者以不由外(由內)所規定的面

---

[52] F. Schiller: *Brief-Traktate an Körner über den Begriff des Schönen*, S. 648.

[53] 同上,S. 649.

[54] 同上,S. 649.

貌出現，因此，那種顯現出不由外所規定的面貌的東西，便須被表象為由內所規定者。「因此，只要想到『所規定者』（Bestimmtsein），則『非由外所規定者』便同時間接是『由內所規定者』或自由底表象。」[55]

「自由」、「由其本身所規定」、「由內所規定」，此三者其名雖異，然其義則一。自由本身係一理性底理念，故無法直接呈現於直觀之中。若吾人欲將「由其本身所規定」、「由內所規定」之物呈現於直觀中，勢必有所資假，換言之，此一不可表象者亦不得不透過某一表象而呈現。然席勒認為，吾人須透過「非由外所規定者」這一表象來間接地表象「由內所規定者」此一不可表之表象。[56]至於「非由外所規定者」這一表象本身又如何予以表象？席勒謂：

> 而今，這「非由外所規定者」本身又是如何被表象的？關鍵便在此處。因為，若它在對象之上不必然地被表象出來，則將「由內所規定者」或自由加以表象出來便毫無根據可言。但後者的表象是必然的，因為我們對美的事物的判斷包含必然性，且要求所有人贊同。因此，「我們在眼見客體底表象時是否願意顧及其自由」這件事便不得任諸偶然，而是其表象必須無條件地、必然地一同引出「非由外所規定者」底表象。
>
> 此時對此所要求的便是：對象本身透過其客觀性狀來邀請我們，或甚至迫使我們去察覺它身上那種「非由外所規定者」底特徵；因為，純然的否定（bloße Negation）唯預設與之相對的肯定有某種欲求的

---

[55] 同上，S. 649.

[56] 席勒已於前文表示：「因為，『非由外所規定者』（Nichtvonaußenbestimmtsein）即是『由其本身所規定者』（Durchsichselbstbestimmtsein）的一個反面的表象（negative Vostellung），且甚至是後者唯一而可能的表象，因為我們只可懸揣（denken）、而決無法認識（erkennen）自由，甚至連道德哲學家也僅能藉助這種自由之反面的表象。」

情況下（wenn ein Bedürfnis nach ihrem positiven Gegenteile vorausgesetzt wird），才可望被察覺出來。

對「由內所規定者（亦即規定根據）」底表象的某種需求，唯有透過「規定者」底表象才可產生。凡可被表象於我們眼前者雖然是某種「所規定者」，但並非所有的東西均被表象為如此，而那種不被表象的東西對我們來說便宛如根本不存在一樣。在對象身上必須出現某物，它來自於一系列無止盡的不可言說（Nichtssagende）與空無（Leere）而將對象突顯出來，並激發我們的認識衝動，因為那種不可言說的東西幾乎與空無（Nichts）相仿。此物必須呈現為某種「所規定者」（Bestimmte），因為對象應將我們引向「能規定者」（Bestimmende）。[57]

此處關鍵有二：其一、此一「由內所規定者」既無法予以正面表出，則有賴於「非由外所規定者」以反面方式加以表出；換言之，「由內所規定者」須透過與其相對之「由外所規定者」之否定表出。其二、「由內所規定者」就其作為一「所規定者」而言，與其他一般「所規定者」並不相同。此一特殊的「所規定者」既然無以表象之，則其性狀實難以定位，故席勒以「不可言說」、「空無」描繪之。席勒表示，此一「所規定者」雖然一片空無，卻不可作「空洞」解，因其並非不存在。此一「所規定者」應激起吾人之認識衝動，使其可脫離渾沌不明之性狀，故此一似無若有之「所規定者」須將吾人導向「能規定者」。而這「能規定者」究係何物？此又不得不訴諸吾人之知性能力：

> 但知性是一種推究因果的能力，故它終究必須參與其中。它必定被促使去反思客體底形式。之所以說反思形式，是因為知性只與形式有關。

[57] *Brief-Traktate an Körner über den Begriff des Schönen*, S. 649-650.

故客體必須擁有和顯現如此一種接納法則的形式；因為知性唯有按
法則才能發揮作用。但知性並未那麼迫切地去認識法則（因為認識
法則將摧毀一切自由底閃現，正如所有嚴格的合法則性的確會產生
這種情形），知性只要被引向（指不定是哪一種）法則，這便足矣。
我們只消觀察一片葉子：當我們超脫於目的論的判斷時，便立刻想
到：樹上的形形色色之物不可能是偶然且毫無章法地排列好。直接
反思這片樹葉的外貌傳達一件事：我們不必迫切地去洞悉法則和建
立有關這片葉子的構造的概念。
這種任由法則來處裡的形式，謂之合於技巧（kunstmäßig）或技法
的（technisch）。唯有客體的技巧形式才促使知性去推究因果，使「能
規定者」成為「所規定者」；因此，只要這種形式喚起「去追問規定
根據」的需求，則由外所規定者底否定必定導向由內所規定者或自
由底表象。[58]

這一渾沌難言之「所規定者」既待「能規定者」為之定形，則亦須容許
「能規定者」所加諸其上之法則，因後者之作用全依法則而彰顯；故「所規
定者」之形式必須喚起「能規定者」。然「能規定者」此時亦無需急於認識法
則，而是被「引向」法則即足，亦即「能規定者」若純就其作為一「能」者
觀之，其功用尚未限定，若此時被法則所框限，則喪失其無窮之能力。故「能
規定者」之作用此時處於一懸而未決態，遂不可對「所規定者」驟下定奪。
對此，論者別有一番精論：

各種美的對象底技巧形式雖包含了「自由寓於現象之中」這一客觀
的表象根據，但此一技巧形式卻並非如此一種「促使理性將自由賦
予顯現中的對象」者。如此一番見解，誠如席勒所論，其含義並不

---

[58] 同上，S. 649.

在於技法形式底規定性（Bestimmtheit），而是唯在將對象展現出來
的這種可規定性（Bestimmtbarkeit）。因為，對象底技法形式此一可
規定性，唯在喚起對於規定原則的某種需求。這種通往顯現中的對
象上的可規定性，當然唯有知性堪任。知性在其發揮聯結之力時，
唯作為一種懸而未定的倏忽之機，方能有識於此。[59]

(二) 技法係自由之展現底必要條件

而今，唯有假手這一「能規定者」之知性作用，方可將「所規定者」這
一渾淪笏漠、無以名狀之物（實即「自由」）予以具體呈現。席勒謂：

> 因此，自由唯有藉助技法才可感性地展現出來，正如意志底自由唯
> 藉助因果性和與之相對的各種意欲底規定才得以設想。換言之：自
> 由的消極概念，有透過其對立面的積極概念才得以設想，而且，為
> 了將我們導向意志底自由之表象，勢必有賴於自然底因果性之表
> 象，為了將我們從各種現象的範圍中導向自由，勢必有賴技法之表
> 象。
> 據此遂得出美的第二項基本條件，少了這一項，第一項條件便是空
> 洞的概念。雖然「自由寓於現象之中」是美的根據，但技法乃是我
> 們對於自由形成表象的必要條件。
> 或者也可這麼說：
> 美的根據即無處不是「自由寓於現象之中」。而我們對於美的表象的
> 根據則是「技法寓於自由之中」（Technik in der Freiheit）。
> 若將美和美的表象這兩項基本條件糅合為一，則得出以下說法：
> 美是「自然寓於合於技巧之中」。

---

[59] Fritz Heuer: *Darstellung der Freiheit-Schillers transzendentale Frage nach der Kunst*, S. 124.

　　自由本身非可表象，但欲使其於感性界中現出，則必須有所資假，而其資假之具即在技法。由此可知：自由雖與技法為二，然其具體之展現亦必待技法而後可，故自由亦不離技法可明。席勒在此以「意志底自由」與「自然底因果性」之對舉為說，藉此闡明前者之表象須仰賴後者之表象方可得而設想。故美之所以為美（亦即「美之根據」）之根本條件為「自由寓於現象之中」，但其展現之充要條件則賴於「技法」。席勒謂此兩項條件（一為「根本條件」，一為「充要條件」）須相互綰合，缺一不可，否則美之所以為美與美之落實均成虛言。兩項條件之結合遂得出「美即是自然寓於技法之中」。

(三) 技法與自由之關係

　　上文已言：自由之展現須假助技法而後可。既言「假借」，遂可知自由與技法間乃是一間接、而非直接關係，吾人適謂「自由非即技法，自由非離技法」其依據即在此。故自由與技法之位階關係便不可不辨。席勒謂：

> 但在可明確且睿智地運用此一說法前，首先我必須確定自然（Natur）這一概念，並防止任何曲解。我之所以樂於用自然這個字更甚於用自由這個字，是因為自然同時指出感性底領域（美便棲身於此），且隨即又在自由底概念外指出它在感性世界中的位置。凡與技法相對立者，謂之自然，自然是因其本身而然者（was durch sich selbst ist），而技巧則是因乎法則而然者（was durch eine Regel ist）。所謂自然寓於技法之中，即是「自己為自己立下法則者」、「因其本身之法則而然者」。（亦即「自由寓於法則之中」、「法則寓於自由之中」）。[60]

　　席勒之所以以「自然」替代「自由」，即在前者屬於感性界而易於直截指出美之所處地位。故上述自由與技法之關係，亦可代換為自然與技法間之關

---

[60] *Brief-Traktate an Körner über den Begriff des Schönen*, S. 651.

係。席勒謂此兩者乃一對立關係，因自然係「因其本身而然者」，而技巧則是「因乎法則而然者」。但吾人已知：兩者除了具有一「非即」之關係外，尚具一「非離」之關係。兩者雖處於一對峙之局，然亦未嘗不可具有一相輔關係。據此，席勒所謂「自由寓於技法之中」遂可視為將「因其本身而然者」與「因乎法則而然者」相互結合所成者，由此得出「自己為自己立下法則」、「因其本身之法則」這一結論。

實則此一看法席勒早已於上文言及。前文謂：「由內所規定者」即自由之謂，而「由內所規定者」既不可表象，故須假借與之相反之「由外所規定者」之否定或遮撥予以表出。席勒此處所論自然與技法間之關係，亦可如是觀。若僅就「自然」本身觀之，則所謂「技法」即是置身於自然之外而與之扞格者；但自然若不由技法而表象之，則其本身亦無從顯現，故勢須透過一非自然者（亦即技法）之否定後，方才眉目分明。故自由（或謂「自然」）與技法之關係，即可使人察覺此中有一辯證歷程在。為明瞭此兩者之分際何在，席勒首先舉例說明兩者之「非離」關係，繼之則探究「非即」關係為何。對於「非離」關係，他以自然界中之動物為喻：

> 在動物界中，鳥類是我的觀點的最佳證據。空中的飛鳥是以形式戰勝質料、以生命力克服重力之最成功的表現。而重要的是去注意：這種戰勝重力的力量經常被用來當作自由底象徵。我們強調幻想的自由，並同時給它添上翅膀；若我們想表示心靈的自由掙脫了物質的枷鎖，便讓心靈憑著蝴蝶的翅膀在人間世中翩翩飛舞。重力顯然是任何機體之物的鐐銬，因此戰勝它便是自由之合適的具體形象。再也沒有任何東西比有翅膀的動物更適於展現這種克服重力的形象了，這些動物發乎內在的生命（有機者底自律）直接與重力相頡抗。重力與鳥類活潑的力量之間的關係，正如愛好與立法的理性之間的關係一樣。[61]

---

[61]　同上，S. 654.

席勒為闡明自然與技法之間的高下分際為何，則舉庭園造景中的樹木為例：

技法事物的本性（無論我們將其與非技巧的事物對立到何種程度）即是技法形式本身，它排斥其他一切不屬於這個技法結構的某個外在之物（Auswärtiges），而且當後者造成影響時，便被視為他律與強制力。但若事物僅是表現出受其技法所規定的面貌（純粹是一種技法），這依然不夠；因為，任何嚴格的數學圖案並不因此是美的。技法本身又必須表現出由事物底本性所規定的面貌，我們或可將此稱為事物自願與其技法達成共識（freiwilliger Konsens des Dinges zu seiner Technik）。因此，「事物底本性」與「技法」先前還被解釋為相同的，此時卻被分開了。但這種矛盾只是外表。就外在的規定來說，事物的技法形式成為本性，但就事物的內在本質來說，這種技法形式卻成為某個外在、異他之物。例如圓周的本性在於：它是一條在任何一點上與給定的點保持等距離的線。園丁此時若將樹木修剪成球形，則圓周的本性就會要求它被修剪得十分圓。因此，只要樹木預先被球形所規定，那就必須完成這個球形，若違反規定，我們的眼睛便會受辱。但圓周的本性所要求者，卻與樹木的本性扞格不入，這是因為我們必須承認樹的獨特本性、其人格（Persönlichkeit），故這種強制的力量會使我們不悅，而當樹木發自內在的自由去摧毀強加給它的技法時，這就合我們的意。因此，技法若非由事物本身所產生，非與其整體實存（Existenz）合一，不是由內部、而是從外部進來，不是事物必然且天生者（notwendig und angeboren），而是外加且因此為偶然者，則它根本是個異物。[62]

---

[62] 同上，S. 655.

席勒為強化其論點之說服力，再舉樂器之製作為例以豁顯該義：

還有一個例子會使我們莫逆於心。工匠在製造樂器時，這僅是一種
技法，並不要求美。凡是均由樂器底形式所規定，且到處由概念、
而決非由素材或工匠因失手所決定時，這僅是一種技法。我們會說
這件樂器擁有其自律，只要我們把本身（das αυτον）安放到完全只
是制訂規則且掌控素材的概念中去時，便是如此。不過，當我們把
樂器底本身安放到樂器因而實際存在的本性中去時，判斷就改觀
了。樂器之技法形式將被視為某個與樂器相異之物
（ Verschiedenes ），脫離樂器底實際存在的獨立之物
（Unabhängiges）、偶然之物（Zufälliges），且被視為外在的強制力。
這表示：技法形式是外在之物，是由工匠強加於樂器之上者。因此，
誠如我們所假設，縱然樂器的技法形式包含且表現純粹的自律，但
這種形式本身對產生此一形式的事物來說卻是他律。縱然這種形式
既未承受素材的強制，又未承受工匠的強制，但它卻違逆事物固有
之本性而施加強制──一旦我們將此物視為自然物（Naturding），一
個被迫充當邏輯物（即概念）。[63]

席勒屢屢強調本性，並將技法形式稱為與事物本身相隔膜之「異物」、「偶
然之物」與「外在的強制力」，均不外表示：技法須納入本性之中，且與本性
調融，從而不致成為本性之桎梏。在其細述「本性」與「技法」間之關係
後，便總結此一弔詭關係。他指出，上述「自然寓於技法之中」、「自律寓
於技法之中」等命題，均表示「內在本質與形式之純然統一」（reine
Zusammenstimmung des innern Wesens mit der Form），此即同於「一條由事物
本身同時訂定與遵守的法則」（eine Regel, die von dem Dinge selbst zugleich

---

[63] 同上，S. 655-656.

befolgt und gegeben ist.）。就此點而言，席勒認為此與康德倫理學中之自律觀點並無出入，但卻較其完善。康德在《判斷力批判》一書中標舉「自律」（Autonomie）與「己律」（Heautonomie）之區分，若可透過其論述與舉證，必將獲得更佳理解：

> 康德在其《判斷力批判》中提出了一個論點，這個論點具有非比尋常的豐富性，而且我認為，它根據我的理論才可獲得釐清。他說：「當自然顯得像是藝術的樣子時，自然才是美的；當藝術顯得像是自然的樣子時，藝術才是美的。」因此，這種論點是把技法當作自然美的根本要求，而且又把自由當作藝術美的根本條件。但因為藝術美已經囊括了技法的概念，而自然美也已經囊括了自由的概念，所以康德本人一定承認：美不外乎是「自然寓於技法之中」、「自由寓於技巧之中」。[64]

「自律」與「己律」間之關係，正如席勒所謂「技法」與「自然」之關係般，須形成「達成共識」之狀態。席勒表示：「自然」與「技法」、「自律之為己而律」與「自律之為他而律」之關係不可判然二分，而是須使兩者銷融為一，否則即產生束縛之病。[65]揆席勒此處理路，實顯示兩者間存在一「不

---

[64] 同上，S. 657.

[65] 有關兩者之關係，Beiser 便謂：「席勒雖認為『自然寓於技法之中』是美的必要條件，但卻仍不是其充要條件。他論證道，對象只依其獨具的本性中之法則來活動，這對美來說仍非究竟義。若此足以成為美，則對象之為美便只需憑其法則即可。一個嚴格的幾何數學圖形必定是美的。正如荷嘉、伯克、康德與其他十八世紀之人般，席勒亦反對古典畢達哥拉斯之見，亦即將美等同於比例、法則。僅合於技巧或法則其問題乃在法則似仍『強加於』（imposed upon）對象之上；看起來極為拘謹束縛的東西是不美的。除了法則、規律外，美或自由的現象尚須具備另一項必要條件。這項條件簡直與第一項條件相反：技巧必須像是自然而然的（natural）。這表示，一物之法則或形式必須像是自然而然、自動自發地從一物本身中導出，從其內在力量中汨瀉而出。席勒說，僅具備形式並不能成就美，而是形式底『內在必然性』才有以致之。說的具體一點，我們可將此稱為對象『自願順應』（voluntary consent）其形式。席勒將第一項條件稱為『自律之為他而律』，因為對象係受制於它者，係依據其獨特本性中之法則；他將第二項條件稱為『自律之為己而律』，

一不異」之辯證關係，故「自然」與「技法」間乃因而呈現某種「互寓」之
型態。[66]有關兩者之關係，席勒謂：

> 首先，我們必須知道：美的事物是一個自然物，亦即因其本身而美；
> 其次，我們又必須了解：一物是因乎規則而美，因為康德說過，「事
> 物看起來必須像是藝術一樣」。但這兩種說法——「事物因其本身」
> 與「事物因乎規則」——唯有透過唯一一種方式統一起來，此即「事
> 物是由於它自己給自己訂下規則而美」。[67]

技法與自然之關係已如上述。席勒唯恐柯爾納有所誤解，遂提出澄清：

> 如上所言似可見出：自由與技巧彷彿具有完全相同的權利，各自認
> 為是它引起了我們美的愉悅，技巧與自由似乎處於相同位階，那
> 麼，若我在對美的解釋中（「自律寓於現象之中」）僅慮及自由而根
> 本不提技法，這當然不正確。但我的定義是經過一番審酌的。技巧

因為法則彷彿是由對象本身所造。若『自律之為他律』表示依其獨具本性中的法則，則『自律
之為己而律』則表示法則係自行給出（self-given）、由主體本身所創造者。故『自律之為己而律』
並非與『自律之為他而律』相對，而是後者之更上一層，是後者之強化與深化，就字面觀之即是
『自作主宰』（self-governing）義。『自律之為他而律』與『自律之為己而律』間之差異在於對
象之關係。『自律之為他而律』關乎一對象與其他對象之關係，尤為特別的是，它無待於來自其
他對象的本性或形式；『自律之為己而律』則關乎對象與其獨具之本性或形式的關係，尤為特別
的是，其本性或形式係自動自發從中導出且發其內在的動力。」詳參 Frederick Beiser: *Schiller as
Philosopher.*(Oxford: Oxford University 2005), p. 67-68.

[66] Beiser 亦表示了類似觀點：「席勒的定義的確掌握了我們對於美的洞見。美的對象既要免於束縛、
又要合乎法則，宛如一自由的現象；非常詭譎的是，它們之要求動力與自發性儘管『不即是』（not
in spite of）技法底完善，卻『不離開』（but because of）其技法底完善。『形式似乎不可表現出
束縛且須由對象本身中的力與勢導出』，席勒此一論題顯然極為重要。我們不可將此一論題視為
一種類比或道德自律之象徵的延伸發明，因後者涉及理念底形成且把法則強加給我們。當然，我
們可將這種特性描寫為非道德的或是純美感的東西。但席勒這一定義的啟發之處便在它聯結道德
與美，並解釋我們從美的現象中所獲得的道德興趣。」同上，p. 76.

[67] *Brief-Traktate an Körner über den Begriff des Schönen*, S. 658.

> 與自由與美具有不同關係。唯有自由才是美的根據，而技巧只是我
> 們對自由的表象的根據，因此前者是美的直接根據，後者僅是美的
> 間接條件。也就是說，當技巧旨在喚起（rufen）自由底表象時，它
> 才對美有所裨益。[68]

席勒謂，美之所以為美，其最終根據即在於自由，而技法不過是一種喚
起自由之表象的助緣罷了。因此自由是美之所以直接產生的親因緣，技法則
是間接促使美得以產生的增上緣，前者為美的直接根據，後者僅是美的間接
條件。[69]相形之下，自由遂為美之根本義：

> 當我們覽觀自然美時，發現它本身就是美的；但又發現這並非感性、
> 而是知性教導我們它是因規則而美。不過，規則之與自然的關係，
> 正如壓迫之與自由的關係一樣。因為我們此時僅是思及（denken）
> 規則，而非覽觀（sehen）自然，故我們是思及強制而非覽觀自由。
> 知性期待且要求某條規則，感性卻說事物係因其本身、而非因乎規
> 則而美。若此時均依憑技法，則期待落空必定會使我們不悅，然而

---

[68] 同上，S. 658.

[69] Düsing 則指出，「若這種中規中矩、合於技法的結構喚起某一印象，彷彿此一結構自發地產生於
對象底內在本性，則產生了審美形式。美作為自由與必然之統一，——正如實踐理性般——係遵循
其本身所給定的法則。對席勒而言，自決底理念即康德哲學宗旨：『自決這一偉大的理念，使我
們超脫於自然現象而返觀自照，這即是我們所說的美。』正如席勒的例子所揭示者，自決底理念
可藉各不相同的方式展現出來，但必定是一場克服對立的勝利。當自然勝過技法時，對於美的客
觀根據之探問遂可獲得回應：『唯有自由才是美的根據，而技法只不過是我們自由的表象的根據。』
席勒並未試圖證明自由是客觀所予者，而是僅針對自由的表象，亦即技法才是客觀所予者而預作
伏筆。但此一觀點卻不再與康德合轍。故席勒對美的描述是這樣的：『這種本性與自律之為自己
而律即是對象底客觀性狀，……因為這兩者是對象本身所固有的，縱使這一能表象的主體根本就
沒料想到這一點。』……自由與必然性在美的形式中臻于統一，使美的對象展現一種由自己來規
定自己的獨特性，此一獨特性在其結構中遂與觀照者的主體性相呼應。」詳參 Wolfgang Düsing
*Ästhetische Form als Darstellung der Subjektivität. Zur Rezeption Kantischer Begriffe in Schillers
Ästhetik.*, S. 210-211.

這反而引起我們的愉悅感。因此，這必定有賴於自由，而非技法所
致。若我們有理由從事物底形式來推斷其邏輯的來源，亦即他律，
則我們便可望發現自律。因為，我們會對這些發現感到欣喜，且彷
彿因此感覺到減輕困擾（它在我們的實踐能力中有其地位），那麼這
就證明：我們所得於技巧者，遠不如所得於自由者。將事物底形式
設想為某種有賴於規則者，這是理論理性的一種需求；但事物並非
因乎規則、而是因其本身而然者，這是感性的事實（ein Faktum für
unsern Sinn）。然而，我們怎麼會以技法來衡量審美的價值，卻又愉
悅地感受到實際上與技法相對立的東西？因此，技法底表象其宗旨
不外乎是在我們的內心中喚起作品中那種超脫技法的獨立性
（Nichtabhängigkeit），並使作品底自由更為直觀。[70]

　　依席勒之見，當吾人覽觀自然美時，當下即可發現自然係因其本身而美，
知性此時若起意思及規則，便將產生強制拘束之感。此時覽觀自然即順乎自
然本身而觀之，或因乎事物本身而觀之者。「因乎事物本身而觀之」即可捨離
知性之作意，而拘執束縛相便不復起，吾人於此遂可目擊自由之展現。此一
藉技法、規則並同時超脫之而喚起的自由之表象，更可於內心中迳直呈現一
超然絕待的獨立性之印象。[71]

(四) 簡別美與完善

　　席勒表示，若以「完善」作為美之根據者實忽視了美之根本義。完善係

---

[70] *Brief-Traktate an Körner über den Begriff des Schönen*, S. 658-659.

[71] 誠如 Düsing 謂，「席勒一反康德而指出美底客觀性，其研究動機是在於：不僅是純粹的形式、而
且是形式之中的『某物』（etwas）自行展現或被予已展現出來。這一『某物』若直接觀之（unmittelbar）
乃是對象底獨特性，但若間接觀之（mittelbar）則是主體性底展現。這一審美的意義內涵並非幻覺。
它必須基於現實中的事實。此一事實即是美底客觀根據。席勒相信，美的客觀特徵中的這種根據
甚至可予以具象化。」詳參 Wolfgang Düsing *Ästhetische Form als Darstellung der Subjektivität. Zur
Rezeption Kantischer Begriffe in Schillers Ästhetik.*, S. 206.

一知性概念，若逕將完善等同於美，此無異忽略上述「自然」與「技法」之位階關係：

除了絕對底完善之物（das Absolutvollkommene）之外，其他完善之物均是一精神之物（das Moralische），均被包含於技法概念之中，因為它們均被包含於多與一的統一之中。但技法此時僅是間接有益於美，其範圍僅使人以察覺自由為限，而完善者亦被包含於技法概念中，因此我們馬上看出：唯有自由寓於技法之中才得以辨識美與完善者。只要完善者其形式係純然由其概念所規定，它便具有「自律」（Autonomie）；但唯有美才具有「己律」（Heautonomie），因為形式在此是由其內在本質所規定。

那一展現出自由的完善者，隨即便轉化為美的事物。不過，當事物底本性顯得像是與它的技法相調融時，當完善者顯得像是由事物本身中自動流瀉而出的樣子時，完善者才一併與自由展現出來。如上所言可簡短地表達為：若對象身上一切形形色色之物與其概念達成統一時，則對象便是完善的；若它的完善性宛如本性時，則對象便是美的。當完善性變得越益複雜，且此時又不致戕傷本性，美就益加增長；因為，隨著所結合的事物的數量逐漸增加，自由底任務就更加困難，正因如此，出色地完成這項任務就更加令人浩嘆不已。合目的性（Zweckmäßigkeit）、規則（Ordnung）、比例（Proportion）、完善性——我們已長久地在這些屬性中尋找美——根本與美不相干。但是，在規則、比例等成為事物底本性之處，正如所有的機體之物般，它們本身也不可受到破壞，但它們並非為了顧全自己，而是因為它們與事物底本性不可或離。粗魯地破壞比例是醜，但並非因為遵循比例就美。原因根本不是如此，而是因為這會戕傷本性，因而暗示他律。概言之，那些在比例或完善性中尋找美的人，其謬誤在於：他們以為破壞比例和完善性使對象變醜了，遂一反邏輯地

得出「美是精確研究這些屬性」此一結論。但這一切屬性不過是美
底素材，這些素材在任何對象上都會發生變化；這些屬性可以屬於
真（Wahrheit），而真也不過是美底素材。美的事物底形式只是真、
合目的性與完善性之自由的展現。[72]

前文已謂，「技法」等知性概念必須以喚起自由為依歸，或者說，必須從
事物之本性中流露，並與本性「達成共識」。由此可見：「技法」者非是一定
法、死法，而須兼及事物本性之差異而隨作調整，此並無一定然不移之成法
可資假借。就一般認識論之觀點言之，此一歸諸知性範圍之技法雖可視為先
天而必然者，但在美之觀點下卻非如此，而是另待學習而後可。若吾人預擬
一套既有成法以資攀尋，並使事物與之相湊泊，則其結果必斲傷本性。要之，
技法當為一助成本性顯露之活法，而非逼迫事物強其就範。

(五) 為「依待之美」正名

康德在其《判斷力批判》中表示：與形式相對立的概念便是質料，審美
的愉悅感即基於對於形式的直觀掌握。形式既不可與以認識為目的之概念發
生關係，亦不可對情欲發生影響，故必須純粹地使人生起一愉悅之情，故亦
將此一感首稱為「單調的愉悅」。因此，由康德審美形式之定義遂可得出「純
粹之美」與「依待之美」之區分，亦即：前者使人不帶概念地感到愉悅，而
後者卻是以目的概念為依歸，且也唯在此一目的範圍內才可使人愉悅。前者
以阿拉貝斯克式之線條為例，後者常以建築為例。康德表示：一個僅慮及形
式而與其目的無涉的對象底判斷，通常是主觀的；因為，當審美判斷與目的
概念結合時，理性便發生活動，「它獲得了表象力量的整體能力」。而這種客
觀的、概念的美的原則將促使知性活動，且限制了想像力之活動，使美成為
某一認知對象。

---

[72] *Brief-Traktate an Körner über den Begriff des Schönen*, S. 659-660.

不過，席勒認為：若真、合目的性與完善性等知性概念若可助長本性豁露時，則均可作為美之素材而加以巧妙運用。因此，建築物雖是一種依待之美而與目的概念有涉，然若以上述「活法」觀之，其依待之美亦不復為依待，而是亦可有其獨立之地位：「當一座建築物的所有部分均是以整體底概念或目的為旨歸、且其形式係由理念所規定時，我們稱它是完善的。但當我們不必為了見出形式而求諸理念，而是形式於有意無意間從其自身中湧現而出，且建築物底所有部分顯現出自我節制的外觀時，則我們說這座建築物是美的。」[73]

此不獨建築物為如此。席勒另舉器皿（Gefäß）為喻以說明此義。他表示，當器皿不與其概念相矛盾，且又類似於本性之自由活動時，它便是美的。器皿上的把柄僅是為了使用而存在；但當器皿成為一美的物品時，則其把柄須不受強制地、自動地從器皿上出現，以致使人忘其用途為何。若此一把柄伸展為直角，其寬大之腹部驟然緊縮為狹長之頸部，則此一「驟然改變方向」（abrupte Veränderung der Richtung）[74]之情況便會毀壞一切自發自動相，而現象之自律遂當下隱遁。換言之，此一「驟然改變方向」之狀態戕傷此一器皿之本性，使人察覺一外來之強制力。

席勒再舉繪事為例，藉以闡明技法高妙之畫師可使畫中萬物各暢其性、各遂其生，既可順任事物本性以展現差異，亦可與他物並生以彰顯平等，終則躋於不卑不亢之境：

> 白樺、松樹、白楊，當它們修長筆直地向上生長時，就是美的；橡樹，當它蜿蜒盤曲時，就是美的。原因是：後者一任其本身蜿蜒盤曲，前者毋寧偏愛筆直的方向。因此，若橡樹修長筆直，白樺蜿蜒盤曲，則兩者都不美，因為其生長方向透露外在的影響，亦即他律。

---

[73] 同上，S. 660.

[74] 同上，S. 661.

反之，若白楊被風吹彎了，則我們認為它還是美的，因為它以搖曳
之姿而展露了自由。

畫家為了將樹木運用於風景畫中，最喜歡找哪種樹木？必是以下那
種：它運用了自由而又保留了其構造上的一切技法。它決不奴隸般
地（sklavisch）向鄰樹看齊，而是鼓足勇氣，敢於擺脫成法，一意
向四周伸展，儘管此處不免留下殘缺，彼處又因狂風暴雨而枝葉摧
折。反之，畫家將冷漠地走過那種執意固守同一方向的樹，縱使其
種屬給了它那麼多自由，其枝幹卻畏縮地留在隊伍之列，彷彿以繩
墨為準。

在任何一幅構圖（Komposition）之中，為了讓整體發揮作用，各部
分都必須自我斂抑。若各部分的斂抑同時又是各部分的自由活動，
也就是說，它自行設下這種分際，則這個結構就是美的。美是一種
自我斂抑的力量，是來自於力量的涵斂。

　　畫家筆下之樹，必是那種既運用其自由、復不違乎技法的樹。這種樹所
展現出來的姿態，一則保有了其本身之獨特性，再則亦不違反其生長之構造。
之所以言保有其獨特性，則是因為其勇於運用自身獨具之自由，擺脫一切成
法，決非俯仰隨它、卑躬屈膝，出乎其類、拔乎其萃，不自陷於庸弱而超然
塵表。又謂其不違反其生長結構之技法，則表示此一自由非可濫用，決非因
其擁有自由而恣意橫行、目空一切，而是同時兼具一自我克制、合於章法之
力量，以不侵犯它者之自由為原則。席勒且以 Komposition 一詞來闡述「整
體」與「部分」之關係。為了顧及整體，各個部分勢須自我斂抑；但為了不
因而傷及各個部分，故亦須同時使各個部分保有其自由活動之力量。因此，
力量之運用便有其收放之勢，力量之「收斂」乃是顧全整體，而力量之「放
送」則是保有一己，此處既非單言力量之收，亦非單言力量之放，而是不墮
兩邊。席勒謂：

當組成風景畫的所有各部分彼此互動（ineinanderspielen），以致各自設定其分際，且整體因此成為各部分底自由的結果時，畫的結構便是美的。風景畫中的一切事物理應涉及整體，然而，所有各部分又理應依循其固有的矩矱，像是依循其個人意願一樣。但與整體相融而又不犧牲部分是不可能的，因為自由底衝突畢竟不可免。因此，山巒想把陰影投在我們想照亮的事物上，建築物會限制自然底自由、妨礙景觀，枝枒會成為擾人的鄰居；人、動物、雲朵都想活動，因為有生之物底自由唯在活動中才展現出來。河川想循自己的走向，而非堤岸的規則。簡言之，任何個別的東西都想擁有自己的意願。若每個事物只關心自己，那整體和諧此時又在何方？然而，和諧恰是由此而生：任何事物，為了表現自由，它發自內在的自由而正好設訂其他事物也需要的限制。前景中的一棵樹可能會遮蔽背景中一片優美的樹林；若強迫這棵樹不這麼做，則會傷及其自由，並透露出藝術家的拙劣手法。那麼，手法高明的藝術家會如何處理？他會讓那根硬是遮蔽了背景的枝枒，由於自己的重力往下垂，並藉此自願替背後的景色挪出位置；因此，樹唯有在循其意願的同時來實現藝術家的意願。[75]

席勒以下舉作詩手法（Versifikation）為例，藉此解釋「技法」一事當作何解：

當每一節單獨的詩行為自己定下長短、抑揚頓挫，當每一個韻腳皆是出於自然的必然性，但卻像是不請自來般而出現（wie gerufen kommt）時，簡言之，無論是哪一個詞、哪一行詩都不關心其他的詞和詩行，彷彿它們只是為了自己而存在，然而一切卻又彷彿是事

---

[75] 同上，S. 662-663.

先約定好了似地傾瀉而出時（alles so ausfällt, als wenn es verabredet wäre），則這種作詩手法便是美的。[76]

詩藝所當遵循之技法甚夥，諸如長短、平仄、對仗等。若未依循技法作詩，則既無從使人一窺詩歌之美，亦無從使人得見詩家作詩之煉詞鑄意、謀篇佈局之用心所在。席勒謂詩中一詞一行均須出於其「自然的必然性」，此即表示詩中一詞一行均有其不得不如此安排之理，它詞它行實無法替。故詞與詞、行與行之間彷彿呈現出一各不相涉、全無交集之面貌。設若詞與詞、行與行之間又全無交集，則詩歌之體式及其內涵亦蕩然無存矣。故而這一看似不相繫屬之各個部分，實則應如席勒上述畫中景物「相互交參」般，其中前後呼應、左右通貫、上下往復。席勒以「事先約定」描狀詩中一詞一行既可相互獨立、復可旁通統貫之特色，遂使文字本身如機體之物般，其開闔屈伸俱可顯現自由展現之妙。

「整體」與「部分」之關係，透過上述詩藝一例，使人一望即知，目擊而道存。席勒遂再舉古代作家維吉爾《埃涅阿斯記》一書中之行文技巧為例，以之說明表達手法對美感之產生係何等重要，並藉此分析「善」與「美」底教學手法其境界高下究竟何在：

> 為何天真（das Naive）是美？因為本性在此向造作（Künstelei）與佯裝（Verstellung）聲明它的權利。當維吉爾想讓我們一窺迪朵（Dido）的內心，並向我們表示其心胸因為愛情而顯得何等寬大時，身為敘述者的維吉爾以其個人名義極為出色地向我們敘述這件事；但這種表現手法不見得是美的。但當他由迪朵本人讓我們知道這件事，且迪朵對我們也毫無表白的意圖時（參見《埃涅阿斯記》第四章開篇安娜與迪朵之對白），則我們會稱此為真實的美（wahrhaft schön）；

---

[76] 同上，S. 663.

因為這是本性自己吐露了秘密。

善，即是那種由已知者達於未知者的教學手法；美，即是蘇格拉底式的教學手法，亦即這種教學法是從聽眾的頭腦和心中將各種真理反詰而出者。在前一種手法中，聽眾的信服是從知性中索逼而來；在後一種手法中，他的信服是從知性中誘導而來。[77]

此段引文在說明美與真之關係。美即是去其矯揉造作、虛偽伴裝之病，以使本性自然流露。席勒表示，當維吉爾以其個人的名義向讀者陳述故事情節發展時，「身為敘述者」、「以其個人名義」來涉入故事情節的表現手法，未必是美的；當他讓故事中人經由對話、或透過人物本身自行敘述的手法而向讀者呈現情節時，此一非透過個人、不涉入情節發展之方式便可謂「真實的美」。換言之，「真實的美」乃採取一不加干涉的態度來面對事物，以使事物自行呈現。誠如席勒所言，此一表現技巧並非直接訴諸知性之理解，因為這將「逼索」、「壓迫」讀者以其知性力量來對待事物本身；反之，此時應使知性受到某種「引誘」、「啟發」，使其於有意無意之間自行發現事物本身之真相為何。[78]

(六) 判定技法勝劣

席勒此下則以兩種線條來譬況這種於渾無所覺的狀態下所產生的審美效果，且由此評判人運用技法之高下境界何在。依他之見，蛇形線條是一種最

---

[77] 同上，S. 663.

[78] George Steiner 對此一教學法評論道：「就像柏拉圖所記載的，蘇格拉底最奇特的一點在於他的教學方法。這些方法，自亞里斯多芬尼斯以來，屢受懷疑與嘲弄，也是哲學與政治思辨的對象。透過互相問答的反詰法，並非以一般的教導方式傳授知識。這方法是在答案中開展出不確定，透過質問深入到質問其自身。蘇格拉底的教法，是不教之教，這是後來維根斯坦的模範。我們可以說掌握到蘇格拉底意思的人，其實是自己獲得了知識，尤其在倫理學方面更是如此。」由此可見此一「不教之教」之教學技法亦展現某種弔詭面貌。參見李根芳譯、喬治・史坦納著：《勘誤表——審視後的生命》（臺北：行人出版社，2007 年）。

美的線條。不過，若按照理性主義者鮑姆嘉通及其追隨者觀之，則蛇形線條之所以為美，其故乃在於這種線條在感官上是完滿的，因為「這種線條經常改變自己的方向（多樣性），且總是復歸於同樣的方向（統一性）。」然則，蛇性線條若是出於此項理由而呈現出美感，則以下這種線條其形狀便應當是美的：

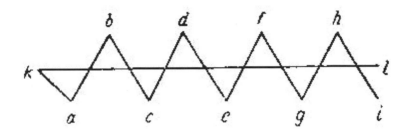

席勒評論道：「這條線必定不美。此處也有方向的改變，即所謂 a、b、c、d、e、f、g、h、i 的多樣性；也有方向的統一性，它由知性所設想，並透過 k 至 l 這條線所呈現出來。這條線縱使在感官上是完滿的，但它並不美。」[79]他遂另繪一線，認為如此才具美感：

席勒針對第一種鋸齒狀線條與第二種蛇紋狀線條作一比較：

第一條線與第二條線之間的整個差別只在於：第一條線驟然（ex-abrupto）改變方向，第二條線悄然（unmerklich）改變方向。因此，

---

[79]　Brief-Traktate an Körner über den Begriff des Schönen, S. 663-664.

它們在美感效果上的差別，必須以其獨特且可察覺的特性之差別為
基礎。但驟然改變方向與強制改變方向有何不同？自然不喜歡跳
躍。當我們看見自然跳躍時，這就顯示：強制力出現了。反之，唯
有那種我們無法指出特定點的活動才顯現出自由的活動的面貌。蛇
行線條的情況即是如此，它全憑自己的自由而有別於上面所繪製的
那條線。[80]

此段文字說明了美感的特質為何。「驟然改變方向」之線條予人一種強制
生澀的感受；而「不知不覺改變方向」之線條則予人一種自然輕鬆的感受。
這兩條線的最大差異在於：鋸齒狀線條的行進方向，呈現了一種驟然昇降的
趨勢，因而產生一種突然由外而來的強制力；反之，波浪狀線條的行進方向，
則呈現了一種徐徐然迂迴前進的趨勢，使人不覺其有驟變之痕跡，因而亦不
致有強制之感出現。總言之，技法之高妙善巧者可助長事物發抒性靈，其使
用技法卻不為技法所限，故事物之本相悉皆顯現；而技法之拙劣庸俗者終竟
斲傷事物之本性，矯情刻意，使用技法卻露出鑿痕，故法法俱成窒礙：

品鑒王國即是自由王國，美的感性世界，正如道德世界般，應是那
種最佳的象徵，我身外的任何一個美底自然存在者都是最幸福的公
民，他向我大聲疾呼道：「像我一樣的自由吧！」
因此，暴君之手在自由的本性上所留下的一切蹂躪的痕跡，舞者在
步態與姿勢中所留下的一切強制，在風俗和行止中所留下的一切虛
矯，在交際之中所留下的一切鋒芒，在憲法、習俗與法律之中對本
性底自由所造成的一切屈辱，都將使我們大為反感。
如何由我的美底概念來發展出一種良好的風尚（亦即交際之美），這
是值得關注的。良好的風尚其第一條守則是：尊重他人的自由；第

---

[80] 同上，S. 664.

二條守則是：展現自己的自由。真正落實這兩條守則，實是極大的
困難；但良好的風尚卻有理要求落實它們，並且只有落實它們，才
可造就盡善盡美的社交人士。我不知道還有什麼活動可以比英國的
舞蹈更符合這種交際之美的理想象徵，這種英國舞蹈跳得美極了！
它由許多繁複的旋轉組成，觀眾從劇院樓頂的包廂中看到難以數計
的動作，這些動作華麗翩翩地縱橫交錯，靈活而有意地變換方向，
但無論何時都不會彼此擦撞。一切都進行得如此有條有理，當一個
人快要靠近另一個人時，他早已挪出了一個空位；一切都安排得如
此巧妙，然而卻又如此自然協調，每個人髣髴都只遵照自己的意願，
但無論何時卻又不攔阻他人的道路。這是保持自己的自由而又尊重
他人的自由之最為妥貼的象徵。[81]

　　舞蹈一則要求自由活動，再則又須遵循技法，因而這是一種將自由與技
法兩者冶於一爐的藝術活動，由此亦可見出席勒美學所強調的重心所在：既
不可徒具形式，亦不可徒具實質，須是兩者兼備，均衡和諧之感方可於茲生
起。[82]事實上，以舞蹈作為美的象徵不僅深為席勒之所推崇，席勒友人柯爾

---

[81]　同上，S. 664-665.

[82]　類似看法亦見諸《美育書簡》第 27 封信。信中表示，藝術活動甚至可栽培我們的教養、氣質與風
度：「當形式透過外部，亦即透過人的寓所、家庭器具、服飾裝扮逐漸向人逼近之時，形式也終
於開始攻佔人本身。最初不過是改變了人的外貌，但最後也改變了人的內心。為了取樂所作的那
種毫無章法的跳躍變成了舞蹈，毫無規矩的體態變成了優美和諧的肢體語言，為了表現情感的那
種混亂的聲音進一步展開，開始有了節奏，一轉而成為歌聲。特洛伊軍隊如同群鶴一般以刺耳的
吶喊聲奔向沙場，希臘軍隊卻是邁著高昂的步伐靜悄悄地步向沙場。在前一種場景中，我們只見
到盲目力量的放縱，但在後一種場景中，我們卻見到形式的勝利和法則的質樸莊嚴。」席勒此處
係借用荷馬史詩《伊利亞特》第三卷第一行至第九行中敘寫特洛伊軍隊與希臘軍隊之軍容，藉以
強調此兩種精神所展現出來的差異。當特洛伊軍隊僅能展現出暴虎馮河的血氣之勇時，希臘軍隊
則既展現慷慨激昂之情操，復展現鎮定從容之神態，而這種將外表上看似極為懸殊的不同展現樣
合為一所形成的氣宇風姿，其殊勝美好固不待言。詳參 F. Schiller: *Über die ästhetische Erziehung des
Menschen in einer reihe von Briefen*. in: *Schiller Sämtliche Werke, Philosophische Schriften*(Berlin:
Aufbau Verlag, 2005), S. 404-405. 另外，萊辛（Lessing）亦在其《拉奧孔》一書中對此兩種精神氣
度之展現有細膩的描述。他認為荷馬撰文用意乃是要「把特洛伊人寫成野蠻人」、「把希臘人寫

納與洪堡特均對此讚譽備至。洪堡特（Wilhelm von Humbolt）曾於 1796 年 1
月 12 日致函席勒，信中表示：他在維也納欣賞了一位當時極富盛名的女舞蹈
家的表演，這種活動形象極為優雅可人。他對這位女舞蹈家讚不絕口，且受
到莫大感動：

> 今年的嘉年華會，唯獨這位來自維也納的女舞蹈家薇佳諾女士最為
> 出色，她的表現實非任何筆墨所能形容。如果閣下可以親眼目睹，
> 便知我所言不虛。這種表演方式，因為極其罕見，其印象必定深深
> 撼動閣下。薇佳諾女士並非藉由俗濫的舞技、大步而多次的跳躍來
> 表現她的婀娜多姿，而是只透過某種無法捕捉的窈窕撩人底姿態來
> 展現的。她下了極大的功夫來穩定這種撩人的丰姿。……她的舞蹈
> 並無特殊之處，常人根本就不覺得這是一種藝術或至少是一種舞臺
> 表演。他們都是憑著女人固有的本性、率真和撩人，憑著人皆有之
> 的協調與平衡的觀點來看待她這一連串跌盪起伏的姿態和舞步
> 的。……敝人生平不曾如此純從靈巧活潑的外貌中見過這種輕盈窈
> 窕的畫面。[83]

柯爾納亦極為關注舞蹈藝術。他撰有一篇題為〈論舞蹈之意義〉的專文
來探討舞蹈之特質與標準。柯氏在文中指出：音樂與舞蹈乃是獨立的藝術門
類，「其價值實不必假道他途」：

成文明人」：「希臘人……他既動感情，也感受到畏懼，而且要讓他的痛苦和哀傷表現出來。他
並不以人類弱點為恥；只是不讓這些弱點防止他走向光榮，或是阻礙他盡他的職責。凡是對野蠻
人來說是出於粗野本性或頑強習性的，對他來說卻是根據原則的。在他身上英勇氣概就像隱藏在
燧石中的火花，只要還未受到外力的撞擊，它就靜靜地安眠著。在野蠻人身上這種英勇氣概就是
一團熊熊烈火，不斷呼呼地燃燒著，把每一種其它善良品質都燒光或至少燒焦。」

[83] Wilhelm von Humbolt: "Brief Nr. 61, 12. Jänner96". In. *Schillers Werke*. Nationalausgabe. Bd. 36,1:
Briefwechsel. Briefe an Schiller, 1.11.1795-31.3.1797. Begründet von Julius Petersen, fortgeführt von
Lieselotte Blumentahl und Benno von Wiese, hrsg. i.A. der Stiftung Weimarer Klassik und des Schiller
Nationalmuseums von Nobert Oellers. Weimar 1943ff., S. 80.

芭蕾舞的活動之美極能取悅我們的感官，但根本就不必將其歸類於
那種應當有所象徵的活動，何況我們的樂趣也不會因此減損多少。
這種樂趣並不在於撩撥我們的感官，而是具有一種高雅的特質，它
使我們向上提升而不是向下沉淪。因此，舞蹈本身必須擁有一種獨
立的意義，它與（面部）表情之間的關係，正如歌唱之於演說。此
處存在著各種韻律與活動也難以盡表的東西，或許正是由於它們暗
涵某種意蘊無窮的東西罷？[84]

除了上述觀點之外，柯氏亦強調舞蹈活動之標準。依他之見，舞蹈之美
感在於「形式底自由」（Freiheit der Form），且呈現出「輕盈」（Leichtigkeit）
之姿態：「這種形象毫無壓迫、毫無衝突地在空間中飄蕩起伏。它不被地心引
力所限，但卻又樂於為其所限。周身的肌肉都保持著其性感與靈活，但這一
切都處於內在力量的微弱調控之下，彷彿它們是自願聽從這種力量的調控一
樣。」[85]在談罷舞蹈活動之標準後，又論及「性格」（Charakter）一問題。他
認為「性格」一字非專指舞臺上人物形象或風格，而是具有所謂「民族性格」
（Nationalcharakter）之意義，故「舞蹈由於這種性格而獲得一種統一性，而
它也同樣不可喪失確定性。」[86]據他解釋，所謂「確定性」（Bestimmtheit）並
非針對舞蹈之動作（Handlung）、而是舞蹈之韻律（Rhythmus）而言。因此，
確定性對於性格雖極有裨益，但並非生硬規範，而是一種使人渾無所覺的韻
律感。這種觀點與席勒正相契合。席勒即認為生硬與自由相悖，此即墨守成

---

[84] Christian Gottfried Körner: "Über die Bedeutung des Tanzes". In: *Phöbus. Ein Journal für die Kunst.* Hrsg. Von Heinrich von Kleit und Adam H. Müller. Dresden, erstes Stück, Januar 1808, hrsg. Mit Nachwort und Kommentar von Helmut Sembdner. Stuttgart 1961, S. 33-38.

[85] Körner: "Über die Bedeutung des Tanzes"., S. 34.

[86] 同上，S. 35.關於席勒美學中涉及舞蹈藝術的部份，可參 Gabriele Brandstetter: "Die andere Bühne der Theatralität: *movere* als Figur der Darstellung in Schillers Schriften zur Ästhetik". In: *Friedrich Schiller und der Weg in die Moderne*. Hrsg. Von Walter Hinderer（Würzburg: Verlag Königshausen & Neumann GmbH, 2006），S. 287-304,

規而為技法侷限所致：

> 常人通常所謂生硬，無非是自由之對立面。這種生硬常使知性的偉
> 大、甚至常使道德的偉大剝奪了美的價值。良好的風尚無法原諒這
> 種粗暴，縱使這是最耀眼的功勞，而道德本身唯有透過美才使人喜
> 愛。不過，當人的個性與行為在法則的強制下來顯示感性，或是對
> 觀者的感性施加強制時，則這種個性和行為就不美。在這種情況下，
> 個性和行為只純粹流露出敬畏（Achtung），而非寵愛（Gunst）與愛
> 好（Neigung）；純然的敬畏羞辱了那些對寵愛與愛好有所感的人。[87]

以上探究席勒「美底表象之客觀根據」一問題已竟，以下則就「自由中
的技法」之涵義略作闡發。

四、「自然寓於技法之中」之涵義

(一) 能不礙所

席勒既言及技法，遂必須針對有待技法之藝術之美進行討論。他先區分
兩種藝術之美，並由此帶出兩種摹仿之論：

> 藝術之美有兩種：(a)別擇之美或素材之美——自然之美底摹仿。(b)
> 展現之美或形式之美——自然（本性）底摹仿。沒有後者便沒有藝
> 術家。前後兩者合而為一，才造就出偉大的藝術家。
> 形式之美或展現之美乃藝術所獨具。康德所言不差，「自然美是一個

---

[87] *Brief-Traktate an Körner über den Begriff des Schönen*, S. 665.

美的事物；藝術美則是對於事物的一種優美的表現。」我們似可補充道：理想之美乃是對美的事物之優美的表現。

在別擇之美中可以見出藝術家表現何物（was）。在形式之美中（就嚴格意義的藝術之美而言）可以見出藝術家如何（wie）表現。我們可以說：前者是美底自由的表現，後者是真底自由的表現。[88]

藝術之美兼有兩種成分，一為素材之美、一為形式之美，而形式之美則尤為藝術家之所獨擅。席勒表示，藝術家之所以偉大，係因其可將素材之美與形式之美糅合為一，若僅能偏得其中之一，則僅是一般之藝術家而已。在藝術之美中，其中關鍵唯在使人一窺藝術家「如何」表現，要言之，其焦點即在藝術家之表現技巧或手法一事。故一般之藝術家與偉大之藝術家究竟有何區別，此處便不得不加辨清。席勒先針對一般而言的藝術創作歷程作一說明：

因為別擇之美大多被侷限於自然之美底各種條件中，而形式之美卻是藝術所獨具者，故我先來處理後者；又因為在談論偉大的藝術家前，我們必須先說明是何物造就了一般的藝術家。

當自然作品以其合乎章法地展現出自由的樣子時，則是美的。

當藝術作品自由地展現了一個自然作品時，則是美的。

因此，我們此處必須處理的觀念，即是自由底表現。

當我們將得以辨識對象的各種特徵轉化為概念，且將其結合為認識底統一時，則我們在陳述（beschreibt）對象。

當我們將這些合成的特徵直接在直觀中轉換出來時，則我們在展現（darstellt）對象。

直觀底能力即是想像力。因此，當對象底表象直接出現於想像力前

---

[88] 同上，S. 666.

時，則對象可稱為所表現（dargestellt）。

當事物由其自身所規定、或表現出如此的樣子時，則它是自由的。
因此，所謂自由地表現（frei dargestellt），意思即是對象以由其本身
所規定的面貌出現於想像力前。

但若對象本身並不存在、而是僅僅被摹仿為另一物，或者並非以本
尊（Person）、而是由替身（Repräsentanten）表現出來時，則對象又
如何能以由其本身所規定的樣子出現於想像力前呢？

所謂藝術之美，並不即是自然本身，而是僅在媒介（Medium）中對於
自然之摹仿，這種媒介在材質上根本不同於所摹仿者（Nachgeahmten）。
摹仿即是相異的材質在形式上臻於相似。[89]

　　自然作品之所以為美，即在其「合乎章法」並「顯現出自由的樣子」。謂
其「合乎章法」，即指自然與吾人之實踐理性底形式有一類似關係，而實踐理
性本身即是「由其自己來規定自己」、「自律」之義，故自然作品便彷彿具有
一自我立法之意志般藉以顯現一自由之面貌，此義席勒於前文闡述「自由寓
於現象之中」時論之甚詳。然則，藝術作品之所以為美，乃在藝術家將此一
自然作品「自由地表現出來」。所謂「自由地表現」，係指藝術家不被其技法
所困限，且將此一潛存於自然作品中之自由加以表出，使此一不可名狀之自
由本身獲得一具體相貌。由此可見：無論自然作品或藝術作品，均與「自由」、
「表現」有關。藝術家看待一外界對象並非採取認識之觀點，而是使對象本
身直接呈現於直觀中，亦即：讓對象本身以其自己規定自己之面貌呈現於直
觀之中。不過，若欲將此一不可名狀之理念呈現具體之相狀，則非有所資假
不可，故藝術家遂轉而透過某一媒介物而將此一不可名狀者表出，此時其所
須考量者便全在於此一媒介物上：

---

[89] 同上，S. 667.

因此，在藝術中，對象底本性並非以其本尊與個性、而是由媒介所
展現者，而此一媒介本身又：

（a）擁有其自己的個性與本性，

（b）且有賴於一個同樣將其視為擁有獨特本性的藝術家。

對象因此透過第三手被樹立於想像力前；但用以摹仿的素材和處理
這些素材的藝術家都擁有自己的本性且各按自己的本性行事，因而
對象底本性又怎麼可能純粹地、由其本身所規定地表現出來？

這一所表現的對象放棄它的生命，它本身不是當前的（gegenwärtig），
它被一個與它全不相似的素材所主導，對象應挽回或放棄多少它的
個性，便全賴這個素材。

當此之際，素材的外來本性進入其間（inzwischen），不僅此也，而
是替素材賦形的藝術家底外來本性也一併進入。但所有事物都各按
其本性行事。

故此處有三種彼此糾纏的本性：所表現者底本性、能表現的素材底
本性，以及應將此兩者帶往和諧的藝術家底本性。[90]

此時遂呈現三足鼎立之局。對象有其本性，素材有其本性，藝術家亦有
其本性，此三者皆各依其本性而為。此一所表現的對象本身既須有所資假方
可顯現其具體面貌，故放棄自身之「生命」，亦即將原有之生命之「能」讓位
於原本未具此能之素材，而此一作為資假之素材遂取得此「能」之地位。故
對象之地位遂「由能化為所」，而素材則「由所化為能」。不過，藝術家又須
將此一形式賦予素材，故素材之能此時又讓位於藝術家之「能」而化為所。
故「能」、「所」關係在此遂呈現一輪轉相。總之，藝術家之能事便在使此三
方之能、所關係獲得一協調狀態，使各自之本性不相傷，換言之，使此三方
均可各得其自由之展現。

---

[90] 同上，S. 667.

(二) 由實返虛

　　若此三方關係能調停得當，取得協調，則美生焉。一偉大之藝術家與一凡庸之藝術家，其高下即據此而判。當三方之本性調融無礙，則突兀板滯、拘礙緊迫之相不生，此即自由自律之第一義諦：

> 我們期待在藝術作品中所發現者，僅是所摹仿者底本性；這個意思真正要表達的是：所摹仿者以由其本身所規定的樣子出現於想像力前。但只要素材和藝術家將其本性一同混入，則此一所展現的對象便不再表現出由其本身所規定的面貌，而是出現了他律。一旦所代替者底本性受到了能代替者的影響，它便承受後者的強制力。因此，唯當所表現者底本性根本不被能表現者底本性所損害時，對象才可稱為自由地展現。
>
> 因此，媒介或素材底本性必須表現出完全被所摹仿者底本性所征服的樣子。但這僅是所摹仿者底形式，它可以被過渡到能摹仿者之上；因此，在藝術表現中，形式必須征服素材。
>
> 故而，在藝術作品中，素材（能摹仿者底本性）必須銷歸於形式（所摹仿者底本性）中，形軀必須銷歸於理念中，現實必須銷歸於現象中。
>
> 形軀寓於理念之中（Der Körper in der Idee）：因為所摹仿者底本性根本不存在於能摹仿者身上；它不過是作為理念而存在於能摹仿者身上罷了，在能摹仿者身上的一切形軀之物僅屬於能摹仿者本身，而不屬於所摹仿者。
>
> 現實寓於現象之中（Die Wirklichkeit in der Erscheinung）：現實在此稱為實有者（das Reale），它在藝術作品中向來只是素材，它必須與藝術家於材質中所彰顯的虛有者（das Formale）或理念相並峙。形式在藝術作品中純粹是一種幻化之相，也就是說，大理石宛然現出

（scheint）人的外觀，但在現實中它仍是大理石。[91]

　　藝術品中之所呈現者唯是此一「所摹仿者底本性」，而此一所摹仿者又須呈現出一自律之面貌。但自律本身係一理念，無法直接顯現，故有待一媒介使之彰顯。不過，媒介本身有其特殊之質礙性，而將此一所摹仿者形諸媒介之上之藝術家，亦有其特殊之本性。因此，此一須以自律之面貌而呈現之所摹仿者，遂承受來自素材與藝術家之干預，故產生他律。為求此一所摹仿者以其自律之面貌出現於想像力前，則不可被能摹仿者、亦即素材之質礙性所拖累，而是須渡越其上以顯其面貌；再者，藝術家亦須因此一所摹仿者之本性而對其自身技法有所更易，而非以己意扭曲所摹仿者之本性以牽合自家之見。總言之，此一所摹仿者若欲自顯其自我規定相，一則既不可被素材之質礙所牽累，一則藝術家之技法亦不可損傷所摹仿者之本性，而是必須謀求一特殊技法以誘發此一所摹仿者超越素材之障礙。就擺脫此一素材之牽累言之，此是一層渡越；而就謀求一特殊之技法言之，此亦是一層渡越，合此兩層渡越，席勒於本文開篇所謂「美是形式底形式」方可理解。職是，在一藝術品中，所謂「素材須銷歸於形式之中、形軀須銷歸於理念之中、現實須銷歸於現象之中」，其中「形式」、「理念」、「現象」三者遂不可以傳統眼光視為外於「素材」、「形軀」與「現實」者，而是須視為內蘊其中者。席勒謂：「因此，當媒介底本性顯現出完全被所摹仿者底本性根絕的面貌，當所摹仿者在其替身中宣告其純粹的本尊，當能替代者完全拋棄本性、或甚至通過否棄其本性而似乎完美地與所替代者移形換位，簡言之，當一切均非由素材、而非形式而存在時，這種展現便宛如是自由的。」[92]

[91] 同上，S. 668-669.

[92] 同上，S. 669.

(三) 技進於藝

席勒此下則以雕像、繪畫等造型藝術為例以闡明此理：

> 當雕像身上所透露的唯一特徵是石頭，亦即並非根於理念、而是根於素材底本性時，便有損於美；因為出現了他律。堅硬難鑿的大理石底本性必須完全銷融於柔嫩的血肉底本性中，無論感受還是雙眼均不得使人想起大理石。
>
> 當繪畫使人辨識出鋼筆或彩筆、紙張或銅版、毛筆或執筆的手的特徵時，這幅畫便是生硬或板滯的；當繪畫使人見出藝術家個人底品鑒、本性時，則這幅畫便是刻意為之者（maniert）。這即是說，在一幅銅版畫中，若肌肉底靈活度或則因金屬底硬度、或則因藝術家底笨手而受損，則這種表現就是醜陋的，因為它並非由形式、而是被素材所決定。若這一所表現的客體底獨特性是因藝術家獨特底氣質而受損的話，我們說這種表現便是刻意為之。
>
> 作風（Manier）底對立面乃是風格（Stil），而風格不外乎是擺脫一切主觀、客觀的偶然侷限之表現底最高獨立性。
>
> 表現底純粹的客觀性乃是良好風格之根本：此乃一切藝術最高守則。「風格之於作風，正如來自於形式原則的行為方式之於來自於經驗格律（各種主觀的原則）的行為方式。風格乃是越乎偶然者而躋於普遍者與必然者之全面提昇（Erhebung）。」
>
> 故我們可以說：偉大的藝術家讓我們看見對象（其表現具有純粹的客觀性），庸俗的藝術家讓我們看見他本人（其表現具有主觀性），拙劣的藝術家則讓我們看見他的素材（這種表現受制於媒介底本性與藝術家底侷限）。[93]

---

[93] 同上，S. 670.

　　此段即是言藝術家透過其妙慧妙感所成就之藝業。大理石於現實中觀之依然僅是一大理石，然經藝術家之巧手，遂可化其堅硬沉重之質礙性，使其宛如人之四肢般柔軟靈活，此際吾人眼中所見之大理石，則已非大理石最初之本性。席勒舉出此例，即表示藝術家之手法實可擺脫客觀上之偶然性（即素材之本性）。接著，席勒再舉繪畫一事為例，以此闡明藝術家僅擺脫客觀之偶然性仍有不足，此時更需進而擺脫主觀之偶然性，則藝術之事方稱圓滿。所謂「主觀之偶然性」，乃指藝術家過於強調其個人氣質，使其主觀之特色強制加諸素材之上，以致素材遂無以顯現「由其自己來規定自己」之面貌。藝術家若以個人主觀之色彩操控素材，則其所出之手法或技巧亦不免淪於主觀，且在素材上處處流露鑿痕，是以席勒謂為「刻意為之」。此時，觀者眼中遂全然不見素材本身所應呈現之面貌，而唯是見出藝術家一人之特殊性好而已。合此兩例觀之，可知藝術一方面既要擺脫素材之質礙性，一方面亦要擺脫技巧之痕跡，此即：既擺脫客觀上之偶然性、亦擺脫主觀上之偶然性。藝術家運用素材而不為素材所限，此即保有素材而又轉化素材；其運用技法而不為技法所縛，此即有意為之而又不落鑿痕。綜而言之，藝術家一方既不脫離素材、技法本身，然一方亦同時駕臨乎素材、技法之上，實可謂「入乎其內，出乎其外」、「得其環中，超以象外」。藝術家一旦躋此雙奪雙照、俱遮俱詮之境，則其能事已畢。席勒謂藝術係一「全面的騰沖超拔」、「表現底最高獨立性」，當非虛言。若以此為標準以衡諸世之所謂藝術家者，當可使人一窺其真偽良窳而有高下勝劣之判。

　　席勒復藉戲劇藝術以闡述擺脫主觀、客觀之窒礙後所顯現之「純粹的客觀性」其意蘊何在：

　　我們可在一位演員身上將這三種情形看得一清二楚：
　　（1）當艾可霍夫或施洛德扮演哈姆雷特時，其本尊（Person）與
　　角色（Rolle）間之關係，正如素材之於形式、形軀之於理念、現實
　　之於現象的關係。艾可霍夫彷彿是一塊大理石（其天資由此而形塑

出一個哈姆雷特），因為他的（演員底）本尊完全隱遁在假扮的哈姆雷特這一角色中，又因為隨處唯有形式（哈姆雷特底個性）、而非素材（演員底個性）可被察覺──他身上的一切唯是形式（唯是哈姆雷特）而已，因此我們說他演得好。他的表現具有偉大的風格，首先是因為這種表現全然是客觀的，絲毫沒有主觀成分夾雜其間；其次是因為它是客觀必然的，而非偶然的（對此有機會再作解釋）。

（2）當阿爾布萊西特女士扮演奧菲莉雅時，我們雖然看見了素材（女演員底本尊）底本性，但卻並未看見所表現者（奧菲莉雅底本尊）底純粹本性，反而看見女演員的個人觀點。也就是說，她提出一條主觀的原則──格律──，她不在乎這種表現是否合乎客觀性，而是逕自表現出如此痛苦、瘋狂與高貴的姿態。因此，她只是顯現出有意經營、而非不著痕跡的樣子。

（3）當布呂克先生扮演國王時，我們發現媒介底本性宰制形式（國王底角色），因為演員（素材）的每一個動作都流露出生硬與呆板。我們馬上發現這種阻礙底惡劣影響，因為藝術家（此處指演員底見識）缺少這種依乎神韻以形塑素材（藝術家底形軀）的洞見。因此這種表現是失敗的，因為它馬上就顯現出素材底本性和藝術家主觀的侷限。[94]

由引文可知席勒所謂「純粹的客觀性」，即指一方面既轉化了素材底本性（遣其生硬拙重之質礙），一方面復消弭了技法上的刻意經營（泯其雕琢刻露之跡相），故終而形成了一種偉大之作風；反之，若是留存素材底本性或刻意表現藝術家的主觀手法，則將流於矯揉造作。末後，席勒則特顯其詩家本色，以詩歌一藝為例來彰明此義。其文謂：

---

[94] 同上，S. 671.

我們在繪畫與造型藝術中足以輕易見出：因為媒介底本性未被全然克服，以致這一所表現者底本性受到多大損害。但將這個原則運用於詩歌表現便更加困難，此一表現無疑必須由這條原則中引申出來。我必須向你提出一些有關詩歌表現的看法。

顯然，此處我根本尚未論及別擇之美，而只論及表現之美。因此，我們先假定：詩人已在其想像力中真誠、純粹且全面地掌握其對象的整個客觀性——客體在其內心中已經過理想化了（亦即轉化為純粹的形式），而這完全有賴於將客體超然地表現出來（außer sich darzustellen）。此時所要求的則是：詩人心中底客體不受媒介底本性這種他律的影響。

詩人底媒介是文字，因此是一種表達類與種、而決非表達個殊之物的抽象符號，其關係係受限於規則，因此這個系統便包含文法。此處困難並不在於事物與文字間並不具有素材上的相似性（同一性）；因為雕像與真人之間也不具有「前者底表現即是後者」這種相似性。不過，文字與事物間甚至連這種單純形式上的相似性也沒有。事物與其文字表現之間的關係僅是偶然和任意的（有少數情況例外），僅是因為約定俗成（Übereinkunft）而彼此結合在一起。但這並不具有太大意義，因為問題並不在於文字本身是什麼，而是在於它喚起何種意象。因此，如果文字和語句只為我們表現事物最個殊的特色、關係，簡言之，表現個殊事物之整個客觀特色的話，則這根本無關乎它是否來自於習俗（Konvenienz）、或內在的必然性而產生。

但正好沒有這種文字和語句。不論文字也罷，還是其變化與組合底規則也罷，均完全是一普遍之物，其歸趨不在於單一的個體，而是在於將無窮的個體化為符號。而表達關係的符號之情況還更糟，這種符號是按規則來運用，它可用於無數且雷同的情況中，且唯有透過知性之巧妙安排才與這些個殊意象相符。因此，這一所表現的客體，在其出現於想像力前和轉化為直觀前，便不得不穿越抽象的概

念領域而繞一大段冤枉路，它在這條路上元氣（感性的力量）大傷。詩人為了表現個殊者，其辦法不外乎是有意並置普遍者（Zusammensetzung des Allgemeinen）。「立在我面前的這座燭臺此時正好倒了」即是如此一種個殊情況，藉由將普遍的符號相互並置而表達出來。

故詩人所運用的媒介底本性具有「一種趨往普遍者的傾向」（in einer Tendenz zum Allgemeinen），因此與表現個殊者的符號處於爭端（im Streit）。語言將一切事物樹立於知性之前，而詩人又必須將其帶往想像力之前（表現出來）；詩藝之所欲即在直觀，知性之所予唯是概念。

因此，這個託諸語言而有所表現的對象，其感性與個性反被語言所剝奪殆盡，語言表現出它自己的屬性（普遍性），這卻與對象相隔膜。若用我的術語來說，此即能表現者底本性（抽象）混入所表現者底本性（感性）中，並在後者底表現中帶進他律。因此，這個對象並非由其本身所規定地、自由地出現於想像力前，而是透過語言底秉性模塑而成，或者說，它只是被帶到知性之前；故這個對象既未被自由地表現，也根本未被表現，它只是被加以敘述罷了。

若詩歌之表現應當是自由的，則詩人必須「透過其高超技法來克服語言趨往普遍者的傾向，透過形式（亦即技法底運用）來戰勝素材（文字及其變化與結構底規則）。」語言底本性（這正是其趨往普遍者的傾向）必須完全消融於形式中，形軀隱遁於理念中，能指隱遁於所指中，現實隱遁於現象中。所表現者必須從能表現者中顯現出自由和勝利的外貌，甚至無視於語言底枷鎖，並以其全面的真實性、活潑性與獨特性而樹立於想像力前。一言以蔽之：詩歌表現之美即是「本性在語言底枷鎖中自由的活動」。[95]

---

[95] 同上，S. 672.

　　席勒要求自己從藝術之實際體驗出發，而非僅假託空言，以建立一套美學理論為能事已畢。而此一「非由書本而來」的「驅遣本領」，對於席勒美學理論之發展至為關鍵。所謂「透過更多錯誤」，實指人非生而能之者，而是須於失敗中汲取經驗，由此可知席勒雖承認天才之存在，但同時亦強調學不可廢。此信中最須留意者在「驅遣」一字究竟何所指？明乎此，則可對席勒所謂「洞悉藝術底神聖」有一徹底了解。Fritz Heuer 於解釋此字時表示：

> 「驅遣」一語係席勒省思藝術家「賦形」（Gestalten）之創作歷程而來者，此一歷程即是將預存於心中之體驗之藝術形象（Gestaltung）轉化為藝術品中之當前一對象。故藝術形象之使命便在於將藝術家之體驗化為一種使人欣悅、撼人心絃乃至發人深省的言說。存在於經驗中之形象尚不成其為一現實對象，毋寧說，此時對象應該予以別擇一番，並獲得其「確定性」（Bestimmtheit），亦即，它自行將那一當下之形象置於藝術品中，此其驅遣之結果。而在所謂「將經驗的形式還原為感性者」（ Reduktion empirischer Formen auf asthetische），此一對象才獲得其作為一藝術對象之確定性。[96]

　　驅遣之難在於：吾人須對當前對象有一「別擇」（Wahl）並使其具有一「確定性」（Bestimmtheit）。「別擇」或「形塑」（Ausgestaltung）一對象之為如此，殆非易事，蓋此處所謂「別擇」既異於日常之決斷，亦異於由既存之形式以塑造材質。席勒表示，藝術家並非身處一已圓滿確定、人所熟知之本性範圍之內，而是被迫生活於一「不良、尚未成形的本性」之中，若對此一處境深有理解，則「驅遣」之涵義便不難索解。傳統之藝術理論，尤其於十八世紀，均為「摹擬自然」之觀點所限，此一背景亦即預設了一由最高存有者所造、

---

[96] Fritz Heuer: *Darstellung der Freiheit-Schillers transzendentale Frage nach der Kunst*(Köln u. Wien: Böhlau Verlag, 1970), S. 55-56.

且其自身便係如此完美的自然，然席勒一反時風，進而追問一對象之所以成為一審美對象究係如何可能。故「驅遣」當助人理解席勒上述所謂「自然寓於技法之中」之涵義何在。

不過，除技法一事外，尚有另一點可言。席勒曾對友人柯爾納表示，其創作時之心境實處於一倘恍迷離狀，且在形成「最成功的作品」時，尤其如此：

> 我常對自己最為成功的作品的產生方式感到汗顏。人們常說，作家在下筆時，其對象必須是完整的。但對象獨特的、總不重要的那一面卻常邀我對其進行潤飾，並且我的想法恰是在這種創作中自行源源不絕。促使藝術家進行創作的那個東西，在他完成之際轉瞬即逝。《唐·卡洛斯》那齣劇本也是如此……怎麼可能在平淡無奇的過程中產生了高明精湛之物？我以為這不盡然是藝術家生動地表現了素材，卻常是對於素材有一種無法遏抑的迫切渴望，渴望將此一全心傾注之情澆灌於動人心弦的作品之中。當我填寫詩歌時，詩歌的音律常使我心神盪漾，我常無法氣定神閒地掌握詩歌的內容。透過片刻祝禱，才使我清楚地引到這些想法上的。我對這些詩歌毫無想法，唯有預兆而已，但我卻可預言詩歌即將誕生。[97]

席勒謂其最為成功之作品其形成來歷不明，且在創作終了時轉瞬即逝。此中過程看似平淡無奇，然結果卻精湛高明。再者，席勒謂詩歌之音律使其魂不守舍，唯於片刻凝神靜慮後，詩歌之內容方逐漸明朗。由此觀之，此段經歷宛若自天而降，不召自至，不思而得，故有不待技法而然者。對於此一可期而不可必、可遇而不可求者，席勒於上述「自由寓於現象之中」亦嘗論之，謂此一狀態概念既無以攀沿、言語亦無法道說。

---

[97] *Schillers Werke* NA 26. Band (1992): Briefwechsel. Schillers Briefe 1. 3. 1790-17. 5. 1794, S. 141-142.

　　若將「自由寓於現象之中」與「技法寓於自然之中」此兩項要件合而觀之，遂可理解席勒上述兩段信文之內涵為何。就此觀之，一創作過程中一則有依乎技法者，一則亦有不依乎技法者，依於技法者可謂「人巧」，而不依於技法者則純由「天得」，合此兩者，創作者方可將其心中之理念化為現實中之審美對象。

第三章　優美的道德

一、一則故事

　　席勒在〈卡利雅書簡〉一文中屢屢言及「道德之美」，認為「道德本身唯有透過美才使人喜愛」；換言之，道德倘若無法以美的方式呈現出來，則不免使人產生排斥感、壓迫感。席勒之所以如此立言，即因康德倫理學之發展極有可能步入此途，故採取了一條迥異於康德的途徑，亦即並非直接針對道德本身下手，而是藉由探討美之問題而間接及於道德問題。誠如前章所論，席勒在討論美之所以為美時，曾提出「美即自由寓於現象之中」一命題。根據此項命題，他得到一項結論：美與實踐理性底形式間具有一層相似關係，亦即美與道德既不可謂全然同質，但亦不可謂全然異質，而是兩者間存在一種弔詭關係。[1]

---

[1]　這種弔詭關係，依 Janke 之見，乃是理解席勒美學的關鍵所在，此或可由席勒探討「時間」一問題見出端倪：「『在時間中揚棄時間』（die Zeit in der Zeit aufheben），此語係出自席勒《美育書簡》一書的中間段落。它乃是用以化解一切對立的第三種衝動，且處於美底哲學的中間地位。若可充分理解在美與藝術中所發生的這種詭譎的時間性（或云「歷史性」），則『在時間中揚棄時間』這類探究時間的詭譎之辭便有其意義存焉。因為，作為一種潛勢與可能性，它指出了遊戲衝動的方向與功能；作為一種現實性，它指出了美和遊戲的存有方式。所謂美者，即存在於揚棄了時間的時間底現實性中。席勒雖曾構思說明這種時間型態，但卻並未將其當作個人的研究重點（這或可於解釋審美的「一剎那」（Augenblick）時加以補充）。席勒的美學泰半要仰賴吾人在美底責任（Verbinlichkeit）中有系統地發掘出美底時間特質。而其條件便是：人可身為人而存在，且自我（主體）與世界（客體）的關係是一種『人的』（menschlich）關係。因為，『全然處於時間之中』乃

　　席勒由探討美而間接及於道德之事，吾人遂不可輕忽其「美即是自由寓於現象之中」這一命題之涵義。吾人為何可將現象稱為美？此即與吾人對於現象所採取之態度有關。吾人既可對現象採取一觀察態度，亦可採取一觀照態度。當吾人採取觀察態度時，則是對現象進行一執取活動，使對象牽合於我以形成一認識對象；當吾人採取觀照態度時，則是使吾人因乎對象本身而使其自行呈現。唯在觀照態度之下，現象方可稱為美。如今，美既不屬於認知之範圍，則它便與實踐理性有關。但席勒表示，實踐理性於面對「意志底活動」與「自然底活動」時，亦可採取不同態度。當它面對意志活動時，係以「命令的態度」、「責成的手段」來對待它，因意志活動必須「由理性底純粹形式」產生；但面對自然活動時，卻必須以「期待的態度」來對待它，因自然活動係「透過它自己」產生。若實踐理性將運用於意志活動之命令直接轉施於自然活動上，則自然活動便非「透過它自己」所產生，而是承受了「某個外在之物」、「外在的意志」之影響，這對於自然活動本身來說便不是一種自律狀態，而是他律。故以美之觀點所看待的對象便須排除強制、命令之態度，而是期待對象由其本身自行呈現出來。

　　在說明以上兩點原則之後，席勒表示，「我們若在對象中實現了某個道德的意圖，則這個對象的形式便是由實踐理性底理念所決定，而非由其本身所決定，故它便承受了一種他律的影響。」[2]他分析道：

　　一件藝術品、一項行為方式，其道德的合目的性對這個藝術品和行

意味被圍限於『當下的限制』中，且在世界中處於一種自我迷失的狀態。相反地，『全然放棄時間（處於法則的永恆性中）』則表示作為自覺（Selbstbewußtsein）和自制（Selbstbestimmung）的這個自我處於一種清明（gewahrt）的狀態，但這卻又失去『未具形式且充滿時間』的世界。這種達成和解的衝動，其目標便是『在時間中揚棄時間』。它以『自我規定』（不具時間的自由）和『處於時間中』（In-der-Zeit-Sein）這兩者間的交互規定（Wechselbestimmung）為理想。」詳參 Wolfgang Janke: *Die Zeit in der Zeit aufheben. Der transzendentale Weg in Schillers Philosophie der Schönheit.* In:*Kant-Studien*, 58:4(1967), S. 433.

[2] *Brief-Traktate an Körner über den Begriff des Schönen*, S. 643.

為的美極少裨益，倒不如應該盡量去隱藏這種合目的性，而且為了
不因此而失去美，其外觀因此必須看來像是完全自由而不帶壓迫地
由事物的本性當中流露出來一樣。因此，若詩人的作品中沒有美，
則他縱使以作品的道德意圖來為自己辯護，也是徒勞無功的。[3]

席勒在此觸及了美與道德之間的關係問題。如他所言，美與理論理性無
涉，而是與實踐理性有涉；但美與實踐理性之間的關係乃是一種「似」（als ob）
而非「是」（sein）的關係。換言之，這種關係至多是一種「譬比」、「相似」。
因此，在一件美的藝術作品中，或是在一個行為方式中，道德的合目的性畢
竟對其美感的生起毫無裨益。若將道德目的置入一件藝術作品或行為方式
中，則這就並非由事物本身來決定自己，以致造成他律現象，而事物本身遂
無以由其自行展現。席勒認為，美之形成其「外表必須看來像是完全自由且
不帶壓迫地從事物的本性之中流露出來一樣」。若事物受制於外在原因而非由
其本身來決定自己，這就形成了某種束縛壓迫、乃至斲喪本性的狀態。故美
應超然於道德領域之外，而非只是道德的附麗。有鑑於此，席勒對此兩者之
關係有一清楚之解說：

因此，道德行為若不同時與品鑒結合起來，則它在現象中便總是呈
現出他律；這是因為它成為了意志自律的產物。當理性貫徹其意圖
時，則感性的意圖便為其所制，這正是因為理性和感性具有不同的
意圖。如今，極為不幸的是，感性的意圖正好就是那種落入感官中
的意圖；因此，若理性一逕履行其自律（這決無法發生於現象之中），
則我們的雙眼就會被現象中這種他律所玷汙。但美的概念卻是在這
種非本義上（im uneigentlichen Sinn）來運用於道德之事的，而這種
運用決非毫無意義。美雖然為現象所限，但道德之美卻是一個與經

　　驗中的某物相契應的概念。[4]

　　席勒謂「道德行為」必須與「品鑒」、亦即與「美」互相結合，方不志產生一種拘迫束縛之相。若道德行為執意貫徹其意圖，這對隸屬於現象界的美來說便會形成一種他律。但這兩者間之結合，卻並非「本義上」（im eigentlichen Sinn）之運用，而是「非本義上」之運用。為闡明此種「非本義」之運用究竟為何，席勒遂舉出一具體的例子來加以說明。此例最初出自《聖經》，係耶穌傳道時為解釋「愛鄰人」（Nächstenliebe）之意義所宣說者。席勒將此一故事略作潤飾，藉以詮釋前述道德行為與品鑒兩相結合下所呈現的「道德之美」、或謂「既善且美」的現象。

　　一日，旅人某甲落入盜匪之手，匪徒將其錢財衣服劫掠一空，並將其棄置路旁。第一個路人途經某甲身旁，某甲哭訴其遭遇，並請求協助。這第一個路人心有不忍地說：「我很同情你，也願意把我的東西都給你。只是你千萬別要求其他的幫助，因為你的眼神令我很難堪。你瞧，那邊有人來了，你把我的錢包給他們，請他們幫助你吧。」某甲說：「說得好。可是，人的義務若對我們有所責求的話，我們也不得不『正視』苦難啊！你的慷慨解囊，實在連你小心克制懦弱的感受的一半都比不上。」席勒在講完第一個狀況後，認為路人這種行為既非「講求利益」（nützlich），也非「道德」（moralisch），又非「慷慨」（großmütig），更非「美」（schön）。這種行為不過是「可憐他人」（passioniert）、「出於一時好心」（gutherzig aus Affekt）使然。

　　第二個路人出現了。某甲又對他哭訴一番。第二個路人視財如命，但他仍想略盡義務。他對某甲說：「若我把時間浪費在你身上，我就失去賺錢的機會。若你願意彌補我失去的錢財，那麼我就背你到離此處約一小時路程的修道院去。」某甲回答：「你可真會算啊。可是我們不得不說，這根本花不了你多大力氣嘛。我看到那邊有個騎馬的人過來了，料想他會幫助我，而你這個

____

[4] 同上，S. 644.

人卻是因為錢才出賣這種幫助的。」席勒對這第二個狀況解釋道，這種行為既非「出於一時好心」，也非「合乎義務」（pflichtmäßig），更非「慷慨」，也談不上「美」。這顯然是一種錙銖必較的行為。

第三個路人停下來了。某甲復對其傾訴自己如何慘遭不測。路人聽罷來龍去脈，他躊躇（nachdenkend）一會兒，內心著實經過一番掙扎（mit sich selbst kämpfend），最後說：「叫我把外套脫下來實在很為難，因為我的病軀賴它保護。叫我把馬給你也很為難，因為我早就精疲力盡了。但義務卻命令我幫助你。你爬上我的馬，披上我的外套，我把你送到那個能幫你的地方去吧。」某甲回答道：「謝謝你，好心人，謝謝你的好意。但你自己也是泥菩薩過河，實在不該為了我而受苦受難。我看見那邊來了有兩個身強體壯的人，他們或許會幫我，這事對你來說太吃力了。」席勒表示，這是一個「純粹的道德」（rein moralisch）行為，但也「不過爾爾」。這種行為抑制當事者的感性利益（gegen das Interesse der Sinne），乃「純粹出於對法則的敬畏」（aus Achtung fürs Gesetz）所致。

此時，那兩個身強體壯的人走過來了，並開始詢問某甲的狀況。正當某甲開口，那兩個人就驚訝地叫起來，大聲嚷道：「就是這個傢伙！他正好是我們要找的那個人！」某甲也認出這兩人，並且極為惶恐，深知這兩人認出他是苦苦哀求放自己一馬的仇家，並且又是釀成他們的不幸的罪人。這兩人星夜追趕，為求一報深仇大恨。某甲說：「就讓你們的怨恨和報復如願以償吧，我只求一死了之。」「不，」其中一人說，「為了讓你看清我們是何等人，你又是何等人，你把這件外套拿去穿起來。我們一起攙著你，把你送到能幫你的地方去吧。」某甲滿懷感動地說：「真是心胸寬大的仇家。你讓我無地自容，讓我仇恨盡消，讓我們把臂擁抱，並以發自真誠的寬恕來圓滿地完成這樁善舉吧。」但另一人卻冷冷地回答道：「你想得美！我幫你並不是我原諒你，而是因你深陷不幸罷了。」「把你的衣服拿走！」某甲大聲說道，並把衣服脫下。「那就聽天由命吧。不幸死去，總比成為一個讓驕傲的仇家施捨的人要好。」

此時某甲起身意欲負傷趕路，但第五個路人來了：

這個人身挑重擔。某甲心想：「我被騙了那麼多次，這個人看上去也不像是個會幫助我的人，就讓他從我身邊走過好了。」這第五個路人發現他之後，馬上放下自己的扁擔。他身不容已地（aus eignem Antrieb）說：「我看到你受傷了，力氣也沒了。這裡離最近的村子還有一段距離，在勉強走到村子之前，你會因流血過多而休克。你趴在我的背上，我背你到村子裡去。」某甲說：「那你的擔子怎麼辦？豈不是要扔在這兒了？」挑夫說：「我不知道，也沒想過。我只知道你需要幫忙，我該幫你。」[5]

席勒遂分析這位挑夫的行為與前述四人其不同之處何在。他歸納出四項見解。第一，這五個人都想幫助某甲；第二，大部分的人都為此而選擇了某個合於目的的手段；第三，大多數的人都會有所損失；第四，有些人表現了偉大的自我超越（Selbstüberwindung），而其中一位則是發自於最純粹的道德動機來行動的。然則，這位挑夫的特色為何？席勒解釋道：

唯有第五個人「毫無責成地」（unaufgefordert）、「不假思索地」（ohne mit sich zu Rat）幫助某甲，縱使這會造成他的損失。唯有第五個人「在此完全忘記自己」（sich selbst ganz dabei vergessen），且「從容輕鬆地（mit einer Leichtigkeit）完成了他的義務，彷彿只是發自本能地來完成似的」。因此，當一個道德行為宛如發自現成的本性之功（eine sich von selbst ergebende Wirkung der Natur）來完成時，才是一個優美的行為。一言以蔽之：當心的自律與現象中的自律兩相契合時，自由的行為才是優美的行為。由這個理由看來，人的性格之

---

[5] 同上，S. 646.

圓滿底最高程度才成就道德之美。因為，這種美唯有在「義務化為本性」（die Pflicht zur Natur geworden ist）之際，才會出現。[6]

據此可知：一項優美的道德行為與純粹的道德行為之差異在於：優美的道德行為其產生之際是「毫無責成地」、「不假思索地」、「發自本性自身的」，當事人「此刻完全忘記了自己」，且「從容輕鬆地」履行了這項行為；相反地，純粹的道德行為其產生之際乃是「有所躊躇地」、「內心掙扎地」、「壓制感性利益的」，當事人係「純粹出於對法則的敬畏」、「因為義務的命令」且「吃力地」履行了這項行為。因此席勒筆鋒一轉而針對康德倫理學提出批判：

> 當意志作出道德決定時，實踐理性對我們的衝動所施加的壓制，明顯包含某種使人感到屈辱、使人在現象中羞愧難堪的東西。我們無論在何處都不願目睹這種壓制，縱使是理性自己去施加這種壓制亦然；因為，我們「將每一個存有者都視為自身目的（Selbstzweck）」，而且，對我們來說，自由是最高之物，我們會對那種為了彼物而犧牲此物或將此物視為手段的事情感到厭惡（這將使我們忿恨不平）。因此，當我們看到感性由於這種操作（Operation）而感到不平時，道德行為無論如何都不可能是美的。所以，我們的感性本性應該在道德行為中呈現出自由的面貌，縱使感性實際上是不自由的，而且看似是本性完成了我們衝動的任務，或者本性此時正好與衝動相反，服從純粹意志的支配。[7]

文中謂：一道德行為之所以無以產生美感，乃是因感性見到某種「操作」之故。而所謂「操作」者，據席勒之解釋，即表示「為了彼物而犧牲此物」

---

[6] 同上，S. 647.

[7] 同上，S. 647-648.

或是「將此物視為手段」之義。那種「純粹出於對法則的敬畏」、「因為義務的命令」的道德行為，即是使感性窺見某種有意操作之痕跡，故而無法呈現美感；反之，「毫無責成地」、「不假思索地」所履行的道德行為則不見此一操作之迹相，故而感性將不致有因理性之宰制而受制之虞。若吾人舉席勒「鋸尺狀線條」與「波浪狀線條」之對比一作參照，則當更可使人了解「操作」之義為何。純粹的道德行為所展現的外貌與鋸尺狀線條所予人的感受相似，而優美的道德行為所展現出的外貌則與波浪狀線條所予人的感受相似。前文謂，鋸尺狀線條其方向之改變乃是驟然產生，故使人發現一種由外而入的強制力；但波浪狀線條其方向之改變乃在不知不覺中發生，故使人不知有逼迫之感。這種突然而起的外來力量不免流露鑿痕，故而顯示一種強制拘迫之相；但這種不知不覺、從中而出的力量則使人無見其改變之端倪，故能展現一種自由從容之相。簡言之：露出鑿痕之相狀即席勒上文所批評的「刻意為之」；反之，那種不見端倪者則是泯除操作技倆而不露痕跡。依席勒之見，純粹的道德行為若與優美的道德行為相比，前者之境界亦不過爾爾，實未臻上乘。優美的道德行為之所以遠勝純粹的道德行為，即在「義務化為本性」一點上見出，此際「義務」與「本性」兩者打成一片，不見彼我之隔。由此觀之，純粹的道德行為仍具有一種生澀板滯、刻意雕飾之跡象，但優美的道德行為卻可當下呈露出輕盈熟巧、不待造作之風貌。

除了上述故事外，席勒復在其〈論優雅與尊嚴〉一文中表達類似的觀點。他認為「康德的道德哲學是以一種嚴厲的方式（Härte）來表達義務底概念的，這種嚴峻的方式卻嚇跑了所有的優雅女神（Grazien），而且會輕易地誘使軟弱的知性在一種修道僧式的禁慾主義（mönchische Aszetik）之幽暗道路之上找尋道德的完滿。」接著，他以更犀利的筆勢針對康德批判道：

> 不過，家中的孩童（Kind）到底是犯了什麼錯，以致他（康德）只關心那些奴才（Knecht）？是因為這些不純粹的愛好經常竊取道德底名聲，那最高尚的心胸中的無私之情也就必須因此而遭受質疑？

是因為道德的懦夫樂於將某種寬容（Laxität）（它使法則成為其習性
的玩具）賦予理性底法則，為此也就必須將某種嚴峻（Rigidität）賦
予它，而這種嚴峻卻把道德的自由之最有力的表現轉變為一群可堪
嘉許的奴才之輩（Knechtschaft）？是因為一位道德之士在自尊與自
辱之間所擁有的選擇，比一個感性奴隸在快樂與痛苦之間所擁有的
選擇更自由？難道純粹的意志會比墮落的意志受到更少的強制？難
道我們必須藉由道德法則這種命令（imperativ）底形式來控訴與貶
抑人性？而他最崇高偉大底身分同時也是他卑賤猥瑣底表現？也就
是說，作為理性存有者的人為自己所訂下的法則（它一方面對人形
成約束，一方面又與其自由底感受和諧共處），在命令底形式中預設
了一種疏離（fremd）且實定的（positiv）法則底面貌彷彿是不可避
免的。——因為他根本的癖好與法則悖道而馳（一如我們將此稱為
罪惡），因此這種面貌似乎難以避免。[8]

　　席勒將感性喻為「家中的孩童」，將康德所強調的道德法則喻為「奴才」。
席勒之所以將孩童喻為感性，顯然說明感性具有一種活潑率真、自然而然的
特質，故人之感性實不須如康德般視為一種雜染障蔽之物。若將感性視為垢
穢之物而任由理性逕予摒除，則人之一切感性活動將不免遭受壓制排擠，人

---

[8] *Über Anmut und Würde*, in: *Schiller Sämtliche Werke, Philosophische Schriften*(Berlin: Aufbau Verlag, 2005), S. 200-202. 譯文參閱李明輝：〈康德的「道德情感」理論與席勒對康德倫理學的批判〉一文。黑格爾有「實定宗教」（positive Religion）之說。據黑氏觀之，「凡轉變為虔敬有德之士，……皆謙卑戒甚，對其大部分道德天性皆不歸諸其本身之道德力。為虔敬故，不惜以犧牲其神聖性為代價，或一般而言，及其對道德性之自然天賦能力（道德感），以及自由品格等，也絕不歸諸自己。然凡因畏懼上帝懲罰、而不敢不接受法律者，即對此種品格、此種道德之根源、原動力，皆必須完全放棄之。……此套法律桎梏加諸其身，既不由己，亦非由理，因其根本不得視理性為自由也。若斯人焉，但奴隸耳！」又謂，「武斷宗教所含種種觀念與訊息，超乎知解與理性之範疇，但求感受與行動即可，且非自然而得焉。所謂感受，莫非因強迫而機械刺激引起；所謂行動，莫非貫澈命令，服從矩範，謹守秩序耳。故毫無自發性之可言。」參閱方東美著：《中國哲學精神及其發展 上冊》（臺北：黎明文化，民93），頁169-170。

亦終將成為一匍伏於理性宰制下之奴僕。[9]為此，席勒在 1796 年撰寫了兩首對康德極盡嘲弄的諷刺詩，其詩曰：

〈良知的疑慮〉

我願為朋友赴湯蹈火，可惜我憑愛好而為之，

因此我經常感到懊惱，因為我並非有德之人。

---

[9] Appelmann 謂「席勒著作中的問題常提到此類關鍵字眼。若干段落被引以為據，且與康德之觀點形成對比：『感知』（Empfindung）、『感性』（Sinnlichkeit）是人的第一種功能（Funktion），我們樂於將個體（Individuum）視為『孩童』（Kind），或如席勒之所擅，替我們虛擬一種史前狀態。在此，人類天真無染，自然而然。對康德來說，意志最重要的任務即凡事按道德法則之標準以決定，並克服來自於感性的衝動。依康德，衝動是一般而言的感性之物，且僅是一種越出理性的質料（Materie），它欠缺一切與精神之物的內在關聯；因為對康德來說，有機物中的質料與理性底合目的性乃彼此敵對者。康德由此得出：智思之物、主動之物和理性之物與質料之物、機械之物和感性之物彼此對立；整體觀之，這便形成笛卡爾式的兩重實體觀。這種介乎理想與現實之間的二元論，將自然之物予以孤立且將其視為純粹的機械之物，恰是席勒所反對者。基本上，席勒並未將自然理解為質料，而是自始便將其視為『有生命的自然』（lebendige Natur）。對他而言，這無法只以工具意義來思考。康德的表述方式使人想起柏拉圖，席勒則使人想起亞里斯多德。對席勒來說，純粹的質料無不同時是一種形式。這一有機、有生命之物對他來說不僅是『最完美的機器』，不僅是符合目的地受理性所宰制或編排的質料，而是一外映、感性之物，且自始便是一充滿氣韻、與精神（Geist）相往來的自然。」詳參 Anton Hermann Appelmann: *Der Unterschied in der Auffassung der Ethik bei Schiller und Kant* (mit Quellenbelegen)（G.E. Stechert and company: 1917），S. 12-13. 歌德在其《色彩學資料》（*Materialien zur Farbenlehre Abt. III*）中亦曾針對柏拉圖與亞里斯多德兩家哲學有所評點，此處似可借鑒：「柏拉圖對於世界的關係，像一個幸福的精靈，隨他高興地在這裡住幾時。他來，不是為著來認識她，因為他已先肯定著她，他是來告訴她，她所帶給她的贈品和她所迫切需要的。他鑽到（世界的）深處，不是為的研知她，而是拿他（自己）的本體，去填滿她。他向高處活動，盼望重新參贊他底本源境界。一切他所說出的，都是關於永恆底全體，善，真，美；他想在每個人的心胸裡激起這項希求。至於他在世界所吸收的各項知識，卻溶化在或可說氣化在他的方法和敘述裡面。而亞理士多德則對此世界好像一壯年男子，一個建築師，他既生在此地球上，他就須活動，創造。他探察這地皮，但不超過他所須尋得的屋基。從那裡到地中心，對他是不感興趣的。他圈出一片極大的地基為著他的建築，從各方面聚攏材料，排列它們，次序它們，使之在整然有秩的形式中矗立，如一金字塔騰入高空。而柏拉圖則像（埃及）一尖柱碑，啊，像一尖的火焰升尋著上天！」詳參宗白華著：《宗白華全集 第 1 卷》（安徽：安徽教育出版社，1996 年），頁 598。

〈決斷〉

現在別無他法；你得試著去輕視它們，
然後厭惡地去做義務命令你去做的事。[10]

　　席勒挖苦這位「道德的空談家」（Schwätzer）其嚴苛的道德觀僅是一種皮相之見，他竟然還為此而自鳴得意，殊不知其內心並不道德。因此他又寫下這首無題詩：

你帶著純粹的道德來鞭笞我們這群污穢不堪的人！
當然，你根本不相信粗野的本性！
你必須遁入道德，脫離獸欲，

---

[10] Schillers Werke, Nationalausgabe, Bd. 27, S. 13.有關這兩首諷刺詩，Baiser 則提出了不同解讀。他以為新康德派諸公誤解了這兩首詩，並強調席勒其實是捍衛且圓成康德倫理學：「新康德派完全誤解了康德與席勒之間這場論辯。實則，他們忽略了由此所引發的重要議題。他們常以狹隘之詞將這場論辯詮釋為攸關行為之道德價值底條件的辯論，似乎關鍵僅在於情感是否涉入或抽離道德行為。此處必須強調的是，這『決非』康德與席勒之辯的真正議題所在。綜觀整場論辯，席勒重申康德關於道德行為底兩項基本命題：道德義務只應透過理性底基礎來證明，且義務應成為道德行為的唯一動機。……新康德派詮釋席勒所引用的主要證據不外是、且幾乎總是席勒那兩首諷刺詩。不幸的是，許多當代研究康德的英美學者幾乎全盤忽略了席勒的主要倫理學代表作（亦即其〈論優雅與尊嚴〉及《美育書簡》），但就任何精確且完整理解其與康德所發生的論辯而言，這些著作堪稱關鍵。因此，席勒的諷刺詩被抽離文脈且被賦予了不相稱的重要性。首先要強調的是，席勒的諷刺詩其實只是一句戲謔語，但不少學者卻將其視為嚴厲批駁；但事實未必然。席勒的諷刺詩似乎是一連串意在調侃與誇大的個別之作。另有一些學者認定它僅是一句俏皮話；不過，嘲弄中亦暗寓真理，他們看出了隱伏其中的嚴厲批判。但問題在於：隱藏於這則笑話後的重點是什麼？若我們思考過席勒其他作品和信件，答案或許只有一個。諷刺詩的目的並不在於奚落康德的觀點，而是嘲笑那些對於這些論點的普遍誤解。若由〈論優雅與尊嚴〉一文與其於 1794 年 6 月 13 日致康德函觀之，席勒之用心非常清楚，他在這些地方明白表示：其目的乃去批判那些對康德理論的廣泛誤解。席勒確實認為康德的『表述』或『文字』容易招來譏諷，但他決不相信這會對其『原則』或『意義』形成問題。新康德派的詮釋其主要弱點在於輕忽了席勒『認同』（agreement）康德之深度與廣度。這些學者認為席勒與康德發生論辯，但席勒其實試圖傾全力來捍衛康德。這裡的反諷很明顯：席勒想針對那些奇怪的責難而替康德辯護，但新康德派卻認為那些責難是席勒加諸康德的！」詳參 Frederick Beiser: *Schiller as Philosopher*.(Oxford: Oxford University 2005), p. 172.

但你本人似乎也無法通情達理地作出最有人性的事。

你似乎喪盡良心，且也無法神聖地宣說義務，

你甚至還奪人妻子，一點不假！[11]

　　在前一年（1795 年），席勒便以機鋒之筆撰成〈形上學家〉（Metaphysiker）一詩來嘲諷康德的道德觀：

　　〈形上學家〉

　　「我腳下的世界離我多麼遙遠！

　　我幾乎看不見這些熙來攘往的芸芸眾生！

　　我的技法至高無上，

　　蒼天離我不遠矣！」

　　這個搭建屋頂的匠人，這個既矮小而又高大的人，

　　從塔頂、從斗筲之室中喊出這套迂腐不堪的玄談怪論。

　　這個既矮小而又高大的人，

　　他從高塔上向下睥睨一切的目光是如此倨傲狂妄，

　　你說說看，

　　你對何事滿意？你對何人滿意？

　　你是怎麼爬上這寸草不生的極高之處的？

　　除了一窺山谷外，這對你到底有什麼用？[12]

　　情理二分之倫理學觀點所要求者即在義務與愛好不斷形成敵對狀態，義

---

[11] Schillers Werke (Nationalausgabe): 1. Band (1943): Gedichte in der Reihenfolge ihres Erscheinens 1776 -1799.

[12] Schillers Werke (Nationalausgabe): 1. Band (1943): Gedichte in der Reihenfolge ihres Erscheinens 1776 -1799.

務甚至拒絕與最高尚的愛好建立友好關係：「純粹的義務據此成為道德行動的唯一動機；義務不可與其他的動機結合，且根本不可使愛好作為其條件，而是應該在其全部的純粹性中採取充分的動機。」[13]反之，席勒卻試圖將義務與愛好結合起來：「不論出於愛好的行為與出於義務的行為在客觀的意義下如何相互對立，但在主觀的意義下卻並非如此，何況，人不僅可以、而且應該將愉快（Lust）與義務結合起來；他應當歡樂地（mit Freuden）服從他的理性。」[14]席勒曾撰寫一條箴言，標題為「教育家」（"die Erzieher"），恰是針對康德倫理學之觀點而發，他認為一位教育家若教導我們在履行義務之時鄙視愛好，便該遭受譴責。[15]因此，席勒的理想始終是謀求和諧，使對立兩造達成有效和解。

> 「將百姓的世界教化成道德的世界，我要謳歌你們這群教育家，
> 但這些人卻並未同時發自情感地來春風化雨。」[16]

從以上若干詩作觀之，可知席勒認為康德倫理學實有一種鄙夷人世、擺脫人性的趨勢。這些想法其實是承續其 1780 年代的觀點而來，彼時他便認為人生目標便在均衡發展人之感性面與理性面，並藉此達成一種至善圓滿的理想境界。席勒此時詩作，諸如〈盧梭〉（Rousseau）、〈克洛普施托克與維蘭德〉（Klopstock und Wieland）、〈致道學家〉（An einen Moralisten）、〈閹人與男人〉（Kastration und Männer）均深寓人文精神，且極力頌揚人之感性面，強調感性活動應為其本身之故而獲得栽培。席勒此時之詩歌理想不在仰望彼岸世界，而是嚮往此邦樂土，人在此可擺脫死亡與時間之束縛且依然享有感官之

---

[13] *Die Religion innerh. d. Grenzen der bloßen Vernunft*, in: *KGS*, Bd. 6, S. 46.

[14] *Über Anmut und Würde*, S. 200.

[15] E. Reinertz: "Schillers Gedankendichtung." Ratibor 1894.

[16] Schillers Werke (Nationalausgabe): 1. Band (1943): Gedichte in der Reihenfolge ihres Erscheinens 1776 -1799. No. 61.

愉悅。他於 1785 年 10 月寫給胡柏（L. F. Huber）的一封信中便表現出一種現世倫理學（this-worldly ethic）之觀點：

> 激情是一種把球拋入空中的大膽的力量；不過，期待球會以相同的方向和速度持續下去的人是一個蠢蛋。這顆球形成弧度，是因為它的力量在天空中劃破……我的朋友啊，千萬別小覷這種譬喻，因為超過了詩歌的幻想；如果你仔細思考，便會發現：人類的計畫其命運均藉由這種象徵而獲得啟發。我們均為了達到顛峰而奮鬥努力，正如一支火箭般，但我們都形成了相同的弧度且又落回大地之上。儘管如此，弧度還是如此優美！[17]

若吾人比較席勒斥責康德步入「高塔之上」、「寸草不生的極高之處」與其自家強調「正如一支火箭般形成弧度而又落回大地之上」這兩種比喻，則其相異之處實更為清晰。此誠如當代現象學倫理學家萊內爾（Reiner）所言：康德倫理學乃是一套「懸在空中」的倫理學[18]，此一評論或可與席勒自述之辭先後映發。

二、康德情理二分之倫理學

當代新康德主義者急欲使康德倫理學擺脫席勒的責備，並且多方舉證康德實際上並未漠視感性在道德活動中的相關地位。根據他們的看法，康德倫

---

[17] 此處分析可詳參 Frederick Beiser: *Schiller as Philosopher.*(Oxford: Oxford University 2005), p. 30-31.

[18] 誠如李明輝先生所指出，「在萊內爾看來，康德為了保持『義務』概念的純粹性，將一切由目的所提供的動機排除於道德上善的行為之外，這使得康德的『義務』概念僅取得一種純形式的規定，而根本無法在事實狀態中定向，可說是『懸在空中』。在這個脈絡中，萊內爾特別注意到康德與席勒關於『義務與愛好』之爭的特殊意義。」詳參李明輝：〈康德的「道德情感」理論與席勒對康德倫理學的批判〉，收錄於《南華哲學學報》（揭諦第 7 期，2004/7），頁 73。

理學並不會導致禁欲主義，因為康德在強調「行動唯有為義務而義務之時才有道德價值」此一命題時，並非意謂這項行動必須違反、乃至根絕個人的愛好或情感。若干新康德主義的代表人物甚至強力宣稱，「康德在道德生命中不僅『容許』、而且還『要求』情感的地位，這是因為康德主張培養同情心也是一種義務，並使『愉悅』（pleasure）在義務底履行中成為一種德性的標記。」[19]但康德倫理學果真可免除這類攻擊？吾人或可先歸納出康德倫理學著述中之各類觀點，藉以檢閱其本人是否真可避免此一批評。茲從其首部倫理學著作《道德底形上學之基礎》一書看起。

　　（1）康德在《道德底形上學之基礎》表示，他欲以一種先驗哲學之方法來建立一門道德底形上學，據此方可釐清真正的道德動因和經驗動機，蓋後者無視於動因底來源，故無法闡明道德之終極依據何在。因此這套方法全然排除了一切經驗之物，並探求一種可能的純粹意志之理念和原則，而非一般而言的人類意欲之活動和條件。依此，他將義務概念判之為二，一為「出於義務」，一為「合於義務」，謂前者方為真正的道德來源，而後者則因夾雜了個人之愛好利益而無道德價值。他甚至表示，常人通常所說的「愛」並不具有道德價值，因其並非出於一種命令之故：

> 毫無疑問，我們也得如此去理解命令我們去愛我們的鄰人、甚至敵人的那些經文。因為愛當作愛好來看，無法被命令；但是出於義務的仁惠，縱使全無愛好驅使我們去做它，甚至為自然的且無法抑制的厭惡所抗拒，卻是實踐的（praktische）、而非感受的（pathologische）愛。這種愛存在於意志、而非感覺底癖好中，存在於行為底原則、而非溫柔的同情中；但唯有這種愛能夠被命令。[20]

---

[19] Anton Hermann Appelmann: *Der Unterschied in der Auffassung der Ethik bei Schiller und Kant* (mit Quellenbelegen) (G.E. Stechert and company: 1917), S. 44.

[20] I. Kant: *Grundlegung zur Metaphysik der Sitten*, in: *KGS*, Bd. 4, S. 400. 譯文部份引自康德著、李明輝譯：《道德底形上學之基礎》，頁 17。patologisch 一字係由 Pathos 而來，源於希臘文 πάθος。依康德，此字含有低劣情慾義。但就席勒觀之，此並非一被動之感受，而是亦有一積極主動之力量。

實踐之愛與感受之愛其相異處即視乎其是否出於「命令」為準，若此愛並非出於命令，則其毫無道德價值可言。康德繼而表示，「義務是出於對法則的敬畏的一個行為之必然性。對於對象（作為我打算做的行為之結果）我固然能有愛好，但決無法有所敬畏……唯有僅作為根據、卻決不作為結果而與我的意志相聯結的東西，亦即，不為我的愛好服務、而是壓制它的東西才能是敬畏底對象，並且也是一項命令。」康德對「敬畏」一字及其對象解釋道：

> 敬畏根本是一種傷害我的我愛的價值底表象。是故，敬畏之為物，既不被視為愛好底對象，亦不被視為恐懼底對象。因此，敬畏底對象只有法則，並且是我們加諸我們自己、且其自身有必然性的法則。就其為法則而言，我們服從它，而不顧慮我愛；就我們將它加諸我們自己而言，它可是我們的意志底一個結果。……所有對於一個人的敬畏其實只是對於法則的敬畏，而此人為我們提供範例。由於我們也把「發揮我們的才能」看作義務，則我們在一個有才能的人身上彷彿也看到一項法則底範例，而這構成我們的敬畏。[21]

席勒曾闢專文詳論之，認為此實與悲劇之精神相通，誠如其於〈論情操〉一文中所顯示：「若我們並不確切知道一個人內心平靜是否並非因其麻木不仁，則我們也永遠不可能知道這種平靜是否是道德力量所產生的效果。有些情況只是浮光掠影似地輕觸靈魂表面，因此控制這些感受便談不上是一種功夫；但在觸動感性本性的風暴中，我們若依然能保持內心的自由，這卻需要一種遠比所有自然力量更崇高的抵抗力量。唯有最生動地展現痛苦中的本性，才能展現道德上的自由。悲劇主角首先務必向我們證明他是一個有所感的生物，我們才會尊敬他為理性的生物，且相信他內心堅強。」席勒亦舉拉奧孔為例，認為其彰顯了一種「苦難中的鎮定」（Ruhe im Leiden）之精神，並且真情流露、毫無造作：「希臘的詩人也把他筆下的人物從無用累贅的傳統束縛中解脫出來，從一切冰冷的規則儀文中解脫出來，這些儀文只能使人惺惺作態，掩飾本性。在荷馬與古希臘悲劇作家的作品中，苦難中的本性直訴我們的心靈，真誠懇摯、感人肺腑：各種情志自由奔放，禮法儀文並不阻撓任何情感。英雄對於人類一切苦難的感受與常人同樣敏銳，正因他們深切強烈地感受到苦難，但又不為苦難壓倒，故而才成為英雄。他們也和常人般熱愛生命，但這種感情並沒有使他們因此貪生怕死，當榮譽或人性的義務要求他們犧牲生命，他們也能視死如歸。」因此，若就康德與席勒對於此字之評價言之，前者認為是一種消極病態的心靈，但後者卻以為是一種崇高的氣象。詳參 F. Schiller: *Das Pathetischerhabene*, S. 248-249.

[21] *Grundlegung zur Metaphysik der Sitten*, in: *KGS*, Bd. 4, S. 401. 譯文參閱康德著、李明輝譯：《道德底形上學之基礎》，頁 19。

康德為維護道德基礎之純粹，不惜將個人感性摒除在外，以「命令」、「敬畏」、「壓制」、「拒斥」等方式以對治感性可能招致的不良後果。由此可知：康德所採取之先驗方法即是不斷析分，使一物不歸於此則歸於彼，故佛爾蘭（Karl Vorländer）德謂康德「旨在嚴格銳化系統之二分，故全部作品基本上僅是這一宗旨的變形或持續發展；它至少是一個隨處均清晰可聞的基調。」[22]康德因其在系統上採取二分法，最終造成自律與他律、自由與依待、純粹無待、實踐的意志與為感性所觸動的意欲之對峙。

　（2）此種情理二分之趨勢，亦可見諸其《實踐理性批判》一書。康德在書中不斷重申義務與愛好、自律與他律之間的尖銳對立。他在〈分析論〉中的「定理四」提出「形式原則」與「實質原則」之二分，以前者為自律，後者為他律：

> 意志自律是一切道德法則和與之相符的義務的唯一原則；反之，一切意念的他律不僅根本不建立任何義務，而且與義務的原則和意志的道德性相違背。因為德性的唯一原則就在於法則獨立於一切實質面（亦即對於一個意欲的客體），同時卻又通過一個格律必可勝任的純粹的普遍立法形式來規定意念。但那種獨立性是消極意義的自由，而純粹的、且其本身即是實踐的自我立法則是積極意義的自由。所以，道德法則只表達純粹實踐理性的自律，亦即自由的自律，而這種自律本身是一切格律的形式條件，唯有在這個條件下，一切格律才能與最高的實踐法則相一致。因此，若那個只能作為與法則相結合的意欲之客體而存在的實質意欲，被置入實踐法則中而作為其可能性的條件，則由此便形成了意念的他律，亦即對於遵從某種衝動或愛好這種自然規律的依賴性，而意志便不是自己為自己立法，

---

[22] Anton Hermann Appelmann: *Der Unterschied in der Auffassung der Ethik bei Schiller und Kant* (mit Quellenbelegen)(G.E. Stechert and company: 1917), S. 45.

而僅是提供合理遵守感受的規律之規範。[23]

這種「只許法則開口、不許愛好發言」的想法，簡直令康德心折不已。他表示：

> 義務！你這崇高偉大的名聲！你本身決不容許任何懷有諂媚的巴結，而只是要求服從，但也決不為了推動人的意志而以激起內心中自然的厭惡且使人畏懼的東西來威脅人們，你只是樹立一條法則，它自發地找到內心的入口……面對這一法則，一切愛好都緘默不語，縱使愛好暗中抵制法則。你那可敬的起源是什麼？我們在何處尋找你那傲岸地拒絕與愛好的一切親緣關係的高貴出身的根？而且，到底追溯到哪一條根才是人類唯一可自行給予的那種價值之不可或缺的條件？[24]

由此觀之，唯有那種與感性和愛好相頡頏所產生的行為才被康德稱之為「道德的」（moralisch），而其價值便是於此見出。在這種二分立場下，人的理性與感性遂恆處於緊張對立的狀態，並且作為「純粹實踐理性之動機」的道德情感亦呈現出一種「對道德法則的敬畏」（Achtung fürs moralische Gesetz）的面貌：

> 在一切道德判斷中最具重要性的即是以即大的精確性注意一切格律的主觀原則，以便將一切行動的道德性建立在其出於義務和出於對法則的敬畏之必然性上，而不是建立在出於對這些行動會產生的東西的喜愛和好感那種必然性上。對於人和一切受造的理性存有者而

---

[23] *Kritik der praktischen Vernunft. Grundlegung zur Metaphysik der Sitten*, in: *KGS*, Bd. 5, S. 59. 譯文部分亦參康德著、鄧曉芒譯：《實踐理性批判》，頁 43-44。筆者為求文句通暢，遂對譯文略作調整。

[24] 同上，S. 154.

言，道德的必然性都是強迫，亦即義務，而任何以此為基礎的行為均必須被表現為義務，而非表現為已被或可能被我們自己所喜歡的做法。這就彷彿我們有朝一日能做到無須對法則抱有那種結合了害怕違禁的恐懼、或至少是憂慮的敬畏，我們就能如同那超越於一切依賴性之上的神性般自發地、彷彿是透過一種成為我們的本性且永不動搖的意志而與道德法則協調一致（因而道德法則由於我們永不可能被誘使去背棄它，或許最終便有可能完全不再對我們是一種命令），而在某個時刻能具有意志的某種神聖性般。[25]

但人果真可如神性般自動與道德法則相符？其果真可愉悅地去履行道德法則之要求？康德旋即又否認了這種可能性，並謂出於對人的愛與同情的善意而對他們行善，或是出於對秩序的愛而行公正之事，雖是一件美好之事，但「若我們彷彿像志願軍一樣，憑傲慢的自負，自詡能漠視義務底思想，且彷彿想要超乎命令之外，僅出於自己的愉快，去做毋須命令就會去做的事，這仍非我們的行動之真正的道德格律。」[26]因此，康德的立場似乎在「命令」與「自願」之間依違不定。儘管如此，康德最終仍以為人身為一有限存有者、受造物，其意志當不必然符合道德法則之責求，故決無法如神性般成為一「神聖的意志」（heiliger Wille）[27]，而此一意志唯上帝具備，若人自以為真能自動順應道德法則，則是冒然以上帝之身分自居：

人（依我們的理解，也包括所有理性的受造物）所處的道德分位是對道德法則的敬畏。使他必須遵從這法則的存心是：出於義務，而非出於自願的愛好、甚至或許出於非由命令而自願從事的努力，去

---

[25] 同上，S. 145.

[26] 同上，S. 120-121.

[27] 同上，S. 120.

遵從法則。再者,他一向所處的道德狀態是德行,亦即在奮鬥中的道德存心,而非自以為擁有意志底存心之完全純粹性的那種神聖性。這純然是道德的狂熱與自負底矜誇,而我們藉由鼓勵去做高尚、崇高且慷慨的行為使心靈傾向於此。由此,我們使心靈陷於一種錯覺,彷彿構成其行為底決定根據的並非義務,或者說,對法則的敬畏——縱使並非出於自願,我們的心靈也必須承擔這種法則底負荷(儘管這種負荷仍是溫和的,因為使理性本身將這種負荷加諸我們),而且當我們的心靈遵從這種法則(服從它)時,它還是摧折我們的心靈——;而是彷彿我們的心靈之期待那些行為,並非出於義務,而是以之為不折不扣的功績。因為不但我們的心靈藉由模仿這類行動(亦即根據這種原則)並未絲毫滿足法則底精神——它存在於服從法則的存心中,而非行為底合法則性中(不論這個原則是什麼)——,並且感性地(在同情甚或我愛中)、而非道德地(在法則中)發起動機;因此我們的心靈以此方式產生一個輕浮、誇大且虛幻的心態,以其心靈(它不需要鞭策,而且命令之於它是決無必要的)之志願的善意來阿諛自己,而且因此忘記了它們的職責(它們應當想到的是職責,而非功績)。[28]

就人作為一有限存有者而言,其道德行為須受法則之命令督迫而產生。依康德之見,若人係以自願、而非以敬畏之心態完成道德行為,則其即僭越了應有之分際,最終將流於「道德的狂熱」。

(3)在《實踐理性批判》一書問世五年後,康德復在《柏林月刊》上發表了一篇題為〈論俗語所謂:理上講得通,事上行不通〉的文章。康德此文之撰寫目的是為了駁斥加爾維所提倡的幸福主義。加爾維於 1792 年出版的《試論道德學、文學與社會生活底各種對象》一書中批評康德的批判哲學與

---

[28] I. Kant: *Kritik der praktischen Vernunft*, in: *KGS*, Bd. 5, S. 121.

方法論，思謀以所謂「通俗哲學」取代之。他本人係如此定義「幸福」這一概念的：

> 在排列概念時，對狀態加以察覺與分辨，從而使一種狀態對於另一種狀態具有優先性，這必須先於從其中選擇一者，且因此先於預先決定某一項目的。但是對於一個有才能意識到自己及其狀態的存有者，當這種狀態當下呈現，且為他所察覺時，他相較於其他的存在方式而更為偏好的狀態便是一種良好的狀態，而一系列這類的良好狀態，便是幸福一詞所表示的最普遍的概念。……
>
> 由幸福——就此詞之最普遍意義而言——產生一切努力之動機，因此也產生遵循道德法則之動機。在我能探問，履行道德義務是否屬於善之類別以前，我必須先一般性地知道某物是善的；在我們能為人設定一項其活動應當歸趨的目標之前，他必須有一項動機使他活動。[29]

康德認為加爾維之論證僅是在玩弄「善」之一詞底歧義，然其實並未針對道德之根源提供一穩定清晰之意識。因此，他維持一貫作風，遂以倫理學情理二分架構來對抗此一追求幸福之論調：

> 我曾暫且將道德學解釋為教導我們如何才會配得幸福，而非如何才會獲得幸福的一門學問之引介。在此，我並未忘記指出：人並不因此被要求在攸關義務之遵循時，應當放棄其自然目的，即幸福；因為就像任何有限的有理性者一樣，他根本做不到這點。而是他必須在義務底命令出現時，完全排除這種考慮；他必須完全不使這種考

---

[29] 此中之詳情，參閱康德著、李明輝譯：《康德歷史哲學論文集》（臺北市：聯經，2002 年），頁104。

慮成為「遵循理性為他所規定的法則」一事之條件，甚至盡其所能
地設法留意，不讓任何由這種考慮衍生出來的動機不知不覺地混
入，來決定義務。之所以如此，係由於我們寧可將義務設想為與因
遵從它（德行）而付出的犧牲相聯結，而非與因遵從它而為我們帶
來好處相聯結，以便就義務底命令之要求無條件的、自足的、且不
需要任何其他影響的全部威望去設想它。[30]

此處又可見出康德先驗哲學之二分法：嚴格區分「配得幸福」與「獲得
幸福」、「道德目的」與「自然目的」。康德雖對後者留有餘地，但為了維持前
者之純粹性，旋即又將後者加以排除。康德表示，義務之命令是一種使人懾
服之「威望」，遵守道德的結果經常是「犧牲」，故履行道德行為時須不計一
切愛好與感性所帶來的相關效益：

人應當完全無私地履行他的義務，並且必須將他對幸福的期望同義
務底概念完全分離開來，以便完全純粹地保有這個概念，這卻是他
以最大的清晰性所意識到的。否則，若他不相信自己是這樣，我們
可以要求他盡其所能地去做到；因為道德底真正價值正是見諸這種
純粹性之中，且因此他必定也做得到。……因而，「力求這種純粹性」
的格律，這卻是他做得到的。反之，若是他以人性不容許這類的純
粹性為藉口，使「助長這類動機之影響」成為自己的格律，這便是一
切道德之淪亡。[31]

康德在《實踐理性批判》中之第四條定理表示：「若將自我的幸福作為意

---

[30] 同上，頁 100-101。

[31] 同上，頁 107-108。

志底決定根據，則這正好與道德底原則相牴牾。」[32]康德指出，幸福論與德行論被「仔細且嚴格地」區分開來，並且，他在《純粹理性批判》中明確表示，「這種自我回饋（Selbsttrost）的道德體系」係一無法在經驗中實現的理念，且幸福與道德之間的配稱關係唯預設一智思者、智思界才得以可能。故幸福作為對於道德的反饋便須在彼岸、而非此岸成立上帝與靈魂不朽之設準（Postulat）。此一設準亦可見諸《實踐理性批判》，書中明白表示：對人格（它為行動賦予道德）所產生的愉悅「不可」稱為幸福。若吾人將倫理學理解為幸福論，則道德之規定與其價值便無法取決於其本身，而道德實踐之事遂僅被視為達成某一目的之手段。

　　（4）康德於 1797 年所寫成的《道德底形上學》一書，同樣延續此一情理二分之論調。在〈道德底形上學之導論〉中〈論人心之能力與道德法則之關係〉一節中，康德特別言及「情感」（Gefühl）概念。依他之見，「情感」是一種「純然主觀之物」，因而據此所形成的一切高貴、崇高與慷慨的行為，均為「輕佻儇薄與浮想聯翩的的心態」[33]。有鑑於此，道德必須以「禁令」和「戒律」面貌出現，如此一來，除了可使其避免「幸福主義」（Eudäminismus）之夾纏，亦可擺脫「狂熱主義」（Enthusiasmus）之曚蔽：

> 如果道德論只是一種幸福論，因此為了它去尋找先天的原則，便是一件荒唐之事。因為，「理性能在經驗之前洞察出，它將透過何種手段來達成持續享受真正的生命喜悅」這件事雖然明顯可見，但一切先天地傳授給我們的東西，或則同語反覆，或則毫無根據。唯有經驗才能傳授我們是什麼帶來喜悅。對食、色、休息、運動的自然衝動和（在發展我們的天賦時）對名譽、對擴展我們的知識等等這類的追求，儘僅如此便能使每個人以其特殊方式知道將喜悅定位在何

---

[32] *Kritik der praktischen Vernunft*, in: *Kritik der praktischen Vernunft Grundlegung zur Metaphysik der Sitten*, in: *KGS*, Bd. 5, S. 60.

[33] I. Kant: *Die Metaphysik der Sitten*, in: *KGS*, Bd. 6, S. 212.

處，這些衝動同樣也能教會他去尋找那些用以達成喜悅的手段。一切在此看似是先天理性的東西，無非是透過經驗的歸納所達成的普遍性（根據通行的、而非普遍的原則）罷了，而且人為了滿足其特殊的愛好與對享樂的感受所挑選的生活方式，便必須容許無止盡的例外，且最終透過自己或他人的損失而變得明哲，因此這種普遍性是不穩健的。[34]

由此可見：康德顯然反駁由經驗中漸次歸納而來的普遍性，並認為這將會淪為一種明哲機巧之道，根本無法為道德提供穩健的基礎。其次，他在〈德性論導論〉第十六節中表示：德性必定預設「無情」（Apathie），它甚至可被視為一種堅忍之表現：

「無情」這個字彷彿與渾無所覺（Fühllosigkeit）相似，因此就意念底對象而言乃是一種主觀的漠然（Gleichgültigkeit），有劣名之意；一般人視為缺點。這種誤解可藉以下方式防止，即我們將這種不同於無動於衷（Indifferenz）的渾無情慾（Affektlosigkeit）稱為道德的無情：因為對法則的敬畏這種道德情感整體而言其力量強於來自感官印象的感受，故後者失去對前者的影響。唯有發高燒這種虛幻的力量才會把對於善之事物的熱情參與抬高到激情的地步，或者進一步醞釀為如此。我們將這種激情稱為狂熱，而這也指出在履行道德時我們素來所建議的節制。如若不然，以為人可成為一個全智（allzuweise）、全德（allzutugendhaft）之輩，這將是荒唐之事。激情一向屬於感性；它被其所意欲的對象撩撥而起。真正的道德力量是一種寂然之心（Gemüt in Ruhe），以深思熟慮且堅定不移的決斷來履行法則。這是道德生活中的健康狀態；反之，這種激情，縱使

---

[34] 同上，S. 215.

是因善底表象所鼓舞而起，也僅是一種浮光掠影、徒留怠惰的現象
（ eine augenblicklich glänzende Erscheinung,welche Mattigkeit
hinterläßt）。但這種人可稱為遐想道德之流，他在就道德性而言並非
無所謂的事物上有所讓步，慎防其步伐踏入有如陷阱般的各種義務
中，且在其兼得肉和魚、啤酒和葡萄酒兩者時，並不認為究竟要挑
選何者來滋養自己是一件無謂之事；若我們將這種細瑣之學
（Mikrologie）納入道德學說中，其治理便將成為一種虐政。[35]

　　揆康德之所以強調履行道德時應具備無情、寂然之心境，蓋緣於人乃是
一有限存在者，其最終無法達到如上帝般全智全德之境界，如若不然，人便
是以無限存在者自居，這便將流於道德的狂熱。由此段引文中，吾人遂可一
窺康德所推崇之道德素質何在：強調「深思熟慮」和「堅定不移」的決斷、
針砭「浮光掠影、徒留怠惰」的道德形象。就他看來，真實的道德力量決非
「不假思索」，並且是以一種戮力不懈、孜孜砭砭的狀態呈現出來。
　　（5）康德亦曾針對席勒〈論優雅與尊嚴〉一文中所提出的批駁表達了重
要回應，此可見諸《單在理性界限內的宗教》一書。康德之回應至關重要，
因為這是其防線所在：

　　席勒教授閣下在他論道德之〈優雅與尊嚴〉這篇名家手筆（Thalia,
　　1793, 第 3 期）中，反對這種表述責任（Verbindlichkeit）的方式，
　　即它彷彿帶有一種修道僧的心情。但既然我們在重要原則上毫無二
　　致，則只要我們能夠彼此了解，我也能夠承認在這點上我們的意見
　　是相同的。我願意承認：正是為了義務概念底尊嚴起見，我們無法
　　使優雅與之發生關係。因為義務概念包含無條件的強制
　　（Nötigung），而優雅正與這強制相牴牾。法則（像西奈山底法則）

---

[35] *Die Metaphysik der Sitten*, in: *KGS*, Bd. 6, S. 408.

底莊嚴（Majestät）引起尊敬（這既非排斥性的畏縮，亦非產生親暱
性的誘惑）；但是在此情形下，這種臣屬對其統治者的敬畏，由於該
統治者在我們自己之內，遂引起一種對我們自己的分命
（Bestimmung）的崇高之情，而這比一切美的事物更使我們欣喜。[36]

康德在此亦顯示其凌厲之論調。這是一種無情強硬、充滿普魯士—威廉
皇帝之精神的義務概念，其高傲地先行於繆斯女神（Musen），決不容許後者
對前者有所影響。繆斯女神在其眼中不過只是一餘暇之物，如此肅殺
（Straffheit）與強硬（Schroffheit）的態勢決不容任何妥協：

但是德行（亦即，嚴格地盡我們的義務之堅定存心）底結果也是慈
善的，超過自然和藝術在世間可能提供的一切；而且人底莊嚴形象
（見諸他的這種型態中者）決不容許優雅女神之伴隨。但是我們所
談的尚只是義務，祂們就敬而遠之。然而，如果我們看到德行將遍
及世間的動人效應（假如德行到處為人所接受的話），則以道德為目
標的理性便會使感性（通過想像力）共同發生作用。唯有制服了怪
物之後，赫庫列斯（Herkules）才成為繆斯女神的首領（Musaget）；
而面對這種工作，這些好姊妹懼而卻步。一旦維納斯·烏拉尼亞
（Venus Urania）底這些伴隨者想要干預決定義務的工作，並未此而
提供動機時，祂們就成為維納斯·狄歐涅（Venus Dione）的蕩婦。
現在如果我們問：德行底感性特質（彷彿是氣質）為何？是勇敢的、
因而愉快的呢？還是為恐懼所苦而沮喪的呢？則我們幾乎不需要回
答。若對法則沒有隱含的恨意，便決不會有後一種奴才的心情。而
且在遵從我們的義務時的愉快之心（而非在承認法則時的愉悅）是

---

[36] *Die Religion innerh. d. Grenzen der bloßen Vernunft*, in: *KGS*, Bd. 6, S. 23. 譯文參閱李明輝：〈康德
的「道德情感」理論與席勒對康德倫理學的批判〉，頁 62-63。

道德的存心底真實性底一項特徵,甚至是在虔誠中。虔誠並非存在
於懊悔的罪人底自我折磨(它是極曖昧的,而通常只是因為違犯明
達底規則而產生的內在責難)中,而是存在於精益求精的堅定決心
中;這種由於良好進益而生起的決心必然產生一種愉快的心情,否
則我們決無法確定我們確已有所好於「善」,亦即,已將「善」納入
我們的格律中。[37]

　　康德顯然只將「優雅」判屬為慈善的(wohltätig)結果,而德行若「到
處為人所接受的話」,其效應則將遍及人間。當席勒致函康德並對其「寬厚的
正確指導」(nachsichtige Zurechtweisung)表達謝意時,他對此一曖昧之詞頗
感不滿。對席勒來說,優雅的狀態不僅與履行道德所達成的「結果」有關,
而且更須將之溯及「原因」之上。[38]但康德卻無法認同此一論調,因為「唯
有制服了怪物之後,赫庫列斯(Herkules)才成為繆斯女神的首領(Musaget)」
[39];換言之,道德唯有在制服欲望之後,優雅女神才能與其相隨。依康德之
見,愛好決不可與義務「並列」,而是必須「隸屬」之,且亦不得與義務概念
合而為一,因為它與嚴峻的立法命令相牴牾。
　　(6)康德另一回應可見諸 1794 年 6 月於《柏林月刊》上所發表的〈萬

---

[37] 同上,S. 24.

[38] Anton Hermann Appelmann: *Der Unterschied in der Auffassung der Ethik bei Schiller und Kant* (mit
Quellenbelegen)(G.E. Stechert and company: 1917), S. 6. 關於「義務」(Pflicht)與「愛好」(Neigung)
之關係,Appelmann 論之甚詳:「康德倫理學並未將愛好與義務視為『共同發揮作用』者,而是
『以定言令式之暴虐(Despotie)』來抵禦『自然愛好之失序(Anarchie)』。席勒所籲求的『普
遍的和諧』唯藉由消除此一失序狀態方可達致。康德對『倫理學底純粹性』擁有過度的熱情,他
認為若吾人容許愛好存在,則感性、本性與愛好將危及義務概念之純粹性、道德應然之唯一性。
故『義務優先,優雅其次』這句話正好適用於其倫理學。為此,康德針對席勒一文所提出的首要
問題便是:『究竟是優雅該先行於尊嚴,抑或尊嚴該先行於優雅?』康德無疑認定後者。反之,
席勒將此兩者並列且等量齊觀。吾人應愉快地履行合乎義務的行為,而非自相矛盾地、『既發自
義務而又愉悅地』(mit Lust aus Pflicht)來履行這一行為。因為,愉悅並非道德的附麗之物。」

[39] 同上,S. 24.

物之終結〉一文。康德此文筆調似同於前文般向席勒妥協之意味，但在結尾
之際卻又轉而捍衛自家立場。之所以有此回應，實緣席勒表示耶教較為符合
其心目中之理想宗教，而與情理二分式之道德觀扞格不入。[40]有鑑於此，康
德遂在文中特別針對耶教中的「可愛之物」提出解釋，並藉機回應席勒的責
難。康德謂：「耶教除了其法則底神聖性必然會引發的最大敬畏之外，其自身
還具有某種可愛之物。（在此我指的並非那位以極大犧牲為我們取得該物的人
之可愛，而是指該物本身──即他所造成的道德境界──之可愛；因為後者
只能有前者推衍出來。）」[41] 文中「以極大犧牲為我們取得該物之人」，即指
耶穌而言。但康德認為耶穌本人並不值得吾人生起敬愛之情，而是其所達至
之道德境界方是。康德繼對耶穌以犧牲所換取的這種「可愛之物」解釋道：

> 耶教底目標在於：為了遂行對其一般而言的義務之遵從而促進愛，
> 並且也產生愛。因為其創立者並非以一個司令──他請其同儕留心
> 其要求服從的意志──底資格發言，而是以一個愛人者──他請其
> 同儕留心他們自己正確地被理解的意志；也就是說，如果他們徹底
> 地省察自己，自然會自願依此意志而行──底資格發言。
> 因此，這是自由的心態，它距離奴役感與放任同樣遙遠。耶教期望
> 這種心態為其教義帶來效果。藉由這些教義，耶教能為自己贏得人
> 底心，而人底知性已受到其義務之法則底表象所啟發。在終極目的
> 之選擇中的自由底情感使人感到這項立法之可愛。因此，縱使耶教
> 底導師也預示懲罰，但我們不可將此理解為：懲罰應當成為遵從耶

---

[40] 席勒於 1795 年 8 月 17 日致函歌德表示：「如果我們著眼於使耶教有別於所有一神論宗教的固有
特徵，則這種特徵無非在於對法則或是康德式的令式之揚棄，而耶教聲稱以一種自由的愛好取而
代之。因此，耶教是在其純粹形式中表現美的道德或是神聖化為人身，而且在這個意義下是唯一
的審美宗教。」*Schillers Werke*, Nationalausgabe, Bd. 28, S. 27f. 譯文見李明輝：〈康德的「道德情
感」理論與席勒對康德倫理學的批判〉，頁 62。

[41] I. Kant: *Das Ende aller Dinge*, in: *KGS*, Bd. 7, S. 338. 譯文見康德著、李明輝譯：《康德歷史哲學論
文集》（臺北：聯經，2002 年），頁 162。

教誡命之動機——至少這樣的說明不合於耶教底真正特質——；因為倘若如此，耶教便不再可愛了。倒是我們只能將此詮釋為出於立法者底仁愛的慈悲警告，以防止因違犯法則而必然會造成的傷害。[42]

康德雖也承認此一「自由的心態」、「自由底情感」，但旋即卻強調「對法則的敬畏」乃第一原則：

> 這種敬畏無疑是首出的，因為若沒有它，也不會有真實的愛發生——儘管我們沒有愛，仍可對某人懷有極大的敬畏。但是如果問題不僅在於義務底表象，而是也在於對義務底遵從，又如果我們追問行為底主觀根據（如果我們可以預設此根據，我們便能自始憑它去期待人將會做的事），而不僅追問客觀根據（即他應當做的事），則愛（亦即，將他人底意志自由地納入自己的格律中）還是人性底不圓滿（即人性必須被強制去做理性藉法則所規定的事）之一項必要的補充物。因為一個人很少做他不情願做的事，甚至可能以詭辯來規避義務底命令，以致若無愛底參與，我們便不可能對義務（作為動機）有太大的指望。
>
> 如果現在我們為了使耶教極盡完善，而再為它附加任何一種權威（即使這是神性的），則不論這種權威底意圖是如何善良，也不論其目的事實上是如何良好，耶教底可愛性卻消失了。因為命令某人不僅做某事，還應當自願做它，這是一項矛盾。[43]

法則之命令遂成就一幅權威面貌，使人望而生畏，若有人樂意且自願遵從法則之要求，當是矛盾之事。康德於此文尾聲中寫道：

---

[42] 同上，S. 339. 譯文同上，頁 163。

[43] 同上，S. 318. 譯文同上，頁 162。

當耶教以報酬相許諾時（例如：「你們要歡喜而自信！你們將在天上
得到一切報酬。」），依據自由的心態，我們不可將此詮釋為：這是
一種出價，以便藉此彷彿收買人，使他有良好的品行；因為在此情
形下，耶教本身也不再可愛了。唯有對於那種出於無私動機的行為
之要求能使人對作此要求者產生敬畏；但沒有敬畏，就沒有真實的
愛。因此，我們不可賦予這種許諾以一種意義，即這些報酬應被當
作行為底動機。將一種自由的心態聯繫於一個施惠者的那種愛，並
不取決於窮困者所接受的「善」，而僅取決於願意施予「善」的人底
意志之善良——即使他或許無能力做到這點，或是其執行受阻於其
他考慮到普遍公義的動機。[44]

　　行文至此，吾人實可一窺康德倫理學之大體規模。新康德派諸人雖屢屢
欲為康德洗刷他人對其情理二分之倫理學之批判，且謀調停其與席勒間之爭
辯，但最終均坦承康德其實處處表現此一態勢。[45]論者表示，康德倫理學之
所以難以免除形式主義之譏，其故即在其知識論上採取先驗之方法所致[46]；

---

[44] 同上，S. 340. 譯文同上，頁 164。

[45] 康德之後人如梅瑟爾（A. Messer）、包赫（B. Bauch）與佛爾蘭德（K. Vorländer），雖均有見於
康德《判斷力批判》一書所說「感性底真正性狀在於理性必須對之施加強制」，或如《道德底形
上學》一書所說，將義務定義為「不願採納此一目的之強迫」，但卻寧可否認康德具有嚴格主義
之傾向，並再三替其澄清或開脫。此輩在捍衛康德學說之餘，立場不免左右搖擺，如柯亨（Cohen）
在其《康德倫理學之奠立》中表示，「此一嚴格主義使人產生極大反感」；佛爾蘭德亦謂，「我
們實不欲否認康德隨處均堅決表達其倫理學之嚴格主義。」席勒於 1794 年 10 月 28 日便致函歌德
表示：「康德哲學在主要關鍵點上毫無包容性可言，且背負太過嚴肅的性格，以致根本無法挽救
此一哲學觀點。」另外，他於 1793 年 2 月 9 日亦致函奧古斯藤堡公爵，謂康德哲學「不得不叫人
在背後議論這套哲學只是一味破壞，卻毫無建樹。」歌德亦於 1795 年 10 月 1 日的文章中談及這
種「使人一想起康德哲學便不寒而慄的東西」。此中分析參閱 Anton Hermann Appelmann: *Der
Unterschied in der Auffassung der Ethik bei Schiller und Kant*, S, 44.

[46] 誠如 Appelmann 所言，「康德倫理學實無法迴避這類形式主義之非難。這種批判主義式的倫理學
其理論基礎落於知識論之範圍。就知識論之觀點言之，對象在感知與表象過程中除提供質料以
外，其本身之存在是存疑的；但質料之形塑唯透過知性範疇而產生，亦即：我們決不可把『屬性』
視為客觀地附著於事物本身上，因為這些事物僅是作為一團紛雜之物而出現在我們的感知範圍之

另有論者指出，康德所謂「真理」（das Wahre），「唯在於道德不應由感性中獲得其決定原則」，但這種處理方法卻「使道德法則擺脫本性而造成一種片面且不穩定的抽象」（gewiß einseitige und unhaltbare Abstraktion des Sittengesetzes von der Natur）、「懼怕因感性而玷染自由」（Furcht einer Verunreinigung der Freiheit durch Sinnlichkeit）。[47]

三、席勒人性學觀點

揆席勒之所以斥責康德倫理學為禁欲主義，即緣於康德素將人之感性面貶抑太甚而來。席勒認為，人之感性面亦應如人之理性面般獲得合宜之栽培，此兩者均同等重要。吾人若一味高揚理性而將感性視為染污之具，則感性將因其受抑太甚而有反噬理性之虞，此中最佳之例證即可由法國大革命一事中見出。故席勒批駁康德倫理學實不免於狹隘片面，其結果將會為道德而犧牲

內；康德由此得出結論：在道德問題上唯有理性才是首出的形式原則，且必須毅然斬斷一切自私的衝動。」參閱 Anton Hermann Appelmann: *Der Unterschied in der Auffassung der Ethik bei Schiller und Kant*, S, 45.

[47] 現象學倫理學家謝勒（M. Scheler）則提出「倫理洞識」（sittliche Einsicht）之說以修正康德嚴格之義務意識。依謝勒之見，康德義務論倫理學之弊有四：（1）義務是一種「逼迫」（Nötigung）或一種「強制」（Zwang）；而倫常明察卻不帶有逼迫特徵，「只要我們自身明見地明察到，一個行動或一個願欲是善的，我們就不會談論『義務』。甚至可以說，只要這個洞識是一個完全相即的和理想完善的洞識，它也就在明確地規定著不帶有任何插進來的強制因素和逼迫因素的願欲」。（2）義務不僅是逼迫，而且是「盲目的」逼迫。（3）義務是發自內心的逼迫，但仍然是盲目的逼迫，這是「一個主觀上受限的、完全不是對象性地建基於實事的本質價值中的『逼迫』」；而倫理洞識則不然，它是對象性的，即有其意向相關項，就此而言它是「客觀的」明察。（4）義務「具有一個本質上否定的和有限的特徵」，而倫理洞識卻是肯定的和無限的。以上有關謝勒與康德之辨析，參見倪梁康著：〈「倫常明察」作為現象學的方法支持：是非之心的現象學分析〉，收錄於《心的分析——一種現象學心學研究的可能性》（南京：江蘇人民出版社，2010 年），頁 177-178。有關康德倫理學之難題，亦參黃振華著：《論康德哲學》（臺北市：時英出版社，2005 年），頁 178-246。

由感性所表現的分殊變化[48]：

我們可以說，任何一個人，按其稟賦與使命觀之，其心中都具有一
個純粹而理想的人，其存在的偉大使命便是在其一切變動不居中同
這一不變的一致性達成和諧。這個或多或少均可明顯見諸任何主體
中的純粹之人，係由國家所體現，主體底多樣性便是在這種客觀的、
且同時可奉為典範的形式中被統合為一。如今，我們可以兩種不同
的方式來設想時間中人（Mensch in der Zeit）與理念中人（Mensch in
der Idee）的相會，因而亦可以這兩種不同的方式來設想國家如何在
眾多個體中確保自己的地位：或則純粹之人壓制經驗之人，以國家
泯滅個體；或則個體漸進為國家，時間中人自行昇華為理念中人。
在片面的道德評價（einseitig moralische Schätzung）中，這種區別雖
然可忽略不顧，因為法則只要無條件地發揮效果，理性就滿足了；
但在全面的人性學評價（vollständig anthropologische Schätzung）中，
這種區別便不可等閒視之，因為此處內容與形式均同樣重要，並且
活生生的感受也同時擁有一分發言權。理性雖然要求一致性，但自
然卻要求多樣性，人被這兩個立法機關所責求。對他來說，理性底
法則係由不可賄賂的意識所彰顯，自然底法則係由無可根絕的感受
所彰顯。因此，道德的性格若只是以犧牲自然的性格來保持自己的
地位，無論何時都可證明是有欠教養；國家底憲法若只是以一致性

---

[48] 若就美學領域觀之，席勒亦同樣批評康德無法究明現象之中所呈現的微差與層次：「康德僅論及
美對主體所產生的效果。但存在於對象本身中的美醜之別、以及有基於此的高下層次，他卻不加
深究。他毫不證明地主張，這種研究是徒勞無功的，這位思想家是否依然無法找到這塊基石，仍
待商榷。」（Kant spricht bloß von der Wirkung der Schönheit auf das **Subjekt**. Die **Verschiedenheit**
schöner und häßlicher Objekte, die in den Objekten selbst liegt, und auf welcher diese Classifikation
beruht, untersucht er nicht. Daß diese Untersuchung fruchtlos seyn würde behauptet er ohne Beweis, und
es fragt sich, ob dieser Stein der Weisen nicht noch zu finden wäre.）參見 Schillers Werke
(Nationalausgabe): 34. Band. Teil I (1991): Briefwechsel. Briefe an Schiller 1. 3. 1790 -24. 5. 1794, 55.
Dresden den 13. März. 91. *Sonntag,* von Körner.

來泯滅多樣性，則它仍非常不完美的。國家不僅應尊重個體中客觀
的、種屬的性格，還應尊重主觀的、個殊的性格，在它擴張且不可
見的道德王國時，不應使現象王國渺無人煙。[49]

　　席勒認為人之感性、多樣性與特殊性可透過漸進之方式而上躋於理性、
一致性及普遍性。理性若以強制手腕來泯滅或壓制感性，則人亦不成其為全
人。就這種「全面的人性學評價」而言，其首要目標便在於使人之感性與理
性達成最大之和諧；但就「片面的道德評價」觀之，其則是欲使感性成為道
德發展中的一項手段而已，使其聽命、臣服於意志之命令。席勒在文中多次
提出警告：若將道德無限上綱，其結果將會壓制情感與欲望，且為了服從普
遍法則而泯滅個體。他表示，人在兩種情況下會與自己扞格不入：他或是成
為一個以感受控制原則的「粗鄙之徒」，或是成為一個以原則摧毀情感的「蠻
橫之徒」：

> 不過，人會以兩種方式成為一個自相衝突的人：或則他的感受駕馭
> 他的原則，成為一個粗鄙之徒（der Wilde）；或則他的原則摧毀他的
> 感受，成為一個蠻橫之徒（der Barbar）。粗鄙之徒蔑視人為之物，
> 將自然視為其絕對的主宰；蠻橫之徒嘲諷和褻瀆自然，但他比粗鄙
> 之人更可鄙，他總是再三成為奴才的奴才。一個有教養的人使自然
> 成為他的朋友，且謳歌它的自由，只是約束它的任性。
> 因此，理性若將道德的一致性帶入自然社會中，它也不得損害自然
> 底多樣性；自然若力求在道德的社會結構中確保其多樣性，它也不
> 得因此破壞道德的一致性；勝利的外貌與單調均一（Einförmigkeit）
> 和混亂失序（Verwirrung）離得一樣遠。因此，我們必須在一個民族

---

[49] *Über die ästhetische Erziehung des Menschen.*, S. 313. 另參 *Schillers Werke* NA: 20. Band (1962): Philosophische Schriften: Erster Teil, , Vierter Brief.

中尋求性格底整體性（Totalität），它應該有能力與資格將強制的國家轉變為自由的國家。[50]

　　吾人當如何避免單調均一與混亂失序之兩極發展？席勒認為唯有審美教育方能化除因人性之片面發展所帶來的不良影響，由之遂可圓成人之整體性格。依他所見，此種性格實可求諸古希臘人：

　　只要我們留意一下當今的性格，我們就會對人性目前的形式與昔日的、尤其是希臘人的形式間這種對比感到驚訝。在面對任何其他純粹的本性時，我們都有理由因為有教養和有文明而自豪，但在面對希臘人的本性時，我們便無法如此，因為他的本性是將所有技巧底魅力和智慧底尊嚴結合在一起的，而非像我們的本性那樣成為技巧和智慧的犧牲品。希臘人不僅因為擁有我們的時代所陌生的那種簡約而使我們感到慚愧；並且就以所謂的優點來說，——我們經常慣於藉此來安慰自己那種違背本性的道德特質——他同時還是我們的對手，且經常還是我們的楷模。我們看見，他們同時將完整的形式與完整的內容、哲思與意象、溫柔與粗曠、青春的幻想與成熟的理性在完美的人性中合而為一。
　　那時，在任何精神力量之美妙的覺醒中，感性與精神均未各自擁有嚴格劃分的私產；因為挑撥他們彼此敵對切割、分疆劃界的矛盾尚不存在。詩還沒有追求機鋒，玄思尚未被吹毛求疵所染。這兩者在緊急情況下可交換職務，因為任何一方均稱道真理，但方式各異。理性雖然爬得很高，但它總是懷著愛意逗引材質，它雖然把一切事物區分得如此精細鮮明，但卻決不肢解它們。縱使它也剖析人的本性，將其放大而散置於壯麗的諸神身上，但卻並非將其撕成碎片，

---

[50] *Über die ästhetische Erziehung des Menschen.*, S. 315.

而是予以多方糅合，因為任何神明都不缺少完整的人性。這與時下
之人多麼不同！在我們身上，族類底圖像也是被放大而散置於個體
身上，但卻是撕成碎片，而非多方糅合，因此為了凝聚族類底整體
性，便必須一個一個過問每個個體。我們幾乎可以試著這樣說：我
們的心力在經驗中的表露也是被切割的，正如心理學家在表象中區
分它們一樣，而且我們看見：不僅單獨的個體、而是整個階級的人
都僅開展他一部分的稟賦，而其餘部分就像畸形的物種般連一點模
糊的跡象也無。[51]

　　席勒認為希臘人之氣度實超於今人之上。值此當今之世，人之元氣早已
耗失殆盡，一切渾全之整體亦已流於分崩離析。人之感性僅以嗜欲貪婪為足，
人之理性亦僅求權謀機巧為尚，這兩者非但不能相偕並運，反而交相殘賊，
以此掩彼，最終若非淪為感性之奴役，便是墮於理性之臣僕，人之不得自作
主宰以發揮自由，其故胥在於是：

　　在內、外兩種強力逼迫之下，人性難道可選擇一條不同於現實的方
　　向嗎？當知性的精神在理念界中追求各種不可喪失的財產時，他不
　　得不成為一個自外於感官界的人，為了形式而放棄材質。當務實的
　　精神被外在對象的單調圈所封閉、且更被這個圈子中的各種公式所
　　繫縛時，他也不得不眼見自由的整體在其眼前消逝，且其格局越益
　　貧乏。前者試圖根據揣想之物來框限現實之物，將其表象能力底主
　　觀條件揚昇為事物之實際存在的構成法則，後者則墮入相反的極
　　端，按經驗的特殊片段來評估一般而言的經驗整體，欲使他的經營
　　法則不加區別地適用於所有業務。前者喪諸空疏瑣碎，後者失諸卑
　　陋狹隘，因前者對個殊而言身段太高，後者對整體而言卻身段太低。

---

[51]　同上，S. 318.

但這種精神方向之弊尚不僅限於知識與創造；他進而延伸於感受與行動之中。我們知道，人心敏銳度端賴活潑靈巧，其範圍則有賴於想像力之豐富。但如今偏重分析能力必定奪走幻想的力量與火炬，這個被外在對象所侷限的領域必定阻礙想像的豐富。因此，抽象的思想家通常心腸冷酷，因為他剖析唯有以整體來打動心靈的各種印象；而商賈之流通常心胸狹隘，因為其想像力被一成不變的工作圈所限，無法將其推擴於其他設想方式。[52]

人之求知精神以追求不變之理念為目標，但若拘執理念而自劃畛域，則有漠視現實變遷之弊；人之務實精神係以掌握多變之現實為鵠的，但若墮於現實而汲汲於此，則亦有喪失理想之病。此兩者就其本身觀之均不為害，但僅偏於一隅而趨往極端則將產生流弊。前者執一廢百，徒具形式而無實質，後者溺百廢一，唯求實質而摒棄形式，故席勒批前者為「空疏瑣碎」，訶後者為「卑陋狹隘」，人若非成為一蠻橫之徒，便成為一粗鄙之徒。抽象的思想家常漠視現實、割裂整體，故其內心冷酷無情；商賈之流則常蔑視理想、徒騖名利，故其心胸狹隘短淺。欲免心腸冷酷無情之病，其救治之方唯在喚醒心靈之活潑靈巧；欲免心胸狹隘短淺之病，其化解之道則在推己及人，使其想像力生面別開。席勒深望今人使其冷酷之心腸復其熱熾、狹隘之心胸復其寬闊，總之，其用意唯在使人心重得一生意周流、放曠遠大之境，掃卻麻木陷溺、膠滯詭詐之蔽，故此遂成為其人學觀之最高宗旨。

四、優美的道德

吾人欲探求席勒美學所含藏的哲學義蘊，當可從兩方面進行。一方面是

---

[52] 同上，S. 321-322.

專就其思想本身出發，進而探本溯源，一明究竟；另一方面，亦可就其所受
時潮之衝擊與影響出發，觀其如何回應當前之挑戰而定。席勒在學時嘗受其
業師阿貝爾之影響，其對於席勒思想之進展、人格之操守均予莫大鼓舞，且
進而激發其針對美善之問題提出深刻反省。蓋當時之思潮頗多針對美善兩者
提出探究，並謀此兩者之結合，席勒年少之時即身處如此氣氛之中，受其激
盪甚大。因此，為探明席勒思想中有關美善關係之問題，吾人當可先約略回
顧其早期作品中之觀點，次則及於其成熟時期之作品。[53]

(一) 青年時期之美善觀

　　席勒年少時曾受蘇格蘭道德情感學派夏夫茲伯理（Shaftesbury）之影響。
在夏氏之思想中，美善兩者之關係極為密切。夏氏以為：世界乃一和諧整體，
係一藝術作品，世上之萬事萬物均因自身之圓滿發展而對整體和諧有所裨
益，凡有缺憾者即無和諧可言。其次，藝術可使人生益趨高尚，吾人倘能領
悟整體世界乃是一大藝術作品，則當可使人通往圓滿與幸福之途。[54]席勒於

---

[53] 席勒所謂「優美的道德」此一觀點非孤明先發，其淵源實可溯及古希臘。「美德之理想或優美心
靈之說，具有古希臘之淵源與啟發。其淵源即是古希臘『美善合一』（kalokagathia）之理想，此
說乃指表一『盡美』（kalos）與『盡善』（kagathos）的人。『盡善盡美』一字道出古希臘人之最
佳理想。此字意味最佳之身心品質、人類所有特殊力量臻於和諧。『盡善盡美』起初乃亞里斯多
德之理想，表示出生高貴之人的特質，擁有財富和出身良好家族的天生特權。擁有『盡善盡美』
此一特質的人，代表他『在任何處境中都具有正確合宜的舉止和細膩感受』、『均衡感和自制感』，
並且是一切『精神自由』之首出者。凡達『盡善盡美』之人，均處於輕盈無拘的生活方式，受到
大家的重視和歌頌。不過，殆及西元四世紀後，『盡善盡美』成為一種民主理想，這是所有公民
均應達到的理想。自此之後，『盡善盡美』便不再是天生的特權，而是人人可得、人人可成者，
係透過教育與努力所發展者。此一用語又獲得身心和諧的最初意義；但也獲得了公民品德的意義。
『盡善盡美』之確切意義為何，並且如何達到此一境地，百餘年來遂成為希臘生活與文化之關鍵
問題。」參見 Frederick Beiser: *Schiller as Philosopher*.(Oxford: Oxford University 2005), p. 84.

[54] 據論者之研究，席勒雖同意夏氏之見解，然亦非全盤接受，兩家之異可見諸如下數端：「首先，
席勒的道德理想係由情理和諧所形成；它賦予這兩種力量以同等的權利；他強調人性發展中教育
的重要性與感性的欲求。不過，夏氏的美德理想卻並非以人類力量的全面發展來謀求道德之圓滿，
它並未賦予感性以同等的權利。夏氏據亞里斯多德和普羅提諾的觀解傳統而認為：道德之圓滿係
存在於吾人獨特的理性力量之發展。藉由吾人理性之發展、這種『內在之眼』，我們感受到美且
最終獲得了企及於此的力量。夏氏確實具有和諧的理想，但這種理想卻唯有透過知性而達致；他

在學期間撰寫了兩篇文章，一篇名為〈試答：就最嚴格的意義來說，所有的善、親切與慷慨都算德性嗎？〉（Rede über die Frage：Gehört allzuviel Güte, Leutseeligkeit und große Freygebigkeit im engsten Verstande zur Tugend, 1779）[55]，另一篇則名為〈以結果論道德〉（Die Tugend in ihren Folge betrachtet, 1780）[56]。席勒於文中言及「居上位者的情誼，是否同於居下位者的情誼？」此一問題，並自作答覆。他將情誼理解為各種愛好之協調。人自有生以生來便有一種「同情交感」（Sympathie）之能力，在其見到旁人之完美與幸福時，當會生起一喜悅讚嘆之情。這種無私、真實的喜悅，係以追求心靈之和諧、道德之圓滿為目的，並期使自身之天性獲得均衡發展。人於童蒙之時，理應栽培其道德之修養與心靈之平衡，對周遭苦難之人生起悲憫之情，對道德完善之士生起思慕之心。在這些篇章中，道德大體是以「『愛』（Liebe）與『智』（Weisheit）之和諧關係」或「人的使命究竟如何與神之旨意合一」等觀點呈現出來。概言之，這些文章的宗旨不外講述：道德可使人之精神生命日趨圓滿，並因圓滿之果而獲致幸福，故德福圓滿即是人生目標所在。[57]

在感性的和諧與道德的和諧之間預設了類別上的差異。復次，席勒將美視為理性與感性之間的轉化者；它是某個超感官者的感性表現。但夏氏卻依柏拉圖的傳統，擬設一種作為心靈對象的純粹睿智之美。第三，席勒認為，我們必須創造我們的道德格局，以使它成為意志的產物。然夏氏卻認為，我們的道德格局乃天生得來，因而我們需要去發展已然存在的潛能。這是康德針對倫理學所發起的改革關鍵（席勒亦力暢此說），他認為法則的根源來自於意志，且我們並不受制於任何非由自己制定、而是由外在所強加的法則。這完全與夏氏的道德實在論針鋒相對，後者係根據自然律來決定善與正義，它無待於人的意志。第四，席勒既然將自由視為道德價值之來源，他便無法將欲望與情感視為天生善或天生惡。使善之為善或惡之為惡者，端賴其是否與道德法則相符，它只是意志之產物。但夏氏相信，吾人天生本善，我們天生對社交行為和惻隱之心具有一種內在的欲求，我們只須強化並發展之。」參閱 Frederick Beiser: *Schiller as Philosopher* (Oxford: Oxford University 2005), p. 92-93.

[55] F. Schiller: Rede über die Frage: "Gehört allzuviel Güte, Leutseeligkeit und große Freygebigkeit im engsten Verstande zur Tugend?" in: *Schiller Sämtliche Werke, Philosophische Schriften* (Berlin: Aufbau Verlag, 2005), S. 7-13. 亦參 *Schillers Werke* NA: 20. Band (1962): Philosophische Schriften: Erster Teil, S. 3-9.

[56] 同上，S. 32-37.

[57] Bernhard Heine: *Das Verhätnis der Ästhetik zur Ethik bei Schiller*. Druck von Paul Schettler's Erben. 1894. S, 3-6.

　　彼時之人以為世界乃上帝之力量所造成，席勒亦受此影響。他於〈自然學哲學〉（Philosophie der Physiologie, 1779）一文中表示：人於運用其一切力量時，應師法上帝，人之所有力量正如樂器的組件般，或則獨立運作，或則交互並行，以致多音齊鳴而譜成一大旋律，人之精神應窮澈並讚嘆此一偉大的宇宙計畫（Weltplan），因圓滿便寓於其中。[58]席勒藉樂器以譬況人之身心力量，此一觀點直至晚期亦未曾稍歇，且獲得更為具體之面貌。此外，他於〈論人的獸性與其靈性之關係〉（Über den Zusammenhang der thierischen Natur des Menschen mit seiner geistigen, 1780）一文之第 2 節中指出：「人類藉由觀察宇宙之計畫而訓練其所有力量，而圓滿便寓於其中；在力量的取捨與其所設定的目標之間必須形成最精確的諧調狀態，圓滿便存在於力量之最大發揮與其交互節制之中。」[59]此處他將全世界視為一大藝術作品，而人性之發展亦應與之相契應：「藝術家師法自然之價值，音樂可化除蠻貊之氣，美與和諧可提昇道德與品鑒，藝術可通往學問與道德之域。」[60]

　　因此，吾人經常可在席勒少作中發現「道德與藝術係一對姊妹」的論點，此亦可見諸其他美學篇章之中。這些文章雖不時透露享樂主義之痕跡，但在上述〈以結果論道德〉一文中，他卻表示：我們判斷一切道德行為之根據，必須端賴其是否對於「整體」有所裨益而定。此一看法，似亦表現出其支持康德嚴格主義倫理學之徵兆。然則，他在〈試答：就最嚴格的意義言，所有的善、親切與慷慨都算是道德嗎？〉一文中卻表示：道德之根柢乃在「藉知性之引領使愛化為幸福」（Liebe zur Glückselichkeit, geleitet durch den Verstand），且逕將道德稱為「『愛』與『智』之和諧締結」（das harmonische Band

[58]　同上，S. 4.

[59]　F. Schiller: Über den Zusammenhang der thierischen Natur des Menschen mit seiner geistigen. in: *Schiller Sämtliche Werke, Philosophische Schriften* (Berlin: Aufbau Verlag, 2005), S.43. 亦參 *Schillers Werke* NA: 20. Band (1962): Philosophische Schriften: Erster Teil, S. 42.

[60]　同上，S.56. 亦參 *Schillers Werke* NA: 20. Band (1962): Philosophische Schriften: Erster Teil, S. 54.

von Liebe und Weisheit）[61]，而這種觀點遂可視為其質疑康德將「義務」（Pflicht）與「愛好」（Neigung）形成尖銳對峙之先聲。「愛」、「愛好」與「智慧」此一成雙出現的概念，正與其日後於文章中標舉「感性」與「理性」、「材質」與「形式」等成對之概念，擁有類似之含意。

席勒在其〈論人的獸性與其靈性的關聯〉一文中係如此看待人之感性面：「在人意識到其精神以前，他必定是動物；在他勇於嘗試翱翔天際以前，他必定在地上匍伏前進。因此，軀體乃促成行動之第一因，感性乃臻於圓滿之先行者。」[62]若將此段文字與其往爾後所撰《美育書簡》一書相較，必可發現：在上述文章中，席勒實將「圓滿」一字理解為人之所有力量之最大發揮與其相互節制。而此一觀點亦與其探討悲劇與崇高時之觀點相關，因感性於承受苦難之際，當可喚醒人之精神力量，振拔其生命之意志。

席勒於 1782 年在《偉騰堡文學評論》雜誌中發表了一篇以〈論當前德國戲劇〉（Über das gegenwärtige teutsche Theater,1782）為題的文章，文中他尤為強調藝術之獨立地位，使之與宗教、道德鼎足而三。依他之見，藝術家乃人民導師，其可透過藝術以達成教化百姓之目的。在此文開篇時，他便指出戲劇之各種功能：

> 戲劇是人生的一面坦誠的鏡子，在這面鏡子中，內心最隱密的詭計正如牆上所渲染的一幅濕壁畫一樣被揭穿了。一切美德和罪惡的演變，一切最錯綜複雜的得逞陰謀，雖然在現實人生中經常不可預見地連串消失，但我以為，這一切都被整理為小型的畫面和形象，即使最笨的眼睛也可一目瞭然；——神廟中真誠而自然的阿波羅，如祂第一次對多多納人和德爾菲人那樣，對心靈訴說著美好而珍貴的預

---

[61] Rede über die Frage: Gehört allzuviel Güte, Leutseeligkeit und große Freygebigkeit im engsten Verstande zur Tugend? , S. 8.

[62] Über den Zusammenhang der thierischen Natur des Menschen mit seiner geistigen., S. 56. 亦參 *Schillers Werke* NA: 20. Band (1962): Philosophische Schriften: Erster Teil, S. 54.

言；——我們期待如此的一種建制，它應當比感性直觀更有力地將
幸福與痛苦的純粹構想印在心靈中，因為它比傳統習慣和誠律格言
更為生動活潑。[63]

　　戲劇決非「排遣沉悶的無聊氣氛，混過陰鬱的冬夜時光，或是以曇花一
現的機智、虛假的紙幣和諂媚的綺語來取悅那些看似偉大的無所事事之輩」
[64]。因此，戲劇不僅反映現實生活，甚且寄寓深邃理想：

> 我們人站在宇宙之前，正如螞蟻站在一座宏偉莊嚴的宮殿之前般。
> 它是一座驚人的建築物，而我們昆蟲般的目光卻駐留在這扇窗面，
> 也許還發現了這根樑柱、這尊雕像位置擺得不好；一個較為高等的
> 生物的眼睛也能看清對面的窗面、樑柱和雕像，牠之所見與其同類
> 並無大異。但詩人縱使為了昆蟲般的目光而因此手不停揮，也會將
> 另一半東西縮小並將其搬到我們的眼簾之中；從細小的和諧到廣大
> 的和諧，從部分的對稱到整體的對稱，他都會為我們備妥，使我們
> 在前者中讚嘆後者。忽略這一點，就是對永恆之本質的一種不公道，
> 這種永恆之本質係按照世界的無窮輪廓、而非截取個別片段來判斷
> 的。[65]

　　常人目光如豆、格局狹隘，然詩人目光如炬、視野恢闊，遂不僅能點染
局部，亦可泛觀全局，可謂見微知著，以小窺大，於須臾中捕捉永恆。詩人
藉藝術之效果，使常人在其所刻劃之「細小的和諧中」、「部分的對稱中」盡

---

[63] F. Schiller: Über das gegenwärtige teutsche Theater. in: *Schiller Sämtliche Werke, Vermischte Schriften* (Berlin: Aufbau Verlag, 2005), S.231. 亦參 *Schillers Werke* NA: 20. Band (1962): Philosophische Schriften: Erster Teil, S. 79.

[64] 同上，S. 233. 亦參 *Schillers Werke* NA: 20. Band, S. 79.

[65] 同上，S. 234. 亦參 *Schillers Werke* NA: 20. Band, S. 82-83.

覽「廣大的和諧」與「整體的對稱」。席勒於文中力倡藝術之功，深信藝術可提昇人之道德品質。不過，藝術是否果能達成此一目的，亦不無疑慮，蓋依一般經驗觀之，戲劇經常帶來反效果。但席勒以為，戲劇本身並無不諦之處，而是作家、群眾與演員三方面均應為此一結果負責。縱然席勒之立場此時頗有搖擺，但其對戲劇藝術之效果仍寄寓無窮希望：

> 戲劇藉由它的兩個姊妹「宗教」與「道德」來自我安慰——我大膽而小心地將此三者作一比較——，雖然後兩者已經穿上神聖的外衣，但卻染上愚昧與卑鄙的污漬而不盡然高尚。若一個真理和本性健全的友人在此重又發現了他的世界，在他人的命運中夢幻似地經歷了他自己的命運，在痛苦的情節中堅定了他的勇氣，在不幸的遭遇中磨練了他的感受，則戲劇的功勞就夠多了；——一顆高尚真誠的心靈會在舞台之前捕捉到嶄新活潑的熱情——在粗鄙的人群那裡，至少這根迷失了人性的孤弦依然會錚錚作響。[66]

席勒復於 1784 年寫就一篇題為〈將劇院視為道德的建制〉（往後則更名為〈一座好的常設劇院究竟可發揮什麼效果？〉）（Was kann eine gute stehende Schaubühne eigentlich wirken?, 1784）的文章，持續追究戲劇藝術之勝義何在。依他之見，若就教化百姓觀之，藝術之功效實遠在宗教、法律之上。他將藝術、宗教和法律三者試作比較：

> 有人率先表示：宗教是國家最堅固的支柱，失去它，法律本身也會失去力量，此輩或許是不願意或不知道從劇院最高尚的一面來為其辯護。政治與法律這種搖擺不定的特色（這使國家少不了宗教），其缺點正好決定劇院的全面影響。這種人會說，法律只是圍繞消極的

---

[66] 同上，S. 237. 亦參 *Schillers Werke* NA: 20. Band, S. 86.

義務打轉，但宗教則將其要求擴及於實際行為。法律之效果只是阻止社會關係離散，但宗教則使社會關係越益緊密。前者只是支配意志之外在表現，使行為服從它，但後者卻使其裁判權持續延伸於內心最幽暗的角落，追蹤思想最內在的根源。法律是圓滑善變的，如心情與情緒般起伏不定，但宗教卻嚴格長久地約束人。但我們此時若進而設想：當我們把對人心有強大的支配力讓位於宗教時，它可以或能夠完成整體教育嗎？在此，我將宗教的政治面與其神聖面分開。宗教整體上多半是對人民的感性面發揮效果——或許它僅僅藉諸感性者才可如此可靠地發揮效果。若我們奪去這一面，它的力量就結束了——。但劇院要憑什麼來發揮效果？當我們根除宗教的觀念和問題時，它對大多數人來說便不再存在，只不過剩下一些描繪生動的幻想和解不開的謎團、來自遙遠的彼岸的駭人意象與各種誘惑罷了。對宗教和法律來說，當它們與劇院結合起來時，究竟會獲得哪些強化效果？在直觀和場景存在之處，在罪惡與美德、幸與不幸、愚昧與智慧以千萬幅圖像明白而真實地在人們身邊上演之處，在天意揭開其謎底、且其衝突在他眼前展開之處，在人心於激烈拷問中反省其最微弱的懺悔之處，所有假面具都將剝落下來，在一切濃妝淡抹均消逝之處，真理便如冥府三判官之一的拉達曼圖斯般無可通融地作出裁判。[67]

正因法律只留心人的外在，而宗教卻著眼於人的內在，故常人多認定宗教效果遠勝法律。若就國家之立場觀之，宗教的確比法律更能達成統馭人心、安定政治的目標。然席勒以為，宗教多半假托「幻想的生動描繪」、「解不開的謎」和「遙遠彼岸的駭人形象和各種引誘」來達成其約束力量，實不能使

---

[67] F. Schiller: Was kann eine gute stehende Schaubühne eigentlich wirken. in: *Schiller Sämtliche Werke, Philosophische Schriften* (Berlin: Aufbau Verlag, 2005), S.87-88. 亦參 *Schillers Werke* NA: 20. Band, S. 91.

人積極運用其自身之判斷力,故也無法達成一種「全面的教育」。戲劇則不然,它可直接訴諸人之判斷力,使觀者於情節之演進中自行裁斷是非善惡、利弊得失,這實比宗教與法律單方面地訴諸內在或外在規範更有效。誠如席勒所言,「在人間的法律範圍中止的地方,劇院的裁判權就開始了。」:

> 當正義為了金錢而迷惑,且盡情享受罪惡的俸祿時,當強權的罪行嘲笑法律的無能、人民的畏懼綑綁政府的手腳時,劇院就接過寶劍和天秤,並在一個最大的法官席前粉碎罪惡。一切想像的範圍和歷史,過去和未來都供其作為表現之用。人世間早已魚爛而亡的大膽惡徒,此時已被詩歌藝術威力無窮的呼聲傳喚出庭,並把可恥的生活變成後代人驚恐不已的訓誡。……若有人表示,劇院中所表現的這些生動畫面終將與人的道德融為一體,並在各種個別情況下決定其感受,這決非誇大其詞。因此,具體的表演勢必比生硬的文字和冷淡的講說更有力,劇院勢必比道德和法律更為深刻且持久地發揮效果。[68]

劇院之優點尚不止於此。在他看來,劇院若與其他公共機構相比,它更是一所宣揚「實踐智」(praktische Weisheit)之處所,是一把開啟人心的鑰匙。他謂藝術可助人認清罪惡之事,並透過戲劇所擅用的譏諷手法予以揭發譴責。再者,人亦可藉由藝術認識命運,因為「在我們的人生環節中『機遇』(Zufall)和『計畫』(Plan)都扮演同樣重大的角色;我們駕馭著計畫,而我們又必須盲目地服從機遇。若那不可避免的噩運不全然毫無節制地找上門來,假如我們的勇氣、機智在曾經類似的狀況下得到運用,假如我們面對打擊的決心變得堅強了,則我們的收穫就足夠了。」[69]劇院除在道德教化之層

---

[68] Was kann eine gute stehende Schaubühne eigentlich wirken? S.88-89. 亦參 *Schillers Werke* NA: 20., S. 92.

[69] 同上,S. 92. 亦參 *Schillers Werke* NA: 20. Band, S. 96.

面上發揮作用外，它還展現另一力量，此即團結民心，藉以喚醒「民族之精神」（Geist der Nation）。席勒在描述劇院所具有的各種功勞之後，亦不忘留心藝術為人類所帶來的核心影響：化解人性中二元對立之衝突現象。他發現：人的感性與理性恆處於矛盾緊張的狀態。人性之表現極為繁賾，其最終無法僅是聽任感性一方而略理性於不顧，或僅是聽任理性一方而略感性於不顧。故人類勢須謀求一調和折衷之途，或所謂「中間狀態」，這種狀態則方可使人免於趨向極端，墮入歧途：

> 依蘇爾策所言，當我們對新穎特殊的事物具有一種全面且無可抗拒的嗜好，且在激動的狀態中感受到某種渴望時，劇院便誕生了。人或因高度緊張而使精神疲憊不堪，或因單調、長時承受壓力的職工而使感性渙散無力，那麼，他必定會在其本性中感受到一種空虛感（此與其欲求活動的永恆衝動相悖）。我們的本性若是追求某種將矛盾相統一的中間狀態，使尖銳的緊張降為平緩的和諧，並輕鬆地從此一狀態過渡到彼一狀態，便不會長久處於獸性的狀態，而是會以細膩的知性活動取代之。這種好處一般來說是美感或對美的事物的感受所成就者。……劇院為欲求活動的精神開啟一個無窮的境地，為每種心靈力量供給養分，使知性和心靈的教育與最高尚的閒暇活動合而為一。[70]

這一「中間狀態」席勒於《美育書簡》一書中則是以「遊戲狀態」描述之。人若置身於此一遊戲狀態中，頓時便可感覺源自於感性衝動與理性衝動之雙重壓力消失不見。

---

[70] 同上，S. 87. 亦參 *Schillers Werke* NA: 20. Band, S. 90.

(二) 發展時期之美善觀

1. 人底雙重本質

　　〈論優雅與尊嚴〉一文係席勒於 1793 年 5 月至 6 月間寫成。他於 6 月 20 日致函柯爾納表示，儘管此間病況纏身，但「不到六週」即撰成此文。席勒之所以匆匆寫就，原因一則欲在此篇新作中處理那些苦思良久的美學與道德哲學之問題，一則即在其所出版的《新塔利雅》雜誌尚缺兩篇由其本人所執筆的文章，故其必須儘速脫稿。他於 1793 年 5 月 27 日的信中向柯氏表示，「《新塔利雅》之發行不得中輟，而我也不奢望我的合夥人能幫得上忙。因此，這幾天我忙著撰寫兩篇文章，一篇是論優雅與尊嚴，另一篇則是談悲壯底展現。相信你會對這兩篇文章感興趣。」

　　席勒在此文中指出人之「雙重本質」（doppeltes Wesen），此即人之理性面（尤指道德面而言）與感性面。此一雙重本質恆處於激烈的相爭狀態，故他亟欲提出一套對策來化解此兩者間之衝突，並藉以重建人之整體性。人若可圓滿開展其理性面與感性面，且不使兩端處於對立狀態，則其必已實踐下述此一涵養：

> 人作為現象同時也是感官底對象。在滿足道德情感之處，美感也不容遭到削減，並且與理念的統一也不得在現象中付出犧牲的代價。因此，無論理性怎麼嚴格責求道德底展現，眼睛也同樣不容寬貸地責求美。因為這兩種責求雖然由不同的裁判機構發出，但均指向同一個客體，因此便須透過相同的原因來滿足這兩者。那種最有助於完成人之道德使命的心境，也必須容許那種最有利於他僅僅身為現象的表現。一言以蔽之：他的道德造詣必須透過優雅而展現出來。[71]

---

[71] *Über Anmut und Würde*, S. 194. 亦參 *Schillers Werke* NA: 20. Band, S. 277.

理性若欲實現其目的，則須透過感性（或謂「現象」）而彰顯，而並非以犧牲人之感性面為代價。席勒對於人之所以未能達到此一狀態之原因深有反省：此或因理性宰制感性，或因感性宰制理性。這種以一方凌駕另一方之現象，均緣於理性與感性各自趨往偏鋒之故。兩方既勢同冰炭，則美感便無由生起。席勒遂運用政治學術語以比較「人底雙種本質」之間所存在的三種關係：

> 人身上兩種本性之間的第一種關係使人想起君主制。統治者的嚴密監視控制任何的自由活動；第二種關係則使人想起野蠻的暴民制，由於取消對於合法統治者的服從，公民也很少是自由的，正如由於壓制了道德的主動性，人的形軀也很少是美的，這一形軀反而被下層階級的暴虐的獨裁主義所湮沒，就如同形式被物質所湮沒一樣。正如自由處於法則的約束與無政府狀態之間的居間位置一樣，此時我們也會在尊嚴（以精神為主宰的表現）與情慾（以衝動為主宰的表現）之間發現美。[72]

第一種關係為「以理性凌駕感性」，席勒以君主制度譬喻之。君主為求徹底統御百姓，便以監控方式督察之。百姓因受其嚴密監控，故毫無自由可言。第二種關係為「以感性凌駕理性」，席勒則以暴民制度喻之。百姓此時並不承認統治者之合法性，且一併取消其合法統治之權力。最高當局雖已將權力歸諸百姓，但此時統籌管理之機制早已蕩然無存，百姓各挾其權力濫用之，一轉而成為暴民，故一國亦毫無自由可言。第一種關係係以君主一人凌駕於眾多百姓之上，故可視為一種「以一制多」的現象；第二種關係則是眾多百姓凌駕於君主一人之上，故可視為一種「以多廢一」的現象。席勒認為，此上兩種現象均無自由可言。依他之見，自由須在「法則的約束」與「無政府狀

---

[72] 同上，S. 198. 亦參 *Schillers Werke* NA: 20. Band, S. 281-282.

態」之間謀取平衡,亦即:既不可偏於「以一制多」,亦不可偏於「以多廢一」,而是立乎兩端之間,自由方可產生。此一不落兩邊的居間狀態,亦可稱為一種「一多無礙」之現象,席勒遂將之名為「自由的政府」:

> 請容我用形象的例子來說明這個道理。若一個君主制的國家以這種方式來管理,亦即:所有的事情都遵循一個人的意志來進行,而各個公民都能服從之,並且按照他自己的意願、聽從自己的愛好來生活,那麼這就叫作自由的政府。但若統治者違逆公民的愛好而固守自己的意志,或是公民違逆統治者的意志而固守自己的愛好,那麼我們便會對「自由的政府」這項稱號大感懷疑;因為在第一種情況中,政府似乎不是自由的,而在第二種情況中,政府則根本不成其為政府。[73]

故人唯在此一居間狀態之中方可求得自由與整體。人之自然稟賦,亦即其氣性、嗜欲等,雖不可一昧遭受壓制,然亦不可無限上綱,否則自然稟賦僅遂其一己之私,人將只成為一魯莽滅裂之蠻人;同理,人之理性、道德雖有整飭感性之功,但其亦不可無限上綱,否則理性勢必強抑感性,人亦將成為一刻薄無情之粗鄙之人。總言之,席勒此文之主旨即在於闡說理性與感性保持均衡之時所達成的圓滿狀態,美則由此一狀態中產生。當人為感性所宰制,則勢必無法自作主宰,成為一感性之奴隸,不得自由;然則,當其透過理性而從感性之桎梏中解脫時,若復被理性所宰制,則此亦毫無自由可言。為求擺脫奴隸之身分而可自作主宰,席勒乃大倡此一立人之道,使人終可自樹立於天壤之間。

2. 美神底腰環

席勒此文係以一則希臘神話為開端,並藉神話之寓意以闡發美之定義為

---

[73] 同上,S. 195. 亦參 *Schillers Werke* NA: 20, S. 278-279.

何：「按希臘神話所說，美神擁有一條腰環，它有力量使佩帶者獲得優雅和贏得愛戴。……希臘人因此進一步區別優雅（Anmut）與窈窕（Grazie），因為它們表現了被女神所區分的不同性質。凡優雅都是美的，……但美卻不盡然是優雅，因為縱使沒有這條腰環，維納斯依然是維納斯。」[74]據希臘神話所述，美神所佩腰環具有非凡力量，可使佩帶者「獲得優雅」和「贏得愛戴」。希臘人為追究此一腰環之力量由何而來，遂區分美神「佩帶腰環時」與「未佩腰環時」所產生的不同美感。依希臘人之見，美可區分為兩種性質，一為「優雅」，一為「窈窕」。因此，「佩帶腰環時」所產生的美屬於「優雅」，而「未佩腰環時」所產生的美則屬於「窈窕」。再者，凡可稱為「優雅」者必定是美的，但可稱為美者未必屬於優雅。席勒遂分析「優雅」此一美之特質：

> 優雅是一種活動之美（bewegliche Schönheit），也就是說，它可在主體身上偶然地出現和消失。它以此區別於那種由主體本身所給出的定著之美（fixe Schönheit）。維納斯可取下祂的腰環並隨即交予朱諾，但祂卻只能以她本人來獻出美。沒有腰環，祂就不再是動人的維納斯，而沒有美，祂就不再是維納斯。
>
> 但是，這條腰環作為活動之美的象徵，亦有其獨特之處：它賦予佩帶者以優雅的客觀特性，並藉此區別於其他一切並不改變人本身、但只在他人眼光中主觀地改變人的外貌的飾品。希臘神話之獨特意義在於：優雅自行轉化為人的一種特質，使佩帶者真正是可愛的，而不僅是彷彿如此。[75]

席勒謂優雅可在活動狀態中見出，此種美異於主體本身所給出的固定、靜態的美。換言之，主體本身所給出的美是與生俱來之美，或如席勒所謂「構

---

[74] 同上，S. 169. 亦參 *Schillers Werke* NA: 20. Band, S. 251.

[75] 同上，S. 170。亦參 *Schillers Werke* NA: 20. Band, S. 252.

造之美」；而優雅之美卻是一種後天涵養之美，故與此一本有之美不同。其次，腰環所生之美之所以異於其他飾品之美，其原因便在於飾品僅是一外在之修飾，但腰環卻不僅如此，而是可轉化為人之內在特質，使此一外在附麗之物宛如天生本有之物般。總結席勒以上觀點，遂可發現：若將「優雅」與「構造之美」相較，則後者僅是一主觀之美，而前者卻是一客觀之美；然則，當優雅又與其他飾品之美相較時，則優雅卻可化為人之內在特質，故「優雅」似具有一既主觀、亦客觀的美之特質。此一既主觀、亦客觀的美感特徵，席勒以為可以表彰希臘人之人性：

> 希臘人將所有的美與圓滿僅僅包含於人性之中。對他來說，「肉」決不可不彰顯「靈」，對他的人的感受而言，將粗野的獸性與理性分開，同樣是不可能的。正如他力求將一切理念化為色相、將靈化為肉一樣，他也要求人身上的本能行動同時轉化為其精神使命底展現。對希臘人來說，自然不僅僅是自然，因而他決不羞於讚嘆自然；理性一向不僅僅是理性，因此他無懼於處於理性的標準之下。自然與精神、素材與形式、大地與天空在他們的各種創作中彼此完美地相互滲透。一方面，他讓只待在奧林匹斯之家的自由與感性打交道，另一方面，他們也將感性安置於奧林匹斯山上。[76]

就希臘人觀之，「靈」與「肉」、「獸性」與「理性」、「理念」與「色相」、「本能」與「精神」、「材質」與「形式」、「大地」與「天空」等各種二極對反的現象，均是彼此相輔相成者，而非對峙衝突之物。自然對希臘人來說「不僅僅是」自然，而理性亦「不僅僅是」理性，故自然中寓有理性在內，其決非一孤立之自然，而理性中亦含具自然在內，其決非一寂寥之理性。總之，希臘人將一切主客、內外界限盡皆消融，使之相待並生、交融互攝：

---

[76] 同上，S. 172. 亦參 *Schillers Werke* NA: 20 Band, S. 254-255.

如今，希臘人這種總是在精神之物底引領下來承受素材的細膩感
受，決不認識那種只屬於感性、卻不同時成為彰顯神韻的自主活動
（willkürlichen Bewegung）。因此，對他來說，優雅不外乎是心靈在
自主活動中的一種表現。凡優雅生起之處，心靈即是此處的活動原
則，其中即具有活動之美的成因。如此一來，那則希臘神話便可歸
結為：「優雅並不是由自然所給出的美，而是由主體本身所創造出
來。」[77]

　　故優雅並非與生俱來者，而是由主體所創造出來，故此是透過後天涵養
所得。形成優雅之特點即在於人本身具有一種主動創造之精神，並透過「自
由的原則」、「人格」而產生者。儘管優雅必須具有一超感性之來源，但其展
現卻必須仰賴此一形軀方可，此即意味：此一超感性、不可見的精神之自由
必須透過感性、可見的現象才可體現。席勒謂：

但是，人身上的一切活動不盡然都是窈窕。窈窕一向是那種因自由
所左右的形象之美，而那種僅屬於自然的活動根本就不配這個名
稱。雖然活潑的精神最後幾乎駕馭形軀的一切活動，但是，若連接
美的特徵與精神之感的這條鏈條過長時，則精神便成為形軀的屬性
而根本不能算作窈窕。精神最終將自己化為血肉之軀（Körper），而
形軀本身也必須一同遊戲，以致優雅最終自行轉化為構造之美
（architektonische Schönheit）。[78]

　　席勒文中常將「窈窕」與「優雅」兩字混用，但依這段文脈看來，其意
涵亦相去不遠，故可等同視之。他表示，「窈窕」或「優雅」是一種「受自由

---

[77]　同上，S. 172-173. 亦參 *Schillers Werke* NA: 20 Band, S. 255.

[78]　同上，S. 182。亦參 *Schillers Werke* NA: 20 Band, S. 265.

所左右」的形象之美，這種美與僅隸屬於自然、與生俱來的構造之美不同。
為了使人親眼目睹這一超越感性之上的自由，則其必須轉化為具體的血肉之
軀，或如席勒所謂「將理念化為色相」、「將靈化為肉」，否則此一自由亦不可
得而聞見。總之，席勒亦並未因強調優雅之美便否棄形軀之美，而是欲在色
相中呈現理念，以「肉」之存在來彰顯「靈」之存在。

3. 構造之美

席勒表示，構造之美最初雖是一種隸屬於自然的天生之美，但當以自由
為基礎、受自由所左右的「窈窕」、「優雅」等性質介入時，則此一構造便會
發生轉化。儘管席勒嚴加區分「優雅之美」與「構造之美」的起因，但最終
仍嘗試將此兩者結合，亦即：使靈與肉、理念與色相糅合為一。依他之見，
人雖然因實現此一超感性的自由而表現出優雅，但其構造之美本身卻並非自
由，它僅是外表「看似自由」，這即因大自然亦有其特定發展目標。自然本身
必須按其必然法則而發展，但人類卻是例外。人為了維持其生命存在，如飢
求食、渴求飲等，勢必遭受許多自然必然性之壓迫，就此而言，其地位並未
高於動物、植物。人類除了發展大自然所擬定的目的之外，尚可進一步發揮
其主動創造之能力，故而此處便超越了動物、植物。當人運用自由以實現人
性時，其構造之美將不再侷限於自然本身，而是添入自由之力量。依此觀之，
人若停留於自然狀態而不運用其自由，則與動物、植物無異，且其構造之美
亦將歸於凋零：

> 自然底必然性與自由之間如此的一種協調，完全有助於構造之美，
> 而且此處正好可以見到最純粹的構造之美。但是，正如我們所知，
> 一般的自然力量將與特殊的、有機的力量發動一場永無止盡的戰
> 爭，而最為精巧細膩的構造最終將被內聚力與重力所壓迫。所以，
> 構造之美作為一種純粹的自然產物，有特定的開花、成熟和凋零的
> 時節，它雖然可以促進生長，但卻無法使之延緩。因而通常的結局
> 是：材質逐漸取代了形式而成為主宰，而活躍的成長力量在逐漸積

累的材質中為自己備妥了墳墓。[79]

　　席勒亦附帶言及「天才」一問題。在他看來，世人眼中之天才均可歸諸此一與生俱來的構造之美。不過，若天才僅一味恃其優寵，而非持續於其能力或技法上轉求精進，則一俟年華老去，才氣消磨殆盡，必與常人無異：

> 我順便指出，類似的情況偶爾也發生在天才身上，他們的誕生與結局與構造之美有許多雷同之處。正如構造之美一樣，天才也是某種純粹的自然產物，而且人們根據扭曲的判斷，大加稱讚這些無師自通與僥倖而致的人，使色相之美比優雅之美、天才比孜孜矻矻之輩獲得更多的聲譽。我們將這兩個自然底寵兒、這些不守成規的人（因此他們也很少成為鄙棄的對象）視為貴族、高級的種姓，因為他們的優勢取決於各種自然條件，且因此不受挑選的限制。不過，構造之美之所以為構造之美，便在於並未即時考慮到將優雅之美引為其依憑與代言人，正如天才不屑於加強其技法、品鑒和學養一樣。若他所有的資產是生動旺盛的想像力（自然所賦予他的，不過是感性的優勢罷了），則或許會使人立刻想到，這可透過「使自然稟賦化為精神資產」這種特殊的運用方式，來保存這份來源不明的贈品。透過這種方式，我認為，材質獲得了形式，因為精神不外乎是以形式來稱呼自己。若不透過適當的理性力量的節制，這種掃除一切、氾濫無歸的自然力量將會掩沒、甚至摧毀知性底自由，正如構造之美其材質最終將壓倒形式一樣。
>
> 我認為經驗已提供充足的證據，特別是在那些天才詩人的身上，他們在成熟之前便已名滿天下，並且就像某些美一樣，他們的稟賦通常在於青春年華。但當短暫的春光逝去，當我們追問期待的成果時，

---

[79]　同上，S. 192. 亦參 *Schillers Werke* NA: 20. Band, S. 275 .

則這種成果通常是虛浮臃腫且畸形殘缺的，這是因為成長衝動受到盲目引導所致。我們正可在此預見：材質以形式自居，才華將理念埋沒於感官之中，而且正如其他一切自然產物一樣，它們深陷於材質之中，這些大有前景的流星遂表現為再也平常不過的燭光——甚至比燭光還不如！這是因為富有詩情的想像力完全淪落為曾經由此脫身的材質，而且當詩的才華不再達成自然的要求時，它也不會因為向自然提供了廉價的作品而慚愧。[80]

有鑑於此，席勒遂強調：「構造之美」、「天才」此類與生俱來的特殊優勢，仍須透過後天之培養而予以深化，如加強技法、提昇品鑒、增進學養等，此即「使自然稟賦化為精神資產」者。倘未如此，則天才終將被材質掩沒，其才情亦將淪於平庸拙劣。要之，「構造之美」（以自然為來源者）須輔之以「優雅之美」（以自由為來源者），且當使兩者合而為一，方能成就美之極詣：

> 故而，人格或人心中的由由原則此時認定自己規定著各種現象的活動，並透過他心目中的未來（Dazwischenkunft）擺脫了自然維護其產品之美的力量，人心中的自由原則本身便跨入自然的位置，並且——若允許我如此表達的話——與自然的權利一同負起一部分的責任。此時，精神把服從於他的感性捲入其命運之中，使感性仰賴於其各種狀態，並使自己在某種程度上化為現象，認定自己是一個駕馭一切現象的法則底僕人。精神有義務使依賴於他的自然，在為其服務之餘仍保留其本性，且決不以違逆自然「先前的義務」來對待她。我之所以把美稱為現象底「義務」，是因為在主體中與之相應的欲求亦植基於理性本身中，且因而是普遍的、必然的；我之所以把美稱為「先前的」，是因為感性在知性活動前便已作出判斷。[81]

---

[80] 同上，S. 192-193. 亦參 *Schillers Werke* NA: 20. Band, S. 275 .

[81] 同上，S. 181. 亦參 *Schillers Werke* NA: 20. Band, S. 263-264 .

4. 優美的心靈

　　上述自由、人格等概念，席勒則係援用康德倫理學而來，亦即道德原則唯有藉諸理性方可證成其為首出，且亦認同其道德自律之主張。縱然他在這一立場上引康德為同調，但卻並未全盤接受其論述。他認為康德倫理學過於高揚理性，以致人之感性面備受貶抑而情理失衡之結局，故人終將無法成為一健全和諧之性格。上文已言，康德謂人實不可能自願履行道德行為，因道德法則乃是一命令、責成之型態。若道德法則是一命令，則所謂「自願樂為」一辭豈非自語相違？但席勒卻不作如是觀。在他看來，人實有可能愉快地（mit Freude）、或是發諸愛好地（aus Neigung）來履行道德法則。他認為接受這種可能性並不會因此損及道德法則之純粹性，因為這並非否認道德行為之最終依據，而是關乎「如何履行」之問題；換言之，康德與席勒均同意道德所欲達成之目標，但其間之差異則端在如何達成此一目標之方法。席勒謂：

> 迄今為止，我相信自己與道德底嚴格主義者（Rigoristen）完全一致，但我希望自己還不會因為試圖在現象底領域裡與道德義務之實際履行中主張感性底要求（這些要求在純粹理性底領域裡與在道德立法當中完全被摒棄），就成為一個寬容主義者（Latitudinarier）。
> 因為我確信──而且正因為我相信──愛好之介入一個自由的行為並不為此一行為之純粹合義務性提供任何證明，故我相信也能由此推斷：人之道德圓滿性正好只能由其愛好對於其道德行為之介入看出來。因為人之分命並非要履行個別的道德行為，而是要作一個道德的存有者。其規範並非諸德行（Tugenden），而是德性（die Tugend），而德性不外乎是「一種對義務的愛好」（Neigung zur Pflicht）。因此，不論出於愛好的行為與出於義務的行為在客觀的意義下如何相互對立，但在主觀的意義下卻並非如此，而且人不僅可以、而是應當將愉快與義務結合起來；他應當愉快地服從他的理性。讓一種感性的本性與人之純粹的精神本性相伴，並非為了將這種感

性的本性當作一個包袱一樣丟棄，或是當作一個粗劣的外殼從身上
脫掉，而是為了使它與人之更高的自我最密切地相協調。當自然使
人成為理性與感性兼具的存有者，它已藉此向人宣告其義務，此即：
切莫將它所結合起來的東西分開，甚至在人底神性面之最純粹的表
現當中也不要將感性面棄而不顧，而且不要將一方之勝利建立在對
另一方的壓制之上。當人底道德心態從其整個的「人」（Menschheit）
──作為兩項原則共同產生的結果──流出，而成為其本性時，這
種心態才有保障。因為只要道德的精神還使用強制力，自然本能就
必然還有力量反對它。只是被壓制的敵人能夠再站起來，但和解的
敵人卻真正被克服。[82]

上述「嚴格主義者」與「寬容主義者」之說，係出於康德 1792 年於《單
在理性界限內之宗教》中〈論人性中的根本惡〉之一節。他曾對此定義道：

對一般而言的道德學而言，重要的是：不論是在行為中（adiaphora
「道德上中性之物」），還是在人底性格中，盡可能地不承認有道德
上的折中之道。因為容許這樣的模稜兩可，所有的格律都有喪失其
確定性與堅固性之虞。我們通常將偏好這種嚴格思考方式的人（使
用一個本該含有譴責之意、但實為稱讚的名稱）稱為嚴格主義者；
而其對立面，我們可稱為寬容主義者。因此，後者或是中立的寬容
主義者（Indifferentisten），而可稱為無所謂主義者，或是聯合的寬
容主義者，而可稱為折中主義者（Synkretisten）。[83]

席勒自謂其捍衛人之感性、愛好之地位，未並因此而成為康德所譴責的

---

[82] 同上，S. 200. 亦參 *Schillers Werke* NA: 20. Band, S. 283-284. 譯文參閱李明輝：〈康德的「道德情感」理論與席勒對康德倫理學的批判〉，頁 55。

[83] 譯文參閱李明輝：〈康德的「道德情感」理論與席勒對康德倫理學的批判〉，頁 54。

「寬容主義者」，彷彿其不辨感性之純疵，混淆善惡之界限。實則，他在此乃是針對康德之觀點提出兩點異議：其一，批評康德僅論及「德行」，而非「德性」，亦即僅論及「個別的」道德行為或存心，而非履行道德的「狀態」（Zustand）或「境界」（Verfassung）。[84]其二，指摘康德之道德觀是將人之神性面的勝利建立在其對感性面的壓制上，只著眼於感性面是否已受到道德意志之懾服，但卻並未將其納入道德之主要成素中，故僅是一種「馴化」（Dressur）、而非「教化」（Bildung）之結果。由此觀之，席勒並不認為感性、理性係相持不下之兩物，而是應相互締結，由此形成「一種對義務的愛好」，此即「優美的心靈」。故以理性抑制感性所完成的道德行為與情理相偕所完成的道德行為，其價值與造詣究竟何者為高，實不言而喻。席勒遂對康德譏諷道：

> 因此，正如由智者本人（康德）與其他人所慣於提出的那些原則一樣，愛好是道德情感的一位非常模稜兩可的夥伴，愉悅（Vergnügen）是道德使命的一個可疑的附加之物。當幸福底衝動並未堅持對於人的盲目統治，則它更樂於共同參與道德事務的決定，且因而損害了一向只遵守法則、而非衝動的意志底純粹性。故為了完全確保愛好不會共同（mit）參與決定，我們更樂見它與理性法則處於一種戰爭（Krieg）、而非協議（Einverständnis）的狀態，因為它的花言巧語太容易為自己取得對意志的支配了。這是因為道德底行為並不取決於行為底合法則性，而是端賴存心底合義務性，所以人們合理認為「若義務與愛好共處一方，則通常會更有利於行為底合法則性」這種想法是毫無價值的。因此彷彿可以見出：感性底贊同雖然不會使

---

[84] 德文 Tugend 一詞源於希臘文 arcté 及拉丁文 virtus，具有兩種涵義：（1）人的性格中之某種卓越的特質；（2）由於這種特質而表現出來的某種道德存心或行為。前者可譯為「德性」，後者可譯為「德行」。康德主要著重第二種涵義，而席勒則是以此詞之單數表示第一種涵義，以複數表示第二種涵義。故當他將德性定義為「對義務的愛好」時，他是針對人的整體性格及其所處狀態、而非就其單一個別的存心和行為立論。此一解說，參閱李明輝：〈康德的「道德情感」理論與席勒對康德倫理學的批判〉，頁 57。

人懷疑意志底合義務性，但卻至少無法保障它。因此，這種贊同之
感性的表現——亦即見諸行為之中的優雅（Grazie）——決無法為
行為底道德性提供充足而有效的證明，且人們也決無法由存心或行
為之優美的造詣來體認其道德的價值。[85]

愛好與道德情感、愉悅與道德分命若可同處一方而達成協議，則感性與
理性兩者可冶於一鑪，道德之表現亦可見諸行為之中以呈露美感。關於此中
線索，席勒則舉繪畫一事以為喻：

意志與感覺能力之間的關係，比它與認知能力之間的關係更加直
接，而且，若它總是必須以純粹理性為依歸，則這在某些情況中是
很糟糕的。如果人很少信任本能底聲音，以致他每次均是迫使自己
去聽取道德原則底聲音，則我對這個人並無好評；如果他果斷地信
任本能底聲音，且毫無被誤導之虞，則我會更尊敬他。因為這證明：
他身上的兩種原則已然處於和諧的狀態，這種狀態即是完美人格底
標章，亦即我們所謂優美的心靈。
優美的心靈本身就是一種功勞（Verdienst）。它輕鬆自如地履行了人
性中最痛苦的義務，彷彿只是本能（Instinkt）所完成的樣子，它使
人看見同樣是以這種本能來克服自然衝動的那位最英勇的犧牲者。
因此，它本身根本沒有意識到自己的行動之美，而且它也想不到有
其他的行動與感覺方式；反之，道德法則對一個規矩的學生所要求
的，就像老師對他所要求的一樣，他隨時準備將自己的行為與校規
之間的關係列成一張最嚴格的清單。他的人生，就像因為筆跡生硬
而使人看穿技巧的一幅畫一樣，他最多只能學到繪畫的技巧。但優
美的人生就像堤香（Tizian）的畫作一樣，那一切刺眼的鉤邊線條都

---

[85] *Über Anmut und Würde*, S.199. 亦參 NA: 20., S. 282-283.

消失了，而且整個畫面呈現出更真實、更活潑、更和諧的面貌。[86]

　　「優美的心靈」其本身便是一種圓滿自足之酬報，此一悅樂不假外求。席勒謂優美的道德彷彿是出乎本能所完成，其中「彷彿」二字尤須注意，因優美的道德並非根於本能所生，而是藉其所具有的一種自然而然、不待思索之特質以描摹優美的道德所達成之狀態，故兩者不可相混。故透過此一「自然而然」、「不待思索」之特質以反觀康德倫理學，則可見出其實有造作雕琢之病。若以舞蹈與戲劇藝術兩事為例，此理當益為顯豁：

　　當舞蹈老師力求使意志控制其肢體，並掃除與生命力底表現相對峙
　　的質量（Masse）與重力（Schwerkraft）這些障礙時，這無疑有益於
　　真正的優雅。他必須根據舞蹈規則而為之，這使身體保持有效的紀

---

[86] 同上，S. 203-204. 亦參 NA: 20., S. 287.席勒此處所謂「功勞」，或是回應康德倫理學中有關「德福一致」之問題而來者。Appelmann 對此論之甚詳：「有限的理性存有之其欲求能力底對象是『整體而圓滿的善』，幸福便隸屬於此。儘管道德要求幸福，但道德並非幸福本身，因此單有道德也並非即是圓滿的善。道德與幸福並非分析地（analytisch）、而是綜合地（synthetisch）彼此結合起來。正是兩者結合，且幸福與道德進而達成精確比例時，才構成最高、最圓滿的善。因此我們應力求德福之間的一致。幸福雖是可欲且值得者，但吾人卻不應享有幸福，此因『若我們只將幸福當成一種臆想，卻不藉由某個理性的本質（它本身具有一切力量）的圓滿意欲，則幸福就根本無法通過檢驗。』因此，這便產生一個其起源異於自然之整體自然底存在者，其啟動某種合乎道德存心的因果性，並據此透過知性與意志為德福之間之關係（亦即包含這兩者之間的精確一致）奠定基礎，亦即預設上帝底存在。不過，此處亦可清楚見出嚴重的惡性循環論證。首先，我們發現：若幸福僅是彷彿存在，或者僅是一種臆想，則此一預設勢必與全能且理性的存在者之理念相矛盾，於是又須從此一矛盾中再要求如此一種本質底存在者。這項嚴重的矛盾表現在我們終究仍要求幸福、且因而重新採納曾受抵制的幸福論。叔本華（Schopenhauer）言之有理：『康德使道德與幸福之間保有一定的神秘關係；在其最高善的學說中將此兩者相連的那一章尤其晦澀不明，可是，道德與幸福兩者卻顯然形同陌路。……那一被假設由道德所儲藏的報酬足以清楚表明，道德僅僅從表面上看，並不是為了獲得什麼而工作。然而，這一報酬蒙上了面紗，以最高善的名義出現在人們眼前，此即德福一致。但歸根結柢，這不外乎是一種源於幸福、最後卻建立在自私自利上的道德。換言之，它是幸福論，它已被康德視為一個擅入者而謹慎地從他的體系的前門推出去，但卻以最高善的名義又讓它從後門溜進來。』」此處分析，參見 Anton Hermann Appelmann: *Der Unterschied in der Auffassung der Ethik bei Schiller und Kant* (mit Quellenbelegen) (G.E. Stechert and company: 1917), S. 28-29.

律，而且，只要他抵抗惰性，便會產生板滯（steif）、亦即拘迫（zwingend）或看似如此的外觀。不過，當舞蹈老師讓學生畢了業，因為這些規則必定早已對其有所裨益，所以他們就不需帶著規則走出校園。簡言之，規則的效果必須遁入本性之中。

至於我對戲劇的優雅的惡評，只是針對那種摹仿的（nachgeahmt）優雅，而且當它出現在舞台或實際人生時，我對它並不反感。假設演員在後臺推敲琢磨（studiert）其優雅，且這種摹仿仍獲得極大的成功，則我認為他並不能討好我。我們對演員所提出的要求是：（1）表演底真（Wahrheit）和（2）表演底美（Schön）。當我強調這涉及表演底真時，則他必須透過技巧、而非本性來表現一切，否則他根本就不是藝術家；而且當我耳聞目睹他實際上性格柔和、但卻出色地扮演了性格暴躁的古埃佛時，則他會使我非常驚訝；反之，當我強調這涉及表演底美時，則他根本就不必感謝技巧，且此處一切均須出自他本性的自發作用。若我發現劇中人物的性格並非演員的本來性格而演得很真時，則我對他的評價會更高；若我知道劇中優雅的舉止並非演員的本來舉止而演得很美時，則我忍不住會對這個必須求助於藝術家的人動怒。其理由在於：優雅底本質與他的本性一起消失了，而優雅卻是一種我們有理相信使人成為人的要求。[87]

初學舞蹈之人，必以其師所授技巧為依憑，否則其體態步伐均不成體統，此時初學者之四肢因受此一技法規則所控制，故外觀不免有滯礙、拘謹之相。然一俟學子舞法純熟後，則生處轉熟、熟處轉生，技法與肢體打成一片，實無須刻意思及技法，若非如此，則必形成一種束縛。席勒謂「規則的作用遁入本性之中」，此非表示棄規則於不顧，而是已泯除技法之痕跡，使之消融於無形。至於席勒以戲劇藝術為說，則提出了「表演底真」與「表演底美」兩

---

[87] 同上，S.186-187. 亦參 NA: 20., S. 269.

項品評標準。演員演出之逼真，必是因其精湛之演技使然，若劇中人物之性格與演員實際性格相近，則其演技亦未見高明；若兩者差異懸殊，則越見其技法深湛。故凡涉及表演之真者，此中均須以技法高下為憑，故可容許演員推敲琢磨等事，演員實際性格實不必納入考量。然論及表演之美時，演員實際性格舉止若與劇中人物之性格舉止差異懸殊，便使人見出有刻意矯造、暗中粉飾之嫌，因其演出並非透過本性、而是藉諸技巧呈現。故論及表演之美，若容許推敲琢磨，則非但不為裨益，反而有害。

席勒遂提出「交感活動」（sympathetische Bewegung）以闡明「優美的道德」之狀態為何：[88]

> 凡在哲思中必定要彼此區分者，在現實中卻不盡如此。因此，我們發現有目的的活動（abgezweckte Bewegung）泰半是一種交感活動，因為作為起因的意志既被前者、又被由道德之感（moralische Empfindung）而產生的後者所決定。人在說話時，我們看見其目光、

---

[88] 交感活動當是席勒沿用醫學術語而來。他於 1774 年攻讀法律，然鑒於當地律師人數過多，對日後就業不利，故轉而研究醫學，遂於 1775 年進入醫學系，爾後並於此系取得學位。醫學在當時具有一重大的哲學宗旨，而啟發席勒濃厚的興趣。醫科教授將醫學視為一種整體人（man as a whole）、而非身體機制與構造的研究。席勒就讀的卡爾學校（Karlschuhle）之醫學院與日後以「哲學治療」而聞名的傳統有關。哲學治療之主要關懷在於整體人，特別是身心間之互動。哲學諮商師強調：身體與心靈的健康乃相互依賴者；他們不認為身體僅是一架機器，彷彿身體健康與疾病不過是由體內之體液所決定。他們將醫學視為一般新式科學的一部分，並稱之為「人性學」（Anthropologie）。席勒在其〈試論人底獸性與靈性〉這篇早期的論文中寫道：心靈與物體是兩種音色極佳的樂器，當撥動一方之弦時，同樣的弦聲便可在另一方聽見；但問題是如何在兩種「異質原則」之間說明此一「巧妙而獨特的交互感應」。席勒在〈自然學哲學〉一文中，其主要目的即是要解決此一謎團。席勒展現了不少玄思，轉而求助一種「居中力量」（Mittelkraft）的假設、一種半物、半心的媒介力量。這種居間幹旋的力量聯結心靈與物質，因兩者均藉此而對另一方產生作用；兩者直接影響此一力量，並又被此一力量所影響。此一力量既然是我們能夠擁有感知的條件，但其本身卻無法被直接感知；透過其效用（Wirkung）或可認識其存在。席勒表示：這種居間力量雖不可感知，但本質上乃是「一種無限神妙、精純健動的存在者」，它在神經系統中流轉，故有時將此一力量稱為「精氣」（Nervengeist）。此處分析，詳參 Frederick Beiser: *Schiller as Philosopher*.(Oxford: Oxford University 2005), p. 25-26.

臉龐、雙手，甚至經常是整個身體同時一起說話，且對話時臉部經常是最生動的地方。不過，有目的的活動甚至也可以同時被視為一種交感活動，假如某種不由自主者（etwas Unwillkürliches）與有目的的活動這種自主者（das Willkürliche）彼此糅合為一，便馬上出現這種情形。

也就是說，這種自主活動的方式並不是那麼明確地由其目的所決定，因此履行這種活動也不應有太多方式。此時，凡不讓意志或目的所決定的活動，便是以交感方式由人底感知狀態（Empfindungszustand der Person）所決定，且因此成為這種狀態底表現。當我伸手取物時，我正在執行我的目的，我所履行的活動則受制於我所想要達成的意圖。但要用什麼方法取得物品、讓身體移多遠（或者快、或者慢）、花多少力氣來完成這個活動，在這一瞬間中我並未縝密估算，因而此處是聽憑本性為之。但這卻又必須由某個不純被目的所決定的東西所決定，故我的感知方式便是關鍵所在，且以它所規劃的步調（Ton）來決定活動的方式。故人底感知狀態參與了自主的活動，這是某個不由自主者參與其中，而優雅也必須求諸於此。[89]

交感活動即是一種不由自主的活動，亦即意志雖然擬定活動的目的，但完成這一目的之方式卻並非全然由目的所制約，且其完成係出之以無意。依此觀之，「優美的道德」其關鍵便在無心任運，發乎天然，故可從容自然、了無壓迫；但康德所強調的純粹的道德行為，正由其作意太甚之故，以致產生一種拘執束縛的外貌。席勒繼而表示，目的與活動之間此時若仍有計慮了別之心屬入其中，則實易流於作虛造假之病：

若自主活動並未同時與交感活動結合起來，或者說，並未同時與這

---

[89] *Über Anmut und Würde*, S.184. 亦參 NA: 20., S. 266-267.

種不由自主者（源自於人底感知狀態）混而為一，則它根本無法展現需以內心狀態為其來源的優雅。這種自主活動尾隨（erfolgt）內心底活動，它出現在內心活動之後。反之，交感活動與內心底活動與因此而成為這種活動底感知狀態並行（begleitet），故必須將兩者視為同時並進（gleichlaufend）。

由此可見：自主活動並非從人底存心中直接流露出來，且也無法呈現這種存心。因為，在存心與活動本身間出現了一道裁斷（Entschluß），它自以為是某個無謂之物；這種活動是裁斷與目的底結果，而非人格與心念底結果。

自主活動與先它而起的心念是偶然地結合在一起的；反之，並行的活動與心念則是必然地結合在一起的。自主活動與心念之間的關係，正如能表達的文字之與所表達的思想；反之，交感或並行活動與心念之間的關係，正如熱情吶喊之與慷慨振奮。故前者並非按其本性、而是習慣（Gebrauch）來展現精神。因此，這實在不可說是「精神自行展現於自主活動之中」，因為這個活動只表現了意志（目的）底材質，而非意志（用心）底形式。

因此，我們雖然可從人底言談來揣測其用意，但他實際上是什麼，則必須試著從其不言之言與神情、亦即從他無意而為的活動來揣測。但當我們發現他竟可有意操控其面部特徵時，則我們此刻便再也不相信他的表情，並且也不認為那是他存心底表現。

如今，人雖然可以透過技巧（Kunst）和推敲（Studium）而終究使這種並行的活動聽令於意志底操控，就像一個手法靈活的魔術師一樣，可以讓有意而為的任何形象落在那面無言的心鏡之上。但這種人渾身上下盡是謊言，所有的本性均被技巧所掩蓋。反之，優雅隨時都是本性，亦即無意為之者（至少看似如此），且主體本身決不可看來有意識到優雅的樣子。[90]

---

[90] 同上，S.185-186. 亦參 NA: 20., S. 267-268.

　　席勒此段純在描述心念與行為之關係如何。前文曾謂康德倫理學之病灶
正由其作意太甚所致，而席勒則是通過一氣韻交感之活動來化解此一刻意造
作之流弊。所謂自主活動者，即是一種有意為之、受目的所制約的活動，而
交感活動、不由自主之活動則反是。席勒謂，自主活動與心底活動乃是一種
先後關係，而非同步關係；換言之，前者就時間相位觀之仍有因相與果相之
隔別，然後者則因其一時並起而不見前際後際之分。自主活動與心底活動之
所以產生時間之斷裂相，其故即在兩者之間仍有一計慮分別之念夾雜其中，
故兩者便非直接通貫、一氣呵成之關係，而是迂迴曲折、打成兩橛。由此觀
之，心行間便存在著兩種關係，一者可謂之為「直貫關係」，一者可謂之為「曲
通關係」，席勒則是以「熱情吶喊之與慷慨激昂」來描狀前者，以「能表達的
文字之與所表達的思想」來描狀後者。熱情吶喊之與慷慨激昂乃呈現出一氣
貫注之狀態，此中不見彼我、先後、能所之差別；但能表的文字與所表的思
想則是一曲折迂迴之關係，此中彼我有別、能所不一、先後為二，故仍有罅
隙存乎其間。[91]總言之，心行之活動實貴通暢而病支離，此際務使兩者相契
合，彌縫莫見其隙方可。有鑑於此，席勒遂對這種因屬入「決斷」所導致的

---

[91] 筆者此處用「直貫」與「曲通」兩種關係之對比，亦受關子尹先生對康德知識論中有關「intuitiv」
（直行）與「diskursiv」（曲行）兩種知識之解析所啟發。關先生於文中所示，「因此，對康德來
說：人類之理解必定是一曲行之理解（diskursiver Verstand）而不可能是一直行（觀）之理解（intuitiver
Verstand）。朝著這一方面考慮，我們不難發現，儘管康德屢次使 discursive 之思想與 intuitive 之
直覺（觀）相對揚，但是，這並不表示『直觀』即就可以無條件地能直接決定對象者。尤其是當
我們談的是『人類』的直覺的話，則更應指出，『直覺』相對於『思想』在某一意義上較為『直
接』，但是就其乃人之直覺而言，它同樣地是處於限制之中的。人類直覺之限制即在於其只能使
用於能夠呈現於感性之時空格度之予料之上，而不是『原生的（not original）』，即是說，不是一
種本身即能提供其對象之存在的直覺（K.d.r.V., B72）。因為顧及『人』之有限性問題，康德乃特
別提出『導生的直覺』（intuitus derivativus）與『原生的直覺』（intuitus originarius）之分別。這
兩種直覺分別對應於『依待之存有』（abhängiges Wesen）與一『原始之存有』（Urwesen）。前
者指人，而後者即指上帝。只有上帝能夠單憑智思而『直接地』構成對象之存在（只有上帝可有
所謂的智的直覺，intellektuele Anschauung），人之所謂『直覺』在這一比較下，卻絕對不『直』，
而只能『間接地』透過感性之被『影響』（affiziert）而展開。由此看人之『直覺』，實在『直中
有曲』，而此一切之原委，皆在於人之『有限』與人之必要認定其自身之限制之故也。」詳參關
子尹：〈本體現象權實辯解〉，收錄於《東海學報》（第 26 卷，民 74.06），頁 202-203。

析離之蔽批判道：

> 人可毫不羞怯地承認的感覺若與道德的真理相對立，這對後者顯然
> 不利。但是，美底感覺和自由又該如何與嚴格的法則精神和諧共處？
> 這種法則是以畏懼、而非以信任來引領他，它努力不懈地把本性所
> 統一的人拆成兩截，使他懷疑其一部分的本質來確保對另一部分的
> 統治。人的本性在現實中是一個不可分割的整體，這比哲學家僅透
> 過分析的手法（durch Trennen）所呈現出來的人性還完整。理性再
> 也不可認為內心所愉快承認的情欲（Affekt）對它毫無價值，而且人
> 若精神衰頹，其實也無法提升其個人的尊嚴。如果道德中的感性本
> 性一向只是受抑、而決非共事者，它又如何滿懷情感之火來投身於
> 這場為其自己而慶祝的勝利？如果感性本性最終無法密切地與純粹
> 的精神相聯繫，甚至連分析的知性非憑暴力手腕也無法將其與純粹
> 的精神拆開，它又如何在純粹精神底自我意識中成為一個如此熱情
> 的參與者？[92]

　　嚴厲之法則使人產生「畏懼」、「懷疑」、「分裂」與「自抑」之狀態，與
此相反者，則是由於正視感性、愛好之積極效果而使人擁有「果敢」、「自信」、
「統一」與「寬舒」。席勒文中以「共事者」、「參與者」來描述感性本性之角
色，由此亦可使人想見康德倫理學實不免於「孤寡」、「疏離」之病。席勒認
為優美的道德行為乃是一情理相即之結果，其發自於人之整體性格，情感與
理性均不可缺。對席勒而言，盡善盡美之人其境界實高出嚴肅的道德之人，

---

[92] 文中 Affekt 一字，其義亦同於 Neigung，另有本性、衝動等義。席勒於 1793 年 2 月 23 日致函友
人柯爾納時寫道：「我們通常比較喜歡那種（以愛好為基礎的）本性的行為，而非純粹的道德行
為，因為它呈現出自發性，因為它是由本性、而非由違背本性底愛好之禁制的理性所完成。因此
可以見出：柔和的德行通常比英雄的德行、女性通常比男性更加吸引我們；因為女性、或即那種
最完美的女性其行動無非是發自愛好。」參閱同上，S.857.

兩者之高下即在「通過人心」與「越過人心」之對照中見出：

〈優點〉

越過人心而取勝是偉大的，我要讚美他的勇氣，
但通過人心而取勝，我卻認為他更加不凡。[93]

此一優點究竟為何？Volkmann-Schluck 論之甚精：

美甚至在各種藝術作品中擁有極致之展現，進而形成藝術本身之根本，乃至遍及人之進退，以迄於從容之神韻、樸實之行止。唯有身為情理存在者的人方可成就的美，既是一藝術作品中之光輝四耀者（das zu äußerst Erscheinende），亦是一平凡無奇中之光華奪目者（das Leuchtende）。席勒將這種以審美自由之態度來處理一切日常事物的手法稱為高貴（edel）：「高貴根本可稱為心（Gemüt），其能力在於透過某種處理手法將毫無轉圜的事務和微不足道的對象轉化為無限之物。」道德保有人的尊嚴，但它仍非高貴。道德之特質在於使個體之意欲聽令於普遍立法底理念，著重將每個人均視為目的自身。其餘一切對他而言不過是可資利用的對象、達成目的的手段。席勒將雍容稱為心，此心並非以自由為資籍而力強所致，而是自由之當體呈現。故對此高貴之心而言，事物並非化作利用底對象、達成目的之手段，而是自足無待且超脫於利用之外，亦即於其所呈現中呈現。因自由乃是一自足無待者，既是手段亦是目的。唯有將這一被利用的事物還諸其當下自行呈現之人，方可在與事物周旋於利用之時而不失自由，它並非以目的為步趨、以手段為考量。席勒謂：「道德雖然無法超越義務，但美卻可超越之，且這種行止稱為高貴。」

---

[93] NA: 1. Band (1943): Gedichte in der Reihenfolge ihres Erscheinens 1776 -1799, 60. Der Vorzug.

高貴者，既超越生理之界限，亦超越道德之界限。因其不僅著重人之
道德人格，甚且尊重其活潑之形象、獨立性，它使物各付物，故物自
可如如呈現。故由生理與道德之界限觀之，高貴即是寬裕（etwas
Überflüssiges），且一字兼含二義。若以界限之標準衡之，寬裕即是
從容不迫（etwas Unnötiges），其可退而不居、虛而不曲（aus- und
wegbleiben）；但同時亦有充實富裕（Reichtum）之義。充實富裕即
是其自身永遠取之不竭，因而乃是創造之大根大本。這種以審美自
由之態度來處理一切日常事物之手法，係以其自身取之不竭的充裕
之自由為淵源，人與物因而悉皆還諸其獨一無二之本來面貌，故兩
者既當下呈現，亦是一當下所呈現。這種破除生理與道德界限之審
美的超越，遂使人成為一真人也。[94]

(三) 成熟時期之美善觀

1. 體常盡變

　　上述心與行「同時並進」究竟何所指？易言之，席勒是否因此取消因果
之差別相？席勒曾於 1794 年 12 月 29 日致函柯爾納表示：時間與自由，亦即
「時間之關聯」（Zeitbezug）與「時間之超脫」（Zeitentzug）之間的更迭
（Wechsel），乃是其整個體系的關鍵，「凡此均與絕對者和有限者、自由和時
間、主動（Thatkraft）和被動（Leiden）這些概念有關。」（Alles dreht sich um
den Begriff der Wechselwirkung zwischen dem Absoluten und dem endlichen, um
die Begriffe von Freiheit und von Zeit, von Thatkraft und Leiden）[95]至於此一時

---

[94] K. H. Volkmann-Schluck: *Die Kunst und der Mensch - Schillers Briefe über die ästhetische Erziehung des Menschen*.(Frankfurt am Main: Vittorio Klostermann, 1964), S. 17-19.

[95] NA: 27. Band (1958): Briefwechsel. Schillers Briefe 1794 -1795., 86. An Körner.（Jena, den 29. Dec. 94. Montag）

間之問題，席勒則於《美育書簡》第 11 至第 15 封信中有深入解說，他此處之用語大體援用康德而來，另外亦引進費希特《知識論之基礎》一書中第 94 節的核心概念，此即無限之我與有限之我、主動之我與被動之非我之「交互規定」（Wechselbestimmung）。

　　席勒、康德與費希特三人均承認：人係由兩種本性所形成，一為感性，一為理性。兩種本性既有衝突之可能，亦有統一之可能。人作為一有限存在者必定同時擁有這兩面，故無法將其中一面化約為另一面，因這兩者涉及不同的活動與存在。席勒首先採取康德的先驗分析法，將人從經驗中抽象而出，最後獲得兩種結果：

> 當抽象上升到它可達到的高度，便會得出兩個終極概念，它必須在此止步且承認自己的限度。抽象在人的身上區分出常住不變者和不斷變化者。常住不變者（das Bleibende）稱為人格（Person），更迭變化者（das Wechselnde）稱為狀態（Zustand）。
>
> 人格和狀態（或稱為「自身」與其各種「限定」）在必然的存在者那裡是一體和同一的，而在有限的存在者那裡則永遠是二分的。儘管人格常住不變，狀態卻更迭變化；儘管狀態更迭變化，人格卻常住不變。我們的狀態由靜態到動態、從熱情到冷淡、從統一到矛盾，但我們那個直接源自於本身的東西卻依舊常住不變。唯有在絕對的主體中，人格與其一切規定才是常住不變的，因為一切規定均源自於人格。凡是神性的東西，是因為祂存在，所以祂才是神性；因為祂是永恆的，所以祂的一切才是永恆的。
>
> 人作為一個有限存在者，人格和狀態是分離的，因此狀態既不可建立在人格之上，而人格亦不可建立在狀態之上。若人格建立在狀態之上，則人格就必須更迭變化，若狀態建立在人格之上，則狀態就必須常住不變；因此不論是在何種狀況下，或者人格不再是人格，或者有限不再是有限。我們並非因為思考、意欲和感覺，我們才存

在；我們也並非因為存在，我們才思考、意欲和感覺。我們存在，
是因為我們存在；我們感覺、思考和意欲，是因為在我們之外還有
某些東西存在。[96]

　　席勒首先揀別必然存在者與有限存在者之異。「常住」、「人格」、「自身」
（以下簡稱「常」）即保持同一之義，「更迭」、「狀態」、「限定」（以下簡稱「變」）
即剎那不住之義。席勒謂此一區分乃是有限存在者之特質。必然存在者之「變」
必定依循「常」之必然性，但有限存在者之「常」與「變」卻各住其位，彼
我為二。若「常」立基於「變」，則不能守其同一；若「變」立基於「常」，
則無法保其變化。由此「常」、「變」之關係亦可推衍出「無待」（Unabhängigkeit）
與「有待」（Abhängigkeit）之關係。「常」既然在剎那不住的「變」中仍保持
同一，則其「無待」於變化且免於因果之影響。席勒謂「常」之所以存在，
乃是因為它本身存在之故，而非因為其思考、感覺和意欲所致。然剎那不住
的「變」則「有待」於外在之原因，故其無以自持而有變滅遷流之勢產生。
席勒將「常」與「變」亦名之為「自由」（Freiheit）與「時間」（Zeit）：

　　因此，人格必須有它自己的基礎，因為常住無法源自變易；我們具
　　有這種絕對的、以其自身為基礎的存在者底理念，亦即自由。狀態
　　也必須有它自己的基礎，因為它並不是由人格而來，不是絕對的，
　　所以它必須有先後之序；我們擁有一切有待的存在者或變易底條
　　件，亦即時間。「時間是一切變易底條件」，這是個同一性命題，因
　　為它無非是說：序列是事物發生先後變化的條件。
　　人格在、且也唯有在這一常住的自我中才顯示自己，它不能變，無
　　法在時間中開始；相反的，時間必須在它之中開始，因為變必須以

---

[96] *Über die ästhetische Erziehung des Menschen in einer reihe von Briefen*, S. 337. 亦參 NA: 20., S.
341-342.

常為其基礎。若有變化，必定是有某物變化；因此這個某物並非其
本身業已發生變化。當我們說花開花落時，我們使花在其變化中保
持常住，宛如賦予它人格，開與落這兩種狀態便在其中顯示出來。
說「人在變」是無可厚非的，因為人不僅是一般而言的人格，而且
是處於特定狀態中的人格。但一切狀態、一切特定的存在，均形成
於時間之中，因此人作為現象必定也有一個開始，縱然其身內的純
粹智性是永恆的。沒有時間，亦即變，人根本無法成為特定的存在
者；其人格雖然存在於稟賦之中，但卻不存在於現實之中。這一常
住的自我唯有透過諸表象底序列才使其本身化為現象。[97]

　　席勒上文謂「常」、「變」各有其基礎，然此處又謂「常」須於「變」中
方能顯示其自身。他以花之開落闡明此事。花之為花必須藉由開、落兩種狀
態以顯示其自身，否則其便無以展現於現象之中，換言之，花之本身若不落
實於一特定狀態中，其便依然處於一未萌未形之潛勢之中，故花之本身雖是
一常住不變之存在，但它亦須假借時間序列以取得其現實存在之地位，否則
常住不變之本身亦無以開顯。故常住不變者須於生滅變化者中呈現，或謂自
由必有待於時間之更迭流轉而彰顯。席勒表示，人之本身之存在亦須顯現於
現實之中以形成一特定狀態之存在，若其自身自外於時間序列，則僅是一空
洞虛無之形式罷了。故人之「感覺」（Wahrnehmung）便處於一首要之地位：

　　因此，人必須先感覺這種具有活動性底材質或現實性（最高的智性
　　係透過其本身來創造它），而且進而將它視為某個在身外處於空間中
　　的東西，視為某個在他身內處於時間變化中的東西。他那永不變化
　　的自我與他身內那更迭變化的材質相互並行——在一切更迭變化中
　　他本身保持常住，將一切感覺化為認識，亦即化為認識底統一，將

---

[97] 同上，S. 337-338. 亦參 NA: 20., S. 342.

他在時間中的任何現象化為適用於一切時間的法則，這是由其理性的本性所提出的通則。他唯有在變化時，他才實際存在（existiert）；而唯有在常住時，他（er）本身才實際存在。因此，人若圓滿完美地表現出來，他便是在變化流轉之中永遠保持這種常住的統一。[98]

　　人之得以成就其圓滿完美，即在體常盡變一事。守常無變則不備，有變無常則不明，故必須常變兼備而不墮兩端，方可於現實之中踐履理想。席勒謂人身兼兩重任務，一者是將此常住變化者化為現實之物，一者是將此更迭流轉者化為理想之物，一言以蔽之：「他應將一切內在者外化，將一切外在者內化。」而所謂神性也者，即在於將此睽隔之兩者通而為一。

2. 形質互攝

　　人之兩種任務亦可名為兩種衝動，此兩種衝動各有其發展目標，故彷彿處於一針鋒相對之狀態。首先，席勒將這一變化流轉者稱為「材質衝動」（Sachtrieb），其須落於時間變化之中，這種被時間之所充滿的狀態亦可名為「感覺」，人之生理存在即肇造於此：

> 這兩種衝動中的第一種稱為材質衝動，其源自於人的生理存在或感性本性，它的任務是將人置於時間底限制之中，使人成為材質：它不是給人以材質，因為如此一來，自由的人格底主動性為了接受材質便與其本身這種常住不變者相分離了。但材質在此無非是一種充滿了時間的變化或現實；因此材質衝動要求變化，要求時間具有內容。這種純粹充滿時間的狀態稱為感覺，生理的存在唯有透過它才顯示出來。
> 因為凡處於時間中的事物，均是先後相續，所以一物之存在便排除他物之存在。當我們彈奏樂器上的一個音時，這件樂器可能發出的

---

[98] 同上，338. 亦參 NA: 20. Band, S. 342-343.

所有音中唯有此音是現實的；當人在感覺當下一瞬時，其各種規定
底無窮可能性便被限制在此唯一的存在方式上。因此，凡在材質衝
動進行排除活動之處，便必定存在最高的限制；人處於此一狀態便
僅是一個數量單位、被時間所充滿的一瞬間──或者毋寧說，他本
身不存在，因為只要人被感覺所掌控，被時間拖著走，其人格便旋
即取消。[99]

材質衝動使人置身於時間中，被時間之一瞬間所拘限。它發揮一種排除
作用，將人之無窮可能性僅限定於當下一種現實性中。然則，人果真無法逃
離時間之枷鎖？他僅被時間之流拖引而下委？席勒認為人之另一衝動可使人
超脫此一侷限，此即「形式衝動」：

那兩種衝動中的第二種稱為形式衝動，它源自於人的絕對存在或理
性本性，它力求使人置身於自由之中，使其各種現象保持和諧，並
在變動不居的狀態中保持其人格。如今，因為人格作為絕對且不可
分的統一體決無法與其自身相矛盾，因為我們永遠是我們，所以這
個力求保持人格的衝動必定要求永恆之物；故它一決永決，一令永
令。因此，它綜賅整個時間序列，亦即：它取消時間與變化，它要
現實之物是必然且永恆的，永恆且必然之物是現實的，一言以蔽之：
它力求真理與正義。[100]

形式衝動可使人擺脫於時間之羈絆，於變動不居中保持其常住。當形式
衝動發揮效用時，其決斷與命令將可阻絕一切變化而有貞定之功，故席勒謂
「當你因為這是真理而信奉真理、因為這是正義而履行正義時，則你便是使

---

[99] 同上，S. 340. 亦參 *Schillers Werke* NA: 20, S. 344-345.

[100] 同上，S. 342. 亦參 NA: 20, 345-346.

個別情況成為適用於所有情況的法則，使你生命中之一瞬化為永恆。」[101]

　　人之一身中既有如此相對反之衝動存在，則又何來均衡協調可言？席勒謂，此兩種衝動從本性觀之為不相矛盾，之所以會造成如此局面，蓋緣於自我誤解或淆亂分際所致，換言之，即本性並未各安其位而發生逾越之舉：

> 這兩種衝動的趨勢（Tendenz）的確是自相矛盾，但值得關注的是，他們並未處於同一客體中，且凡是並未相晤的東西，它們也無法彼此碰撞。材質衝動雖然要求變化，但它並不要求變化也要延伸於人格及其領域中，它並不要求法則底變化。形式衝動要求統一和常住，但它並不希望狀態也隨著人格貞定不動，並不要求感覺底同一。因此，這兩種衝動從本性來說並非彼此對峙，它們之所以看似矛盾，正是由於它們誤解自己、淆亂分際，亦即率意逾越其本性所致。看守這兩種衝動，確立其各自的界限，這是修養（Kultur）底任務，因此文教給予這兩者以同等的合理性，不僅在面對感性衝動時確保形式衝動，而且在面對形式衝動時也確保感性衝動。故修養有雙重任務：其一，維護感性免遭自由之干預；其二，確保人格免遭感覺之強制。前者係透過感覺能力之栽培而達成，後者係透過理性能力之栽培而達成。[102]

　　由席勒之解說可知：兩種衝動外表雖看似矛盾，實則其根柢卻並不如此。兩方若安排得當，使其各守分位而不相侵，則人之和諧亦可期矣。故修養之使命便在復其本性之狀態，使其不僭為妄動，一方始感性免於理性之干預，一方使理性免於感性之壓迫，兩種力量遂各得合宜之栽培，而非不偏於一隅，

---

[101] 同上，S. 342。

[102] 同上，S. 343-344. 亦參 NA: 20., S. 347-348.

以此代彼。[103]職是，修養之重任當由斯而見，亦即使滯於常者通其變，使溺於變者守其常。席勒認為康德之觀點恐不免於一隅之病，因其將感性視為染污之具，且以理性代行感性之事，此將使感性久屈於理性之宰割，而人之高揚理性之結果必將形成失衡偏頗之性格：

> 只要我們宣稱這兩種衝動有一種根本的、且因而是必然的對立，則要維持人身中的統一性，除了使感性衝動無條件地隸屬於理性衝動，當然毫無其他辦法可言。但由此所產生的只是均一化（Einförmigkeit），而非和諧，人仍然永遠是分裂的。儘管這種隸屬關係是必然的，但卻是相互的（wechselseitig）；雖然有限者無法建立絕對者，也就是說，自由決無法依待於時間，但是『絕對者也無法因其自身來建立有限者，時間中的剎那變化也無法依待於自由』這一點也是確切無疑的。故這兩種原則彼此既同時是統屬關係、又是並列關係，亦即它們交互作用（Wechselwirkung）：沒有形式便沒有材質，沒有材質便沒有形式。我們當然不曉得人格在理念界中的情況如何，但我們卻知道：如果它不接納材質，它便無法在時間界中開展自身。因此，在這一世界中，材質不僅位居形式之下（unter），而是也與形式平起平坐（neben）且必須無待於它來規定事物。因此，感覺在理性領域中必定毫無定奪之權，而理性在感覺領域中也必定不敢妄下雌黃。在我們替這兩種衝動中的其中一種劃定疆土時，便把另一種排除在外，並為各自的疆土設下界限，這兩種衝動逾越這

---

[103] 論者以「悲劇」精神來詮釋此一僭越本性之狀態：因錯覺與率意逾越本性之界限，人在此這兩種情形中遂置其使命於不顧。人之使命乃是以適當之分寸與合理之關係來開展「常」與「變」；換言之，即是毫無爭端地（ohne Streit）將兩者展現於時間界與理念界中。若兩種衝動不守分寸地涉足於對方的領域，失去應有之節制，以致失去自我與世界兩者，則此一使命終究等於「零」，亦即他將不再以人之身分而存在。此一淆亂即亞里斯多德所謂「悲劇性之過失」者（Hamartie）。詳參 Wolfgang Janke: *Die Zeit in der Zeit aufheben-Der transzendentale Weg in Schillers Philosophie der Schönheit*(Kant-Studien. 58:4, 1976), S. 447-448.

道界限將各蒙其害。

在先驗哲學中，其關鍵便在於使形式擺脫內容、使必然者不沾染絲
毫偶然者，所以我們易慣於僅將材質設想為障礙，又因感性正好是
這道作業程序中的攔路虎，因此便習慣地認為它必與理性相爭不
下。康德系統之義蘊（Geist）縱不具有此種設想方式，但其表述
（Buchstab）卻似乎具有這種傾向。[104]

　　為求得人之統一性，遂使形式全面宰制材質，此恐將陷於均一化之流弊。
蓋均一實與統一不同，均一係泯除個殊之特色，使其中之差異納於既定範式
之中，結果則為齊頭式之平等，而非同時兼及差異之平等。統一則不然。統
一乃同時兼及均等與差異兩方，或如席勒所謂使形式與材質並駕齊驅、不分
軒輊。席勒此處則藉「統屬」與「並列」兩種關係以言形式與材質，此即顯
示兩者之間既具有一縱向關係，同時亦具有一橫向關係。若以「交互作用」
這一概念觀之，此一縱橫之格局當可表現為下列型態：材質位居形式之下，
以形式統領材質；材質位居形式之上，使材質駕馭形式；或則材質與形式同
起共進，無分高下。故兩者之間實具三種因應關係，依其功能之勝劣而有殊

---

[104] 同上，S. 343-344. 亦參 NA: 20. Band, S. 347-348. 學者認為席勒此處所言乃客套之辭，實則他早已
不滿康德：「康德於 1793 年倫理學課程中（亦即所謂「維奇朗堤伍思研討課（Vigilantius lectures）」）
毫不猶豫地公開且嚴厲批判席勒。正如其在《單在理性界限內的宗教》一書中所示，他不斷辯稱
優雅在履行義務時毫無立足之地，並且他警告：感性特質此一想法將會對危及道德本身。另一方
面，席勒亦向友人坦言其已『隱忍多時』。因此，他在 1795 年 2 月給胡柏（Huber）的信中說，
他實在不滿康德於《宗教》一書中對其〈論優雅與尊嚴〉的答覆；其次，他在 1795 年 6 月給雅
各比（Jacobi）的一封信中亦坦承，他唯在捍衛康德免遭他人誤解的情況下才是一名康德派，但
在成立自家觀點時，他與康德簡直天差地別；最後，他在 1795 年告訴歌德，康德雖對其《美育
書簡》一書稱譽備至，但他在那部作品的諸多段落中早已『回敬』康德。席勒向友人的表白顯示
他與康德間畢竟有一基本差異。為了說明此一差異，則有必要詳閱席勒關於倫理學與美學的主要
著作，此即其 1795 年《美育書簡》一書。正是在撰寫此部作品的期間，席勒越益完整意識到他
與康德的差異。誠如席勒向歌德所透露：這部作品顯然是針對康德而發。席勒雖然不斷在作品中
表達他對康德的認同，但仍然在不少段落中與之『暗中較勁』。」Frederick Beiser: *Schiller as
Philosopher*.(Oxford: Oxford University 2005), p. 183-184.

異。再者，就此兩種衝動所發揮之功能觀之，席勒乃將材質衝動名之為「廣度」（Extensität），將形式衝動名之為「強度」（Intensität），謂此兩種力量均須得其均衡發展，因「感覺越獲得多方栽培，它就越靈活且現象所顯露的面向便越多，人也越可感受世界，他越可發展他身內的稟賦；人格越是有力深沉，理性便越自由，人也越可把握世界，他越可創造他身外的形式。」依是，人之修為亦有兩面：其一，為感覺能力提供與世界多樣化的接觸，使這種被動性底感受能力獲得最高的擴展；其二，為規定功能獲得無待於感覺能力的最高獨立性，使這種主動性底理性能力獲得最高的擴展。

然人亦可顛倒這一關係，使強度侵入廣度之領域，使廣度干預強度之範圍，以致兩種能力不守分際而越俎代庖。此時，人一則既無法保其自身之常住不變，再則亦無法多方領納世界之變化，終而兩面落空，一無所得。席勒於論述兩種關係之時，尤為關心因偏重理性而使直觀與感性受抑的失調狀態。他認為感性佚蕩其流弊較顯而易見，然理性專斷之害則難以使人察覺。席勒此一見解，實亦針對康德而發：

> 過於偏重感性對我們的思考與行動所造成的不良影響，任何人都顯而易見；但過於偏重理性對我們的思考與行動所帶來的不良影響，卻不容易發現，儘管這種影響經常出現且同樣重要。因此，請容我從這類可說明思維力量與意志力量搶先於直觀與感覺所造成的損害的大量事例中擇取兩件來提醒關心一下。
> 我們的自然科學為何進展地如此緩慢，最主要的原因之一，顯然是我們對目的論判斷具有一種全面且幾乎不可遏制的癖好，一旦以構成的方式（konstitutiv）來運用這種判斷，規定能力便會自行冒充為感覺能力。大自然或許依然有力且多方觸動我們的感官，但其一切多端變化對我們來說卻流失了，因為我們無非是在其中尋找我們曾經植入的東西，因為我們不允許它向內朝我們奔赴而來，而是寧可迫不及待地搶先使理性向外朝它奔競而去。若干世紀之後，若有人

以寧靜、天真且坦率的感官去親近自然，因而撞見我們由於心存成見（Prävention）而忽略不見的紛繁現象，則我們便會大為驚訝，何以那麼多雙眼睛在如此明亮的白晝下竟對此視若無睹。在組成諧音的一個個單音尚未合奏前就先去追求諧音，這種思維力量強行佔領了一塊它根本不容置喙的領土，這就是為何那麼多有頭腦的思想家致力於科學最頂尖的部分但卻成效不彰的原因，而且，對擴展我們的知識而言，究竟是並未採納形式的感性，還是並未等待內容的理性為害較大，這也很難定奪。[105]

此段即言立理限事之弊。目的論之判斷即是經思維或意志能力所形成的「理」，而自然所呈現之多端變化乃是「事」。[106]若吾人之感覺能力在尚未充

---

[105] 同上，S. 345-346. 亦參 NA 20, S. 349.

[106] 席勒的主要論點在於：既完整而又自足的至善乃是美感性格、整體人品之發展。道德是目的自身、「最高的」善，但它仍非「圓滿的」善，因為「仍可增添某物以使之變得更好」，而此物即是：整體人品底發展，此即感性與個體性亦須如理性般得到栽培。我們可以確知的是，康德並不認為只有道德才是圓滿的或自足的，而是「最高善」才是如此；他也表示，「圓滿善」即是「德福一致」。誠然，在《實踐理性批判》與《宗教》兩書中，他反對斯多葛派，並認為個人的幸福也是至善的一個必要成素。不過，康德的至善概念較席勒更偏重於道德。因為康德表示，配德幸福與否唯有以道德為準，且唯有德行才是「最高的」善。故席勒與康德之爭論最終係在道德在至善中的地位，或是道德在人生目的中的位置。康德認為道德是唯一最高的善，席勒則否。席勒在其《書簡》中所欲嘗試者，即是將康德的道德擺在一個更寬闊的視野，以使其成為人生眾多目的之一。他擔心，若唯有道德被認定為最高善，則將導致一種狹隘的道德觀，這種想法將唯有以履行道德之義務以取代一切人類的價值。但這種道德觀卻並未替人類的兩個基本價值留下餘地：一是將感性視為目的本身來發展，二是實現人類的個體性。若道德是唯一最高的善，則感性便只在達成道德目的時才具有價值；若道德係由遵循普遍之規範而行事所形成，則個體性之發展便將毫無空間可言。席勒相信這可藉其「寬闊的人學視野」來避免此一令人難以消受的道德觀，這種視野在至善的獨特概念下將賦予道德、個體性和感性以平等之地位。對席勒而言，這一獨特概念即是「對立底和諧統一」，此即美之淵源。我們一旦以這些術語來闡明康德與席勒之論辯，則不難見出康德立場之缺陷。他遭遇兩個嚴重的難題。其一，此說過於道德化，在其至善關中唯有賦予道德以最高善。這顯示譴責康德道德主義式的觀點仍有其價值存在，雖然它應當被理解為某種針對其至善理論、而非針對其道德行為之說的批判。其二，康德「至善即德福一致」的論點，可算是一種使傳統基督教天啟觀起死回生且予以理性化的試探。但在這一面向下，席勒證明自己較康德

分接納自然之紛呈異色時便搶先運用規定能力，使「理」先行於「事」，迫使「事」來湊合「理」，此即一種「向外奔競」、「心存成見」之態度。因事窮理則反是。「因事」即是因乎事物之本然而彰顯其理，或如席勒所謂「以寧靜、真淳且坦率的感官去親近自然」、「使自然向內朝我們奔赴而來」，如此方能恪盡感覺之功，而非事先預擬一定見、安排一道理，向事中來謀取一個理。席勒再舉一例，以之闡明斷定感性或理性之危害孰大究不易言：

> 我們實踐上的仁惠（praktische Philanthropie）之所以遭到破壞和變得冷漠，是因為欲望之猛烈所致，還是因為法則之嚴峻所致，是因為感官底自私所致，還是因為理性底自私所致，這同樣不易定奪。為了使自己成為一個有參與感、樂於助人和積極主動之人，感受與性格必須彼此合為一體，猶如為了使自己獲得經驗，感官底開放性與知性底力量必須彼此遇合一樣。當我們缺少真誠坦率、設身處地與感同身受這些能力，我們又如何可在這些值得稱頌的格律下公道、和善和有人性地對待他人？但當我們試圖阻斷欲望底強力，並由各種原則來鞏固性格時，則我們無論是在受人指導、還是在自我教化的狀況下，這些能力均會受到壓抑。因為在感受非常活躍時仍能忠於其原則是很困難的，所以我們就便宜行事，透過鈍化感覺來確保性格；因為在一個被解除武裝的敵人面前保持鎮定，這比制服一個勇敢強健的敵人不知要容易多少。這種辦法，在多數情況下也能達到一般人所謂形塑一個人的效果，且甚至是取這個字的最佳之義，這意味改變了人的內在，而不僅是人的外在。這樣被加以形塑的人，當然可以保證免於粗野的本性，且也看似免於表現出如此的外貌。不過，由於他身著原則的盔甲，同時也就抵制了本性底所有

為世俗與前衛。他的至善觀根本是此世（this-worldly）與人文主義式的（humanist）。上述之析論，可詳參 Frederick Beiser: *Schiller as Philosopher*.(Oxford: Oxford University 2005), p. 187-188.

感受，而且他既不被外部、亦不被內部的人性所影響。

若我們極為嚴格地以圓滿性的理想來作為評判他人與應當助人的依
據，則將是一種非常有害的誤用。前者將導致狂熱，後者將導致冷
酷與無情。若我們在思想中把請求我們幫助的現實之人暗中替換為
或許能夠自助的理想之人，這當然會使其社會義務變得非常容易。
嚴以律己而寬以待人者，這才造就一種真正卓越的性格。但大多數
的情況是，寬以待己者也寬以待人，嚴以律己者也嚴以律人；寬以
待己而嚴以律人者，則是一種最可恥的性格。[107]

　　此段即言以理抑欲之蔽。有鑒於欲望之猛烈，遂以嚴格之法則強抑之，
藉由鈍化感覺以確保性格之穩固，席勒認為此係便宜行事。這種辦法雖然簡
便，但卻因此使人之感受能力大為弱化。當此一能力遭受壓制時，人亦無法
充量發揮其「真誠惻坦」、「設身處地」與「感同身受」之能力。由此觀之，
欲望誠然有其猛烈之勢，然亦不宜以理性深抑之，否則理性即是藐視欲望之
存在而私心自用，此時當就欲望本身以謀求一調伏之道。易言之，使欲望之
佚蕩重歸於欲望之順適當須另尋他途，而非遂將用於理性之辦法轉施於欲望
之上，使欲望全為理性之所吞沒。根據理性對於欲望所採取之態度觀之，席
勒乃將人之性格高下判為三品，並認為「嚴以律己而寬以待人者」方是上品
性格。由此可知：道德之所要求者係針對自家一己而言，而非強人從己，處
處以之為尺度以裁斷他人。若以之為尺度以裁斷他人，則人恆不免於自矜自
慢。故知人以圓滿性之理想來作為裁斷他人與是否助人之根據，這在席勒眼
中不過是「嚴以律己亦嚴以律人」之二品之流，甚而此一態度更將淪於「狂
熱」、「冷酷」與「無情」之害。故欲去除「立理限事」與「以理抑欲」之弊，
其救治之策唯在下述之道：

---

[107] 同上，S. 347-348. 亦參 NA: 20., S. 349.

因此，材質衝動和形式衝動都需要節制，只要將其設想為某股力量，
它們就必須鬆緩（Abspannung）。前者不侵犯立法底領域，後者不侵
犯感覺底領域。材質衝動底鬆緩決非生理之無能和感覺之遲鈍的結
果，這種結果到處都應受到鄙棄；這種鬆緩必須是一種自由底活動、
人格底主動性，它透過精神的強度來節制感性的強度，並透過印象
之節制來削弱其深度，以擴大其廣度。性格必須為氣質劃定界限，
因為唯有精神才是感官的歸宿。形式衝動底鬆緩也決非精神無力和
思維及意志力量之怠惰的結果，這種結果將貶低人性。感性底充實
必須是形式衝動之光榮的源泉；感性本身必須憑其勝利的力量來固
守其疆土，並且對抗精神因其搶先的主動性而樂於施加的那種強制
力。總之，人格必須使材質衝動保持在屬於它自己的範圍之內，而
感覺或自然也必須使形式衝動保持在屬於它自己的範圍之內。[108]

故鬆緩者當非遲鈍怠惰之謂，而是藉此以更增益精勤勁健之勢。若兩股
力量不相揖讓而各逞其力，此非僅對彼方造成傷害，同時亦是傷害自身。兩
種衝動其作用之方向雖殊，然其根於衝動則一，此亦猶兄弟、叔姪其輩分有
異，然亦不礙其根於同祖同宗而平等無別。總言之，鬆緩即是雙方各自退讓
一步，俾以形成一新的協調空間，兩力既不交侵，則中和生焉。故論者便謂
此兩者之間當非「授受」（gegeben）、而是「交付」（aufgegeben）之關係。

3. 同時作用

上文既謂雙方須各退一步而不相侵擾，故新的協調空間此際遂騰挪而
出。席勒表示：這兩種衝動皆須同時各盡其參贊之功，「只要人只是以排他的
方式來滿足這兩種衝動中的其中一種，或是先滿足一種然後再滿足另一種，
真正合乎這個理念（亦即就這個字的圓滿意義而言）的人決不存在於經驗之
中」。換言之，只要兩種衝動各自單獨行動，則所謂協調圓滿之人便僅是一理

---

[108] 同上，S. 347-348. 亦參 NA: 20., S. 352.

念之人，而非落實於經驗中的現實之人。職是，兩種衝動必須同時並起，不分先後：

> 因為，若人僅是在感覺，其人格或絕對的存在對他便依然是個謎；
> 若僅是在思維，其在時間中的實際存在或狀態對他也依然是個謎。
> 不過，似乎也存在著同時（zugleich）成就這兩種任務的情況，即他
> 既同時意識到他的自由，又感覺到他的實際存在，既同時感覺材質，
> 又認識他的精神，因此他在這種情況中，並且根本唯有在這種情況
> 中，才能全盤洞悉其人性，而且為他提供這種洞見的對象遂成為一
> 個履行了的任務底象徵，因而（因為這唯有在時間底整體性中才可
> 達成）成為一個無限者底展現。[109]

實則席勒上文於討論交感活動時，便已透露此一「同時」之義。交感活動即心念與行為兩者通同為一、不分彼此之活動，此中毫無罅隙介乎其間。席勒在此則謂這種活動「唯有在時間底整體性（Allheit der Zeit）中方能達成」，而這一「時間底整體性」其特色便在於泯除時間之差別相，使前、中、後三際打成一片，綿密不斷。當此之際，人遂可於一刹那間超脫有限變化之存在而進入無限之域。就此觀之，不受流轉變化之所圍限而又可同時臻於常住不變，其中之關鍵即在時間。然則，此一常住者究係在變化之外，抑或在變化之內？對此，席勒則提出「於時間中揚棄時間」（Zeit in der Zeit aufheben）這一詭譎之辭論述之：

> 假設這種情況可出現於經驗中，便會在人身中喚醒一種新的衝動，
> 且正因為這兩種衝動在人身中一起作用，所以就這一新的衝動本身
> 觀之，它與兩種衝動的任何一種都是并峙的，因此可合理地稱為一

---

[109] 同上，S. 349. 亦參 NA: 20, S. 353.

種新的衝動。材質衝動之所欲者在於變化，想使時間具有內容；形
式衝動之所欲者在於消弭時間，不想變化。因此，那種使兩種衝動
聯合作用的衝動便稱為遊戲衝動（姑且先允許我稱其為遊戲衝動，
隨後我再證成這個名稱），而其宗旨即是於時間中揚棄時間，使生成
與絕對的存在、變易與不易合而為一。[110]

故此一常住不變者當非落於流轉變化之外而獨存，而是即於流轉變化以
反顯其不為後者之所囿，換言之，所謂「即於有限以見無限」、「即於變易以
顯不易」。當兩種衝動彼此互攝、並時而起之時，吾人既不可謂材質衝動是形
式衝動之起因，亦不可謂形式衝動為材質衝動之根據，而是彼是相因、不見
先後，故因果之辭在此亦無所施其技。果能臻此境地，則旋即產生一新的狀
態，此即遊戲。席勒針對這種遊戲衝動之特性解釋道：

材質衝動從其主體中排除了一切獨立性與自由，而形式衝動從其主
體中排除了一切依賴性與被動。排除自由是生理的必然性，排除被
動即是精神的必然性。因此，這兩種衝動都在逼迫人心，一則透過
自然法則，一則透過理性法則。使兩種衝動一同作用的遊戲衝動，
則同時從生理和精神兩方面逼迫人心；因為它既消解了一切偶然
性，又消解了一切必然性，所以使人在生理與精神均獲得自由。當
我們滿懷熱情地擁抱一個應當鄙視的人時，我們便會痛苦地感受到
本性底逼迫。當我們對一個迫使我敬畏的人抱有敵意時，我們便會
痛苦地感受到理性底逼迫。但是，當他既同時引起我們的愛慕
（Neigung），又博得我們的敬畏（Achtung）時，則感受底逼迫與良
知底逼迫就消失了，而且我們開始愛上他，亦即：我們的愛慕與敬
畏同時一起活動。[111]

---

[110] 同上，S. 349. 亦參 NA: 20, S. 353.

[111] 同上，S. 350. 亦參 NA: 20, S. 354.

　　席勒此處亦是暗中針對康德情理二分之倫理學架構而發。誠如前文所言，康德謂人必不可能自願聽從道德法則之命令，故道德乃是一使人「敬畏」之對象，人必須被迫服從道德之責成。席勒認為，這種壓迫人之感性以聽從理性之法則底型態，必定使人對之抱有敵意，縱使人依之而行，亦將產生痛苦不悅之感。就另一方面言之，人若滿懷熱情地去喜愛一理當遭受鄙棄之人，強使吾人之理性聽從感性之要求，此時亦會使人產生不悅之感。因此，這兩種情形下均使人在感性與理性上遭受壓迫。不過，當人既同時自願持循道德之要求、且亦包容感性所不能忍之卑賤之人時，則其便處身於一均衡協調之狀態，此時遂產生一「愛」之感受。

4. 生動意象

　　席勒接著解釋道，材質衝動之對象即廣義之「生命」（Leben），它意指「一切實質的存在」和「直接當下呈現於感官中的事物」；形式衝動之對象即本義或轉義之「形象」（Gestalt），它意指「事物的一切形式特徵」和「事物與思維力量的一切關係」。而遊戲衝動之對象，則兼涵上述兩者，此即「活的形象」（lebende Gestalt），其義亦同於「美」。故由「活的形象」觀之，美「既非」擴及一切生命領域，「亦非」侷限於此一領域，而是兩者之兼綜，「既有生命、亦有形象」：

> 大理石儘管是且永遠是沒有生命的，但透過建築師或雕刻家也同樣可以成為活的形象；人，儘管他也活著，而且也具有形象，但並非因此即是活的形象。若欲成為活的形象，則他的形象即生命，他的生命即形象。當我們僅僅思考其形象時，這個形象就是死板的，僅是一種抽象；當我們僅僅感覺其生命時，這個生命就是佚蕩的，僅是一種印象。唯有當其形式生活於我們的感覺之中、其生命形塑於我們的知性之中，他才是活的形象，而且不論何種情況，我們均可

將其判定為美。[112]

　　大理石誠是一死寂無情之物，然透過藝術家、雕刻家之巧手慧思，則轉死物為活物，其亦栩栩然如一有情有生者；人雖有情有生，既具情感亦有理性，設若未經涵養，則生如行屍、形同槁木，其亦與大理石之冰冷死寂相去幾何？此一涵養為何？此即上文所謂一方使生命有其軌輒可循，而非歧離佚蕩，一方則使形象有其體貌可見，而非蹈空履虛。唯緊扣兩端，則美感生焉。席勒謂此兩端之統一乃理性之究極要求，此亦人性圓滿之所在：

> 理性由先驗的理由提出一項要求：形式衝動與材質衝動之間應該有一個交互性（Gemeinschaft），亦即有一種遊戲衝動，因為唯有實在與形式、偶然與必然、被動與自由兩相統一，才會圓滿實現人性底概念。理性不得不提出這種要求，因為它是理性——因為按其本質，它力求圓滿與掃除一切限制，但這兩種衝動任何單方面的活動均無法圓滿實現人的本性，且在其中建立限制。理性一旦據此斷言：人性應具體存在，則它同樣也會由此建立一條通則：美應存在。是否為美，經驗可以回答我們，而且只要經驗教導我們，我們就會明瞭這是否為人性。不過，美如何可能，人性如何可能，這既非理性、亦非經驗所能傳授。[113]

　　就此「如何」兩字觀之，可知美與人性之形成，一則既不可純賴經驗之無窮搜羅，一則亦不可徒恃理性之既定推導。端賴經驗之搜羅，則美與人性便隨時而轉，喪失普遍與恆久之特性；徒恃理性之推導，則美與人性僅成懸想而與實際無涉，喪失具體與當下之特性。故席勒批駁前者「過於被技巧之

---

[112] 同上，S. 351. 亦參 NA: 20, S. 355.

[113] 同上，S. 352. 亦參 NA: 20, S. 356.

要求所引導」，後者「過於脫離經驗」。席勒表示，美乃「兩種衝動合一的對象」，並以此解釋遊戲之特徵：

> 語言底用法完美說明了「遊戲衝動」這個名稱，因為這種用法慣於用遊戲這個字來表示一切在主觀與客觀上均非偶然、在外在與內在均非逼迫的東西。因為，在直觀美的事物時，心在法則（Gesetz）與需求（Bedürfnis）之處於一種恰到好處的中間位置，正因它分身於兩者之間，所以它既脫離法則的逼迫，亦脫離欲求的逼迫。材質衝動正如形式衝動一樣，其要求對心來說都是嚴肅的，因為在認識之時，材質衝動與現實性有關，形式衝動與事物底必然性有關；因為在行動之時，材質衝動旨在維持生命，形式衝動旨在保有尊嚴，因此這兩者其目標乃在於真理與圓滿。但是，尊嚴一旦潛入其中，生命就變得無所謂了，愛好一旦牽連其中，義務也就不再強行逼迫；同理，形式的真理一旦與必然性底法則兩相契晤，心就會自由平靜地採納事物底現實性、實質的真理，而且直接的直觀一旦可與抽象相伴偕行，心就不再感到緊張。總言之：當心與理念合而為一時，一切現實者均失去其嚴肅（Ernst），因為它變得渺小（klein）了；當心與感覺兩相遇合時，一切必然者均失去了其嚴肅，因為它變得輕鬆（leicht）了。[114]

---

[114] F. Schiller: *Über die ästhetische Erziehung des Menschen in einer reihe von Briefen. in: Schiller Sämtliche Werke, Philosophische Schriften*(Berlin: Aufbau Verlag, 2005), S. 353. 亦參 NA: 20. Band , S. 357.

第四章　席勒美學與孔子美育之比較

一、國人對於席勒美學之評論

在第三章中，筆者已藉「優美的道德」為題來分疏席勒與康德其觀點之異何在。就上述引文觀之，吾人可知：康德所謂「道德的」（sittlich）決非一源自於感性動機之行為，因此一行為之最終依據並不穩定，故其可能合法，亦可能不合法。唯有完全排除感性動機，且純粹出於對道德法則之敬畏，此一行為方可謂之「道德的」，他遂將此一透過道德法則所喚起之情感稱為「崇高」（erhaben），而並未深慮席勒所讚許之「優美」（schön）。對於此一情感，康德在其《判斷力批判》中言之甚詳：

> 某一純粹的、無條件的智性愉悅的對象，即是以其強力（Macht）在吾人心中加諸於一切和每個先行於它的內心衝動之上的道德法則；而由於這種強力其實只是通過犧牲以使自己在感性（審美）上表現出來（縱然這是為了內在的自由之目的而成為一種剝削，但它卻反顯出吾人心中這種超感性的能力之不可窮究的深度，以及延伸為無法逆料的結果）：所以，這種愉悅自感性方面（就感性而言）觀之是消極的，亦即與這種興趣相悖，但自智性方面觀之卻是積極的，且與這種興趣結合起來。由此得出：智性的、自身合於目的的道德善，若從感性（審美）面來評判，則不必被表象為美，毋寧是被表象為

崇高，以致更加喚起敬畏之情（它鄙視優雅）而非愛與親切的依偎
之情；因為，人的本性並非自發地（von selbst）、而是透過理性加諸
於感性之上的強制力，才與道德善相互協調。[1]

　　究實言之，康德倫理學實未積極肯定感性之作用，亦未於其哲學體系中
將純粹之意志與優美的道德相綰合。吾人於康德批判哲學時期誠未見關於「優
美的道德」或「道德之美」等相關論述。

　　康德於文中所輕鄙者，如上述「嫵媚」、「愛」與「親切的依偎之情」，恰
為席勒「優美的道德」所頌揚。依席勒之見，此類情感並未與由敬畏所喚起
的崇高之情相悖，毋寧乃道德踐履已臻圓熟所展現的一種狀態。他在〈論優
雅與尊嚴〉一文中亦認同康德之觀點，謂「愛好之涉入一項自由的行動，根
本無法證明這一行動的純粹的合義務性。」[2]但他表示，對人（亦即對此一兼
具情理之存在者）而言，他不宜僅單方面地完成或考量理性之責求，而是必
須將自身提昇到「德性」（Tugend）之境地，而此一德性即是「對義務的愛好」
（Neigung zur Pflicht）。換言之，人之理性不僅應涉入道德行為，且亦應包含
感性。但此一感性非一盲動之本能，而是應不受強制（ohne Zwang）、自然而
然（von sich aus）地與道德目的相統一。在他看來，人不僅履行「個別的」
（vereinzelt）善舉，而是其整體性格本身即是善。席勒與康德之異，便在康
德僅論及「德行」（Tugenden）、「個別的」道德行為，而非著重「德性」（Tugend）。
但就「優美的道德」此一觀念言之，道德實踐所呈露的「狀態」（Zustand）
或「境界」（Verfassung）卻更重要。再者，康德之觀點其實是將人的神性面
之勝利建立在對感性面的壓制之上，只著眼於人之感性面是否屈服於道德意
志，但卻並非一併將其納入道德行為之中。故阿培曼（Appelmann）表示，

---

[1] I. Kant: *Kritik der Urteilskraft*, in: *KGS*, Bd. 5, S. 120-121. 譯文參閱康德著、鄧曉芒譯：《判斷力批判》（北京：人民出版社，2004 年再版），頁 111-112。

[2] *Über Anmut und Würde*, S. 200.

康德所謂道德教化恐將淪為「馴化」（Dressur），而非「教化」（Bildung）：

　　席勒之道德概念大體遠較康德寬泛。誠如我們所見，對席勒而言，此一概念涉及對理性的道德法則的無私之愛（Liebe），這是因為發自愛而犧牲一切愛好。席勒所成立的純粹道德概念全然不同於康德，亦不同於唯物論者與幸福論者的漫無定準，其欲使對義務與法則的無私之愛轉為道德行為的動機，而這種愛當然不同於唯我論者，但卻仍是「愛好」且基於感性。席勒亦將此一道德概念應用於源自於愛好所產生的行為上，這些行為與理性命令相合無間，因此他視這些行為伴有優雅之特質。他在〈論優雅與尊嚴〉中說，「其規範並非諸德行（Tugenden），而是德性（Tugend），而德性不外乎是『一種對義務的愛好』。」席勒與康德之異便在於前者反對那種否認並漠視人類一般而言的感性本性之偏頗唯靈論（Spiritualismus），因為這輕忽了人類本性的權利；反之，康德卻否認這種權利（它是仲裁人類行為所應慮及的一項事實），因為它天生與法則悖道而馳。康德「排除一切糅合（Beimischung）」且「要求真正的道德形相（Gestalt）」。席勒的道德概念基於愛與愛好，而康德卻基于純粹的敬畏；席勒兼攝本性，康德卻全然將其摒除在外。席勒處處謀求和諧，呈露美感，此即道德不應發生恫嚇的效果，不應與我們的本性勢同冰炭，而是應以優雅相伴。[3]

---

[3] *Der Unterschied in der Auffassung der Ethik bei Schiller und Kant* (mit Quellenbelegen)(G.E. Stechert and company: 1917), S. 25. 若就此一道德教化之觀點言之，依德國漢學家德彭（Günther Debon）之研究顯示，席勒所謂「優美的心靈」、「盡善盡美」等觀念與儒家「君子」之想法相通：「席勒其實近於儒家思想。『君子（edle Mensch）』（gün-dse）乃其教育事業之目的，其目標乃是努力學習以使自身臻於圓滿，並以此為裨益群體之前提。對儒家而言，生命不足以成就極致之善，誠如經常被引用的《論語》便謂：『志士仁人，無求生以害仁，有殺身以成仁。』而宣揚儒家學說之最力者孟子則表示：『魚，我所欲也；熊掌，亦我所欲也。二者不可得兼，捨魚而取熊掌者也。生，亦我所欲也；義，亦我所欲也。二者不可得兼，捨生而取義者也。』『殺身成仁，捨生取義』

康德與席勒兩人之論辯，國人亦早有所見。其中最早言及者，當推王國維先生（1877-1927）。王氏於 1906 年發表一篇題為〈教育家之希爾列爾〉的文章，「希爾列爾」即席勒之謂。王氏開篇便表示，席勒之所以力倡美育，即緣於三種時弊：「希爾列爾之美育論，蓋鑒於當時之弊而發。十八世紀宗教之抑情的教育尤跋扈於時，彼等不謀性情之圓滿發達，而徒造成偏頗不自然之人物，其弊一也。一般學者唯知力之是尚，欲批評一切事實而破壞之，其弊二也。當時德國人民偏於實用的、利己的，趣味甚卑，目光甚短，其弊三也。」[4]為掃除流弊，王氏指出席勒美育之旨趣在於「真之與善實賅於美之中。美術文學非徒慰藉人生之具，而宣布人生最深之意義之藝術也。一切學問，一切思想皆以此為極點，人之感情惟由是而滿足而超脫，人之行為惟由是而純潔而高尚。」[5]就王氏觀之，美術文學乃將真、善兩者統而一之，甚而使人生之意義臻於極境，並使一切學問及思想均鎔鑄於此。王氏極推崇席勒之美學觀，謂其實具「津梁」之特徵：

> 泰西自雅里大德勒以後，皆以美育為德育之助，至近世諾夫志培利、赫啟孫等皆從之。及德意志之大詩人希爾列爾出，而大成其說，謂人日與美相接，則其感情日益高，而暴慢鄙倍之心日益遠。故美術者科學與道德之生產地也。又謂審美之境界乃不關利害之境界，故氣質之欲減，而道德之欲得由之以生。故審美之境界乃物質之境界與道德之境界之津梁也。於物質之境界中，人受制於天然之勢力；

此兩語乃隨其文脈而成為士大夫與民族英雄之座右銘。……席勒之自由概念究非一成不變，其於時間推移中有所轉變。他於 1793 年〈論優雅與尊嚴〉一文中便謂：「由道德之力量來克制衝動乃謂之『精神之自由』（Geistesfreiheit），而『尊嚴』（Würde）則是其於現象中的展現。就精神之自由此一概念觀之，這似是儒家思想之良證。」參閱 Günther Debon: "Zwei Sprüche des Konfuzius". in: *Schiller und der chinesische Geist, Sechs Versuche*. Heidelberger Schriften zur Ostasienkunde, hrsg. von Günther Debon und Lothar Ledderose; Bd. 5(Frankfurt/Main: Haag und Herchen, 1983), S. 90.

[4] 王國維原著、佛雛校輯：《王國維哲學美學論文輯佚》（上海：華東師範大學，1993 年），頁 255-256。

[5] 同上，頁 256。

於審美之境界則遠離之；於道德之境界則統御之。[6]

王氏「津梁」一辭即席勒《美育書簡》中所謂「中間狀態」。此一狀態一方使人轉化其材質衝動而不為其所制，一方則使人活化其形式衝動而不為其所制，當人均擺脫兩種力量之宰制時，人方有自由可言。王氏以為此一狀態與孔子之美育思想實吻吻不殊：

> 希氏後日更進而說美之無上之價值，曰：如人必以道德之欲克制氣質之欲，則人性之兩部猶未能調和也：於物質之境界及道德之境界中，人性之一部必克制之，以擴充其他部。然人之所以為人，在息此內界之爭鬥而使卑劣之感躋於高尚之感覺。如汗德之嚴肅論中，氣質與義務對立猶非道德上之最高理想也。最高之理想存於美麗之心（beautiful soul）。其為性質也，高尚純潔，不知有內界之爭鬥，而唯樂於守道德之原則。此性質唯可由美育得之，此希氏最後之說也。[7]

王氏此說係依席勒《美育書簡》一書而來。席勒於本書第 17 封信中表示，當人之兩種衝動各自實行獨立統治時，均使人處於一強制與壓迫狀態，倘欲免此而恢復自由，必使兩種衝動一併作用方可，「故片面地受感覺所控制的人，或謂感性緊張之人，必須利用形式得以鬆緩，獲得自由；片面地受法則所控制的人，或謂精神緊張之人，必須利用材質得以鬆緩，獲得自由。」[8]當兩種衝動相輔相成之際，即優美心靈生起之處。王氏遂以「美麗的心」與孔子之審美境界相通。依他之見，孔門教學「始於美育，終於美育」（即「興於

---

[6] 同上，頁 255-256。

[7] 佛雛著：《王國維詩學研究》（北京：北京大學出版社，1999 年），頁 341。

[8] *Über die ästhetische Erziehung des Menschen in einer reihe von Briefen*, S. 361.

詩，立於禮，成於樂」），且「於詩樂外，尤使人玩天然之美」。王氏所謂「天
然之美」者，即源於《論語》曾點「言志」一節：「暮春者，春服既成，冠者
五六人，童子六七人，浴乎沂，風乎舞雩，詠而歸。夫子喟然嘆曰：『吾與點
也！』」對於此一美感境界，王氏衷心嚮往並讚嘆道：

> 由此觀之，則平日所以涵養其審美之情者可知矣。之人也，之境也，
> 故將磅礴萬物以為一，我即宇宙，宇宙即我也！光風霽月不足以喻
> 其明，泰山華嶽不足以語其高，南溟渤澥不足以比其大。此時之境
> 界無希望，無恐怖，無內界之爭鬥，無利無害，無人無我，不隨繩
> 墨而自合於道德之法則。一人如此則優入聖域，社會如此則成華胥
> 之國。[9]

國人中徵引席勒美學思想卻未明白指陳者則為蔡元培先生（1868-
1940）。蔡氏於 1912 年發表一篇題為〈對於教育方針之意見〉的文章，他於
比較政治家與教育家之用心之異後，認為教育家之特點乃在其可立身於現象
界與實體界之交界處，且力求兩界之融通：「以現世幸福為鵠的者，政治家也；
教育家則否。蓋世界有二方面，如一紙之表裡：一為現象，一為實體。現象
世界之事為政治，故以造成現世幸福為鵠的；實體世界之事為宗教，故以擺
脫現世幸福為作用。而教育者，則立於現象世界，而有事於實體世界者也。
故以實體世界之觀念為其究竟之大目的，而以現象世界之幸福為其達於實體

---

[9] 佛雛著：《王國維詩學研究》，頁 342。另，日人蟹江義丸（1871-1904）則指出，「子曰：『知
者樂水，仁者樂山。知者動，仁者靜。』（〈雍也〉）何晏曰：『仁者樂如山之安固，自然不動，
而萬物生焉。』孔安國曰：『無欲故靜。』包咸曰：『性靜者多壽考』：皆過於詮（穿）鑿。此
條不過孔子形容仁者悠悠自適之狀態耳。又如：子曰：『知之者不如好之者，好之者不如樂之者。』
（〈雍也〉）孔子之尊視悅樂，即此可見。然則孔子之仁，為有悅樂之要素者。以此點言，孔子
之倫理說實近於悅樂主義（Eudemonism）。」蟹江又謂，「就中能發揮孔子性格之悅樂之方面者，
莫為顏淵。而觀孔子之於門人中，最稱道顏淵，尤可見孔子學說之多有悅樂的要素矣。至宋儒大
發揮此方面，所謂『孔顏樂處』是也。」參閱佛雛著：《王國維哲學譯稿研究》（北京：社會科
學文獻出版社，2006 年），頁 173。

觀念之作用。」[10]

　　教育家之職務即在通達兩界而使之不相忤逆。教育家既未如政治家般僅著眼於現世之幸福，亦未如宗教家般擺脫現世之幸福，而是既兼顧現世之幸福而又不滯於此。蔡氏指出，教育家雖不盡贊成人汲汲於現世之幸福，但卻反對人全然斬斷與現世幸福之聯繫，蓋這將淪為一種厭世派之宗教或哲學。這種宗教或哲學，「以提撕實體世界觀念之故，而排斥現象世界。因以現象世界之文明為罪惡之源，而一切排斥之者。」[11]故他並不認同這種非此即彼式的二分法，而是實體即寓於現象中，且幸福乃不幸福之人類達於實體世界之作用：

> 現象實體，僅一世界之兩方面，非截然為互相衝突之兩世界。吾人之感覺，既托於現象世界，則所謂實體者，即在現象之中，而非必滅乙而後生甲。其現象世界間所以為實體世界之障礙者，不外二種意識：一，人我之差別；二，幸福之營求是也。人以自衛力不平等而生強弱，人以自存力不平等而生貧富。有強弱貧富，而彼我差別之意識起。弱者貧者，苦於幸福之不足，而營求之意識起。有人我，則於現象中有種種之界畫，而與實體違。有營求則當其未遂，為無已之苦痛。及其既遂，為過量之要索。循環於現象之中，而與實體隔。能劑其平，則肉體之享受，純任自然，而意識之營求泯，人我之見亦化。合現象世界各別之意識為渾同，而得與實體吻合焉。故現世幸福，為不幸福之人類達於實體世界之一種作用，蓋無可疑者。[12]

　　蔡氏謂「泯營求而忘人我」乃在「提撕實體觀念之教育」，而其致之之道

---

[10] 蔡元培著、聞笛・水如編：《蔡元培美學文選》（臺北：淑馨出版社，1989年），頁3。

[11] 同上，頁4。

[12] 同上，頁4。

則有消極與積極兩途。就消極方面言，即是既不厭棄、亦不執著現象世界；就積極方面言，即是企慕實體世界而漸進於領悟。合此兩途，一方注重思想自由言論自由之公例，一方亦不以某家流派之哲學或某宗教之教義桎梏其心，而是「唯時時懸一無方無體無始終之世界觀以為鵠」[13]，以之養成一「世界觀教育」為依歸。蔡氏謂此一世界觀之教育非是透過一簡單枯槁之言說，而是必須經由美感教育：

> 世界觀教育，非可以旦旦而聒之也。且其與現象世界之關係，又非可以枯槁單簡之言說襲而取之也。然則何道之由？曰，由美感之教育。美感者，合美麗與尊嚴而言之，介乎現象世界與實體世界之間，而為之津梁。此為康德所創造，而嗣後之哲學家未有反對之者也。在現象世界，凡人皆有愛惡驚懼喜怒悲樂之情，隨離合生死禍福利害之現象而流轉。至美術，則即以此等現象為資料，而能使對之者，自美感以外，一無雜念。例如採蓮煮豆，飲食之事也，而一入詩歌，則別成興趣。火山赤舌，大風破舟，可駭可怖之景也，而一入圖畫，則轉堪展玩。是則對於現象世界，無厭棄亦無執著者也。人既脫離一切現象世界之感情，而為渾然之美感，則即所謂與造物為友，而已接觸於實體世界之觀念矣。故教育家欲由現象世界而引以到達於實體世界之觀念，不可不用美感之教育。[14]

蔡氏謂美感教育乃溝通兩界之「津梁」，此說與王國維同，然王氏提出此說實早於蔡氏若干年，此或蔡氏有取於王氏之說而光大之，或未可知。蔡氏謂美感乃合美麗與尊嚴於一體而言之，且謂此一觀念濫觴於康德，嗣後哲人乃繼起力倡云云。按康德固然在其《判斷力批判》一書中試圖以美以綰合自

---

[13] 同上，頁5。

[14] 同上。

然與自由兩界，然明以「美麗」與「尊嚴」兩字合言美之形成者，蓋可溯諸席勒〈論優雅與尊嚴〉一文。席勒於本文中特重靈肉、理事之通貫一氣，兩無挌隔，於著眼精神之美時亦不捐棄形軀之美，甚謂精神之美毋寧須寓諸形軀之美中方得以呈露。蔡氏「實體者，即在現象之中」之見，實與席勒所述極為雷同。蔡氏論美之文章甚夥，其雖未具體指出其美育之論述係引席勒而來，然觀其所用術語多本於席勒，即此可知其受席勒之影響既深且鉅。[15]

　　上述兩人均零星援引席勒美學而與儒家思想相貫通，然闢有專章加以論究者，則為朱光潛先生（1897-1986）。朱氏於疏解《審美教育書簡》第十四封信時表示，席勒所謂「同時讓欲念與尊敬在一起遊戲」乃是一種「魚水相得」之狀態，而此一狀態即遊戲衝動所形成的「活的形象」[16]。朱氏之觀點

---

[15] 蔡氏在為商務印書館所出版之《教育大辭書》一書撰寫〈美育〉條目時指出：「自文藝復興以後，文藝、美術盛行。及十八世紀，經包姆加敦與康德之研究，而美學成立。經席勒爾詳論美育之作用，而美育之標幟，始彰明較著矣。（席勒爾所著，多詩歌及劇本；而其關於美學之著作，惟 Briefe über die ästhetische Erziehung，吾國『美育』之術語，即由德文之 ästhetische Erziehung 譯出者也。）自是以後，歐洲之美育，為有意識之發展，可以資吾人之借鑒者甚多。」參閱蔡元培著、聞笛‧水如編：《蔡元培美學文選》（臺北：淑馨出版社，1989 年），頁 206。

[16] 朱光潛先生以「魚水相得」之義以釋席勒遊戲概念，則近莊子。參閱朱光潛：《朱光潛全集》第 7 卷（安徽：安徽教育出版社，1996 年），頁 104-105。而持相同觀點者，亦有徐復觀先生。徐氏於其《中國藝術精神》一書第二章〈中國藝術精神主體之呈現——莊子的再發現〉中於析述莊子「游」之一義時，認為席勒之觀點與莊子甚近。據徐氏謂，「在遊戲中所得到的快感，是不以實際利益為目的。這都合於藝術的本性。並且想像力是使美得以成立的重要條件。若把想像力分為創造之力，人格化之力，以及產生純感覺的形相之力的三者，則在遊戲活動中，實具備有前二者的想像力，甚至有時也具備有第三種想像力」。徐氏表示，達爾文、斯賓賽均從生物學之立場將人與動物之遊戲等量齊觀，然遊戲卻不然：「西勒（J. C. F. Schiller, 1759-1805）則與之相反，認為『只有人在完全的意味上算得是人的時候，才有遊戲；只有在遊戲的時候，才算得是人。』」欲將一般的遊戲與藝術精神劃一境界線，恐怕只有在要求表現自由的自覺上，才有高度與深度之不同；但其擺脫實用與求知的束縛以得到自由，因而得到快感時，則二者可說正是發自同一的精神狀態。而西勒的觀點，更由莊子對游的觀點，非常接近。莊子之所謂至人、真人、神人，可以說都是能游的人。能游的人，實即藝術精神呈現了出來的人，亦即是藝術化了的人。「游」之一字，貫穿於《莊子》一書之中，正是因為這種原因。」參閱徐復觀：《中國人之藝術精神》（上海：華東師範大學出版社，2001 年），頁 36-37。而以中國文體觀點而與席勒美學相比論者，則有吳宓（1894-1978）與錢鍾書（1910-1998）兩先生。吳氏以唐詩比擬天真詩人，以宋詩比擬感傷詩人：「蓋約略比較言之，唐詩富於想像，重全部之領略，渾融包舉。宋詩偏重理智，憑分析之功能，細微切至。西人論文學盛衰往史者，有(1)古典時期與(2)衰微時期之分。英人辜律己 S. T. Coleridge

亦與上述王、蔡兩位先生同出一揆，認為遊戲衝動乃孔子七十之境界：

> 在當時美學家中，英國經驗派（例如博克）把美和生活等同起來，
> 而形式派（席勒舉德國藝術家拉斐爾‧孟斯為例）則把美和形式等
> 同起來。席勒的「活的形象」是這兩種都是片面的看法的辯證的統
> 一。他指出必須統一的理由說：「人不只是物質，也不只是精神。所
> 以美，作為他的人性的完滿實現來看，既不能只是生活，也不能只
> 是形象。」生活受制於需要，形象受制於法則。「在美的觀照中，心
> 情是處在法則與需要之間的一種恰到好處的中途」。用孔子的話來
> 說，藝術和美的欣賞所由起的「遊戲衝動」是「從心所欲，不踰矩」。
> 只有在達到這種境界時，人才能達到生活與形象的統一，感性與理
> 性的統一，物質與精神的統一，也才能達到「完整的人格」與「心
> 靈的優美」。所以席勒說：「只有當人充分是人的時候，他才遊戲；
> 只有當人遊戲的時候，他才完全是人。」[17]

宗白華先生（1897-1986）亦有專文論及席勒美學。宗氏撰有〈席勒的人
文思想〉一文，文中肯定席勒之人文主義為「德國古典時代人文思想的精髓」，
他認為席勒美學之旨趣乃在重省「目的」之意義，並以「無所為而為」之創
造精神來詮解席勒之遊戲說：

論作詩宜憑（1）想像 imagination 而勿用（2）諧趣 fancy。德人席勒 Schiller 又有（1）本真詩與
（2）思感詩之說 Naive und Sentimentalische Dichtung。凡此二者之分別，亦即（1）唐詩與（2）
宋詩之所由異。」參閱吳宓：《吳宓詩話》（北京：商務印書館，2005 年），頁 260。錢鍾書先
生則表示，「德詩人席勒 （Schiller）有論詩派一文 （Über naive und sentimentalische Dichtung），
謂詩不外兩宗：古之詩真朴出自然，今之詩刻露見心思：一稱其德，一稱其巧。顧復自註曰：『所
謂古今之別，非謂時代，乃言體制』；（Daß wenn hier die neuen Dichter denalten entgegengesetzt
werden，nicht sowohl der Unterschied der Zeit als der Unterschied der Manier zu verstehen ist.）故有古
人而為今之詩者，有今人而為古之詩者，且有一人之身攙合今古者。」參閱錢鍾書：《談藝錄》
（北京：三聯書店，2004 年），頁 3。

[17] 朱光潛：《朱光潛全集》第 7 卷（安徽：安徽教育出版社，1996 年），頁 105。

席勒主張近代人須恢復藝術中「無所為而為」的創造精神，在這裡
是自由的愉悅的「遊戲式」的創造。興趣與工作一致，人格與事業
一體。一切皆發於心靈自由的表現，一切又復返於人格心靈的涵養
增進。工作與事業即成為「人格教育」。事業因出發於心靈的愉悅而
有深厚的意義與價值。人格因事業的成就而得進展完成。

人格不復是殉於種種「目的」的勞作，乃是將種種「目的」收歸自
心興趣以內的「遊戲」。於是乃能舉重若輕行所無事，一切事業成就
於「美」，而人生亦不失去中心與和諧。[18]

　　「無所為」者即表示人並未預擬一套成見，事先安排一必然目的，強使
萬物與之相湊合，如此一來方不致刻意穿鑿；「而為」兩字即表示順乎萬物本
性而輔翼之，使人之自身亦得以盡其參贊之功。宗氏認為達到此一理想之道
路即為「美的教育」，此種教育「將生活變為藝術」，其由人之生活、道德與
事功三方面彰顯出來：「生活須表現『窈窕的姿態』（席勒有文論莊嚴與窈窕），
在道德方面即是『從心所欲不踰矩』，行動與義理之自然合一，不假絲毫的勉
強。在事功方面，即『無為而無不為』，以整個的自由的人格心靈，應付一切
個別瑣碎的事件，對於每一事件給予適當的地位與意義。不為物役，不為心
役，心物和諧底成於『美』。而『善』在其中了。」[19]

　　而國人中最能通觀席勒美學、且將其與中國人之審美精神相融冶者，則
為唐君毅先生（1909-1978）。唐氏於《心物與人生》一書第二部第五章〈人
生之智慧〉中以韻文體裁綜述席勒美學。此文共分甲、乙、丙、丁四段，甲
段首標席勒美學宗趣，使其與康德哲學有一精簡之對照，俾使吾人綜覽席勒
美學之高明精微何在；乙段與丙段則係根據席勒〈卡利雅書簡〉一文以撮述
自然之美與藝術之美之特色為何，其與中國之審美精神之相通處又何在；丁

---

[18] 宗白華：《宗白華全集》第 2 卷（安徽：安徽教育出版社，1996 年），頁 114。

[19] 同上，頁 114。

段則直陳席勒美學畢竟係一成人之學，美之最高境界悉由人格之美透顯而出。[20]唐氏於首段中指出康德系統中兩界懸隔之蔽，並指出席勒之理想：

> 知識求真，明現象之抽象律則。
> 道德志善，顯真我之實踐理性。
> 求知應冷靜，立德在嚴正。
> 吁嗟乎，理性、現象於此終相拒，
> 冷靜、嚴正，無歡趣；
> 唯彼美為真善媒。
> 通彼感覺現象與理性，通彼內外、心物、我與人。[21]

唐氏於乙段中指出席勒之因應之道。感覺與理性、內與外、心與物與人與我此兩者緣何有隔？其因即在私慾、私我作祟。私慾一起，則我與物打成兩橛，故內外、心物、人我之隔閡乃托之而起。此時對治之道唯在「觀」之一字，亦即反觀我與自然本為一體，與物原非有二。唐氏此處所言，蓋將程明道「仁者，渾然與物同體」、邵康節「以物觀物」之旨與席勒所謂觀自然之美相發明者：

> 「仰視碧天際，俯瞰綠水濱。寥闊無涯觀，寓目理自陳。」
> 水有淪漣風有韻，韻律、對稱、和諧、比例，皆律則，直在聲音
> 相貌陳。
> 自然美兮無不在，葉葉花花皆世界。

---

[20] 唐氏亦將歌德與席勒之人格特徵作一比較，謂「歌德是長江大河，席勒便只是碧湖清澗。然而碧湖清澗比長江大河更優美。歌德還有塵世氣，席勒之人格，則純粹如精金美玉。席勒的美學書札與論文，論美即論善。其論美以人格美為歸宿，人格美即善。其論人格之美，如論風度，論崇高，都是道德哲學上的無價之寶，任何人所應當讀的。」參閱唐君毅：《唐君毅全集卷一之一 人生之體驗》（臺北：臺灣學生書局，民74），頁I-22。

[21] 唐君毅：《唐君毅全集卷二之一 心物與人生》（臺北：臺灣學生書局，民78），頁250-251。

一花一葉尋常物，一一皆足寄深情。

此情深深深不盡，直達自然深本根。

此情豈復是私慾，原來正自無私出。

忘機乃見雲出岫，忘言乃聞溪水聲。

溪聲便是廣長舌，山色莫非清淨身。[22]

　　席勒於〈卡利雅書簡〉中將美定義為「現象中的自由」。現象既被自然之因果性所牢籠，其又何來自由可言？席勒謂，此時吾人當採取「觀照」（Betrachtung）而非「觀察」（Beobachtung）之態度，或謂應處於一「被動」而非「主動」之態度，藉此以泯除吾人心中素所慣用之執取活動，使物象自身自呈其本來面貌。在一般態度下，吾人何以對雲岫視若無睹，對溪聲充耳不聞？此皆因吾人並非純觀物象之自呈其相，或者依唐氏所言，吾人乃機心自用、取著言說之故。席勒表示，若欲使物象自呈而透露美感，此唯處於一「離言絕念」之狀態時方可有之。離言者即不代現象立言；絕念者即不以機心範圍現象，如是則溪聲當盡如廣長舌般言之不絕，而山色亦當如清淨身般明朗展現。唐氏於此段末尾寫道：

有形無形，有情無情，有心無心皆不是，雙忘物我見天心。

天心直向余心落，傍花隨柳成大樂。

此樂實從天上來，還來淨化吾私慾。

私慾除兮天理見，吾獨樂兮願人樂。

內外、心物、情理、德樂、人我之矛盾至今銷；美之價值何可忽。[23]

---

[22] 同上，頁 251-252。

[23] 同上，頁 252-253。

除了自然之美外，猶有文藝之美可言。依席勒，美雖為「自由寓於現象之中」，然此一自由乃去除執取之態度而透顯之主觀境界，故仍須經由某一手法予以客觀化，此一主觀所得之境界方可化為具象之一物，以使人共賭共聞。故「自由寓於現象之中」雖為美之必然條件，然須一充要條件方可使之落實，而此一條件即為「自由寓於技法之中」。席勒表示，自由雖假技法而展現，然卻並不與技法同處一格，其展現乃恃乎技法而又不以此為限。若轉為技法所縛，則自由一字亦成虛語。。唐氏乃於丙段中總結席勒之意道：

> 伊彼自然美，由彼聲色之有形，見無形之天心；藝術文學美，
> 表現我心中無形之情蘊、想像、意境於聲色之有形。
> 表現果何為？主觀皆作客觀呈。
> 情動於中不自已，手舞足蹈難自止。
> 從此我心人共見，悲笑相看更不疑。
> 有諸內者形諸外，人間由此生誠信。
> 悲相慰兮樂相生，人間由此見恩情。[24]

席勒於《美育書簡》中對人之整體與和諧著墨甚深，謂「教化」（Bildung）方能有臻於此。吾人通觀全書，可知「成人之學」實為席勒美學之宗旨。唐氏以孟子盡心篇「可欲之謂善，有諸己之謂信，充實之謂美，充實而有光輝之謂大，大而化之之謂聖，聖而不可知之謂神」之語，以與席勒此一成人之學相觀。對此一人格昇進之道，席勒亦闢專文論及。席勒將美區分為優美（Schönheit）與壯美（das Erhabene）兩類，以優美為弱德（weibliche Tugend）、壯美為剛德（männliche Tugend），謂優美素藉形軀而彰顯，壯美乃依心靈而展現。此兩種美感雖性質互異，然卻不礙其相貫通。優美可分為四品，依其層次之高下可分「嫵媚」（Reiz）、「窈窕」（Grazie）、「優雅」（Anmut）與「神

---

[24] 同上，頁 253-254。

往」(das Bezaubernde);壯美亦然,亦可分為「高貴」(Edel)、「莊重」(Hoheit)、「尊嚴」(Würde)與「威嚴」(Majestät)四品。[25]優美雖偏依形軀而顯現,然未嘗不可與心靈相接而通於壯美,故優美中亦有壯美斡運其中;壯美雖偏依心靈而展現,然亦不礙其與形軀相聯而繫於優美,故壯美中亦有優美潛寓其間。由此觀之,形軀自不礙心靈之豁顯,無形亦可通極於有形,故人之心身、內外當可上下同流。唐氏謂席勒美學可與孟子「形色,天性也」之踐形精神相通,且其美學之理念亦可由儒家禮樂之道以極成之:

> 文藝之創作,猶是身外物。唯彼人格美,君子美其身。
> 可欲之謂善,有諸己之謂信。充實之謂美,美乃生光輝。
> 故彼真有德,睟面盎背,形乎動靜見乎行。誰知巍然七尺軀,
> 氣象威儀即道存。
> 或如泰山喬嶽何高卓!
> 或如和風甘雨何溫純!
> 或如霽月光風何灑落!
> 或汪汪軌度,如萬頃波。或委委佗佗,如山如河。
> 人物氣象之優美壯美類何限。
> 皆彼踐彼形色之人格精神,直呈於自然。
> 此義唯貴國儒者言禮樂,能極其義至此,余雖有志而未逮焉。[26]

　　上舉四家均可證明席勒美學實與孔子美育思想深相契合。而近人之中持此一觀點者,亦可證諸李明輝與李澤厚兩先生。李明輝先生對於康德與席勒兩人之間關於「義務與愛好」(Pflicht und Neigung)之辯,則有如下之見:

---

[25] *Über Anmut und Würde*, S. 221.

[26] 唐君毅:《唐君毅全集卷二之一　心物與人生》,頁 254-255。

康德所理解的「道德主體」是一個理性主體；它排除一切感性因素，單獨負責道德立法。它固然包含道德行為的「動因」（Bewegungs-grund），但卻不包含其「動機」（Triebfeder）；「道德動機」則旁落於屬於感性領域的道德情感。反之，席勒所構想的「道德主體」卻不排除感性的本性。誠如現象學倫理學家萊內爾（Hans Reiner, 1896-1991）所指出，「人這個存有者——根據席勒，他應當是道德的——不僅是純粹的理性人格，而是包含其感性面在內（亦即，包含其『自然』在內）的整體的人。」因此，對席勒而言，道德行為是本身就含有動力（即道德動機）的道德主體之自我實現；而人的道德圓滿性在於理性我與感性我之內在統一，亦即義務與愛好之結合。……當康德試圖說明「敬畏之情」的積極面時，他不免會陷入一種困局。因為在他的倫理學系統中，作為道德動機的敬畏之情必須包含一種愉快，否則他就無法推動我們去做道德的行為。但是當康德將這種愉快完全排除於道德主體之外，而將道德主體僅視為一種純粹的理性人格時，這種愉快便成為了一個荒謬的東西，亦即我們的感性主體因受到道德主體之壓制而感受的愉快——一種自虐的情感！[27]

故席勒「優美的心靈」乃人之道德情感之極致，亦即人之整體性格（而非個別行為）之和諧（而非緊張性）。依李明輝先生之見，席勒此一觀點實與孔子「從心所欲，不踰矩」之七十境界相近；但在康德「存心倫理學」（Gesinnungsethik）之基本預設下，其情理二分之說遂相當於曾國藩「不為聖賢，便為禽獸」之說。在此一二分法之極端發展下，人之感性主體遂受道德主體之壓制而形成一種「自虐的情感」[28]！

---

[27] 參見李明輝：〈康德的「道德情感」理論與席勒對康德倫理學的批判〉，收錄於《四端與七情——關於道德情感的比較哲學探討》，頁 37-38。

[28] 同上，頁 61。

李澤厚先生亦對康德倫理學此一抽象而絕對的先驗律令多所批判,謂「這作為先驗的絕對律令與經驗世界毫無關係,本體和現象界可以截然二分」,並認為中國文化（尤以孔孟文化為代表）所含有的「實用理性」及「樂感文化」當有進於此:

> 康德把理性與認識、本體與現象作了截然分割,實踐理性（倫理行為）只是一種「絕對命令」和「義務」,與任何現象世界的情感、觀念以及因果、時空均毫不相干,這樣就比較徹底地保證了它那超經驗的本體地位。中國的實用理性則不然,它素來不去割斷本體與現象,而是從現象中求本體,即世間而超世間,它一向強調「天人合一,萬物同體」;「體用一源」「體用無間」。康德的「絕對命令」是不可解釋、無所由來（否則即墜入因果律的現象界了）的先驗的純粹形式,理學的「天命之謂性」（「理」）卻是與人的感性存在、心理情感息息相通的。……「天」和「人」在這裡都不只具有理性的一面,而且具有情感的一面。程門高足謝良佐用「桃仁」「杏仁」（果核喻生長意）來解釋「仁」,周敦頤庭前草不除以見天意,被理學家傳為佳話。「萬物靜觀皆自德,四時佳興與人同」;「等閒識得春風面,萬紫千紅總是春」是理學家們的著名詩句。……宋明理學家經常愛講「孔顏樂處」,把它看作人生最高境界,其實也就是指這種不怕艱苦而充滿生意,屬倫理又超倫理、準審美又超審美的目的論的精神境界。[29]

李澤厚非對康德倫理學之關鍵一無所見,不過,他卻認為:儒家思想實積極肯定對此一情理協調之態度,且尤其強調人之感性存在、心理情感,如

---

[29] 李澤厚:《實用理性與樂感文化》（北京:三聯書店,2005 年）,頁 64-65。相關之論點,亦可參閱李著《中國古代思想史論》（臺北:三民書局,民 89 年）一書中有關「樂感文化」一節,頁326-336。

其於《論語今讀》中詮釋「子曰：出則事公卿，入則事父兄，喪事不敢不勉，不為酒困，何有於我哉？」時所表示：「『不敢不勉』者，必須自我立法，勉力而為。道德總是理性對感性的制約、束縛和控導，常常是『理欲相鬥』而以理勝。這種『鬥』首先是自覺（不敢不勉），然後逐漸做到『不自覺』。『理欲相鬥』，『德』之始；『理欲相容』，『情』為終（審美）。」[30]故在孔子思想中，人之道德實踐發展最終當可臻於一審美之境界。故就中國哲學「從現象中求本體」、「即世間而超世間」之角度觀之，可知中國哲學特重時間，人可於時間之歷程中漸次轉化；然康德倫理學為求保障超經驗之本體地位、先驗的純粹形式，相較之下，不免有貶抑時間、脫離世間之患。職是，李氏援引席勒《美育書簡》之語而針對《論語》「子在川上，曰：『逝者如斯夫！不捨晝夜。』」一句詮釋道：

> 儒家哲學重實踐重行動，以動為體，並及宇宙；「天行健」，「乾，元亨利貞」均是也，從而它與一切以「靜」為體的哲學和宗教區分開來。……「逝者如斯夫」正在於「動」。其中，特別涉及時間在情感中才能與本體相關涉。這是對時間的詠嘆調，是人的內時間。……Kant 所謂「內感覺」的時間……只是認識的感知形式。這種時間是理性的內化。而「真正」的時間則只存在於個體的情感體驗中。這種「時間」是沒有規定性的某種獨特綿延，它的長度是心理感受的長度。有如 Schiller 所云：「我們不再在時間中，而是時間以其無窮的連續在我們的心中。」（《美育書簡》）

　　總結上述各家所言，遂可窺見：席勒與孔子兩者皆未專就美學（或藝術）提出一套體系嚴密之理論，而皆是就人之所以為人、人之成長歷程以指點一條具體親切的實踐途徑，換言之，此兩者均非徒託空言，以建立一知識體系

---

[30] 李澤厚：《論語今讀》（天津：天津社會科學院出版社，2007 年），頁 164。

為能事，而其目的則畢竟在於使人躬行踐履，以行證知，使人之行動與其認知相互統貫，或謂使其具有一整全之視野。[31] 就席勒美育精神言之，其宗旨實如 Volkmann-Schluck 所言：

> 引領席勒之疑問在於：人之為人緣何可能？《美育書簡》甚至為藝術之本質提供諸多深刻洞見。它也奠定了一種特定的教化理念，也就是說，它留下了一道今人試圖藉由眾說紛紜的教化理論來填補的空缺，此即：美德教化之理念，此必定上溯於希臘之古典。然則，席勒之主要意圖既非溯諸一套藝術本質之理論，亦非溯諸教化之基礎，而是與康德對於人之本質之先驗提問有關，其意圖乃是探問人之存在之可能性之種種條件。……席勒鑑於人之兩種根本力量彼此對峙，遂問道：人何以可能？因為，人或成為脫離世界與現實的人格，或自喪於各種變化序列之中，而此一變化序列仍被此一形式之自我意識所捆束而成。若人之為人為可能，則決定人的這兩種衝動似須統合於第三種衝動之中。……席勒逐步確立此一擬定的第三種衝動，最終發現其對象為美。席勒如今得出：吾人確知美之存有，

---

[31] 此義誠如 Max Kommerell（1902-1944）所言：「席勒或許從未自問『我是誰』，原因並不在於他迴避問題，而是他並未被問題所困。或許，他還可問『我應該成為什麼人』，並急著問『我應該做什麼』。他對德國人的影響與其著述密不可分，這還是其次；毋寧說，此種影響始於著述本身，它創造了一種發揮影響力的雄圖。無論待己，亦或處世，他均抱持『革故生新』（umformend）之態度。這便不同凡響。何況，著述本身乃一無恃無求之物，其人寓於其言，故流風所及，一絕依傍，有情皆感奮而起。席勒本人首開先例，將自己塑造為一則『席勒傳奇』（Schiller-Legende）。他筆力萬鈞，服膺其自身所苛選的章法。此一章法之選定係由種種思考體式（Denkform）而來，它對席勒之影響經久不變，且他對此恪遵不移，至死才認識自己身上這一點。這些思考體式泰半是其選擇，少見其創發，而它之所以吸引席勒，即緣於它苛酷地抵抗一切天得之物（Natürlichen），這是因為他本身中『自覺者』（Bewußtes）與『不自覺者』（Unbewußtes）、『所意欲者』（Gewolltes）與『所當然者』（Gemußtes）彼此猛烈對峙而然。對他來說，唯有如此才是人生（Dasein）。我們實難從其意志所嚴格監控的作品之中來解讀其不受監控的內心生命。不過，此一根源卻不容抹殺。」參閱 Max Kommerell: "Schiller als Gastalter des handelnden Menchen", in: *Geist und Buchstabe der Dichtung. Goethe, Schiller, Kleist, Hölderlin*(Frankfurt am Main: Vittorio Klostermann, 1991), S. 132-133.

且最終使其可能者乃是此一衝動。美之作用與真實如此明朗，形式衝動與材質衝動之統一其作用與真實亦復如是。人之為人亦同為可能。美予人以自知之明。[32]

由人之為人何以可能、美德之教化理念出發，席勒逐步顯示人之為人者畢竟在使對立者重歸於和諧，而美即是此一和諧之極境，成人即成美。以此為對照，吾人當可理解孔子之美育思想實與席勒殊途而同歸，此如陳昭瑛先生所言：

孔子說：「禮云禮云，玉帛云乎哉？樂云樂云，鐘鼓云乎哉？」（《論語‧陽貨》）即暗示了禮並非只是玉帛等外在形式，樂也不等於鐘鼓之音而已。他說：「人而不仁，如禮何？人而不仁，如樂何？」（《論語‧八佾》）可見他企圖以「仁」來充實禮樂的內容。孔子主張形式與內容必須維持平衡，以成一不可分割之整體：「質勝文則野；文勝質則史；文質彬彬，然後君子。」（《論語‧雍也》）《論語》還記載「子謂韶：『盡美矣，又盡善也。』謂武『盡美矣，未盡善也。』」（《論語‧八佾》）……從孔子的「文質彬彬」、「盡善盡美」，至荀子的「稱情而立文」，再到《禮記‧樂記》的「情深而文明」，都是從政治、倫理生活中的情文並茂出發，再延伸到音樂；並且都指出內容的深淺好壞影響到形式的藝術效果。……對儒家而言，從禮樂制度到詩賦文學，都要能掌握內容與形式的統一，才不至流為「俗儒」。[33]

筆者於第二章中，將其美學思想略作陳述。概言之，席勒認為人具有兩

---

[32] K. H. Volkmann-Schluck: *Die Kunst und der Mensch - Schillers Briefe über die ästhetische Erziehung des Menschen*.(Frankfurt am Main: Vittorio Klostermann, 1964), S. 12.

[33] 陳昭瑛：《儒家美學與經典詮釋》（臺北：臺大出版中心，2005 年），頁 29、31。

種相對立之趨勢（或力量），此兩者均欲擴大自身之範圍並宰制對方之領域。但人所以能完成人之身分，唯在化解此兩種相互傾軋之力以使之各安其位。席勒提及之對立狀態，諸如「常」與「變」、「形」與「質」、「一」與「多」、「客觀」與「主觀」、「理念」與「現實」等等，其名稱雖殊，然其所指則一，此均不外顯示人之為人所具備之素質。揆席勒所以專就人之本身以立論，實緣於一深遠之考量。席勒其時身處法國大革命，親見舊時封建體制瓦解，而新體制卻又不及建立，植此青黃不接之際，一切發展均無所適從。彼時之思想家均對時局之變化與未來之發展多有評論，唯席勒不欲隨時潮而轉，輕發一言，而是保持觀望之態度，於綜覽全局之後方指出一解決問題之途徑。經其縝密思考，認為此時不宜過度聚焦於政治，而是須反求諸己，回歸人之自身，先行探究人之為人究竟為何，俟人自身之問題解決後，再由此向外以論社會、政治、經濟等公共問題。人自身之問題一日不解決，其他問題亦終不能步入正軌，是以其謂「人在經驗中要解決的政治問題必須假道美學問題，人正是透過美才能通往自由」，故探究人本身之問題遂與其美育思想有所關聯。除了法國大革命之背景外，促使席勒探究美育之另一機緣，則為康德倫理學。筆者已於本論第二章中將康德倫理學之問題作一鋪陳，並陳述席勒與康德立論之異何在。依席勒之見，康德雖欲透過美學以聯結認識與實踐之二元分立之問題，然其於倫理學中所突顯之「定言令式」一概念，乃使其美學無法真正承擔此一縮合事相與理體兩界之務，終而使美之本身僅成為一托庇於道德之下的附庸之物。誠如筆者於探討席勒美學之基本架構時指出：康德美學實並未能正視美本身之獨立地位，其中之根據，即緣於美本身仍被道德善暗中脅制，而此一問題又為康德倫理學中之定言令式有以致之。依席勒之見，康德認為人係一有限存有，當無法好樂道德法則之要求，而此一論調實不免貶抑人性，甚至有犧牲人之感性生命以換取理性生命之嫌，故不免有以「此一」害「彼一」之流弊。席勒於《美育書簡》中對其提出批判，文中雖並未明指何人，然所言確是針對康德此一態度而發。在此一反省態度下乃有其美學作品問世。

　　若與席勒之觀點相較，則可發現孔子亦是針對人之自身之發展、人之自由有一具體而微之關懷。有關此義，唐君毅先生論之尤詳。唐氏指出：孔子與儒家思想表面上雖未似西方思想家般如此著重自由之觀念，然透入深層觀之，孔子之自由精神在原則上實足以涵攝一切人類可貴之自由精神。孔子之所以被稱為「聖之時者」，正在其能於各種特殊情境下，求各種相應之價值。除此一自由精神之外，唐氏更表示，孔子重人之思想，亦不同於西方基督教之以自然萬物皆上帝為人而造之說，因此論終有增大人類自誇之弊：

> 孔子唯視人為天地之心，天地之性人為貴，而不言萬物皆為人而造也。夫自自然宇宙以觀人，則天地不與聖人同憂，人在世界之命運，亦實有不能期必處。孔子亦未嘗不嘆「道之將行也歟，命也。道之將廢也歟，命也」。「道不行，乘桴浮于海」。海天空闊，渺然一身，念天地之悠悠，而生四顧蒼茫之感。此人所當有之情。亦非此情不足見此心悲願之無盡，是誠可貴。……孔子終不由於建天地之「不與聖人同憂」，而視世界為苦海，以此生為升天國之過渡。[34]

　　此論一則點出人於天地中之地位，一則亦以此與西方宗教下之人觀相較，藉以顯示孔子所以真識得人之所以為人處，即在一「超越而內在之仁心」[35]。因此，唐氏以一新名詞來界定「仁」字，此即「對於宇宙人生之現實的或可能的全幅價值之肯定與讚嘆，而求使之充量的被保存，或被實現而生發成就之精神」。至於此一生發成就之精神，當可從個人之自由、欲望之自由、立異之自由及選擇可能之自由等各種層次中見出。如孔子謂「天何言哉，四時行焉，百物生焉，天何言哉。」「天有四時，春秋冬夏，風霆流形，庶物露生，無非教也。」即此可見孔子依於人之仁心以肯定自然宇宙之價值。其次，

---

[34] 唐君毅：《唐君毅全集卷五 人文精神之重建》（臺北：臺灣學生書局，2000 年），頁 368。

[35] 同上，頁 368。

「子之燕居，申申如也，夭夭如也。」「曲肱而枕之，樂亦在其中矣。」「暮春者，春服既成，冠者五六人，童子六七人，……詠而歸。」由此遂可一窺孔子肯定人之自然之生命活動之價值。孔子謂「視思明，聽思聰，色思溫，貌思恭」，其後孟子進而闡發此語之義為「仁義禮智根於心，睟於面，盎於背。」「形色天性也，唯聖人可以踐形。」此皆可表明孔子將人之形軀視為義理之載具，而並如西人之宗教般要人輕鄙肉體，厭棄塵寰[36]。凡此對於人之自身之各種自由問題，孔子固未嘗如西人般為之條分履析，然其言談間亦未嘗不囊括此一自由意識。就另一方面言之，孔子對於美善之態度，亦與席勒之觀點相若。近代音樂家江文也先生（1910-1983）即表示，一般人提起「道德」兩字，其予人之印象和「宗教」予人之印象並不相同，它似乎含有較多理智因素在內。因此，人在道德實踐領域上專靠理智來轉移人之實際行為是不足的。孔子謂「知之者，不如好之者。好之者，不如樂之者。」即顯示「德」不僅要以理智知之，更要好之、樂之。所謂「樂」之一字即屬美的範疇，而美乃是從人身上流露出來的，它並非出自死板的日常道德律與規定。關於此義，即如江先生之所闡述：

> 人的日常行為只是順適禮儀，而且他的一舉一動也都符合道德的規範，這還是不夠的。因為它是受規定所限，所以一舉一動像機械般，不是出自人身之本然。這樣的舉止不是肇自人的個性，而是隸屬於個人集合而成的社會之行動。然而，所謂優雅的行為不可能是由社會行使的，它是奠基在構成社會的單位之個人的個性上而形成的。職是之故，中規中矩、成龍成虎的行為談不上是道德的，談不上是善的。它誠然可以給我們一個立足點，但它無助於生命的發展。它太僵化了，無法融通，它也不可能帶來進步。孔子輕視這樣的道德家，耶穌則罵他們為偽善者。就藝術家而言，這樣的道德行為毋寧

---

[36] 其中分析，詳閱唐君毅：《唐君毅全集卷五　人文精神之重建》，頁 369-383。

意味著死亡。[37]

　　江氏謂人之行為若僅是受道德之所規範，則其將如機械般失之僵化，喪失人之本然與個性，故常人所謂中規中矩之行為仍談不上道德與善，而這種看似合於矩度的行為甚至可能流於偽善。此一觀點，恰與席勒批評那種因壓制個性而墨守成規之輩相類：

> 優美的心靈本身就是一種功績（Verdienst）。它輕鬆自如地履行了人性中最痛苦的義務，彷彿僅是本能（Instinkt）所完成的樣子，它使人看見同樣以這種本能來克服自然衝動的那位最英勇的犧牲者（案指拉奧孔）。因此，它本身根本沒有意識到自己的行動之美，且它也想不到有其他的行動與感覺方式；反之，道德法則對一個中規中矩的學生所要求的，就像老師對他所要求的一樣，他隨時準備把自己的行為與校規之間的關係列成一張最嚴格的清單。他的人生就像一幅因為筆跡生硬而使人看穿技巧的畫一樣，他頂多只能學到繪畫的技巧而已。但優美的人生就像堤香（Tizian）的畫作一樣，那一切刺眼的鉤邊線條都消失不見了，且整個畫面呈現出更真實、活潑、和諧的面貌。[38]

　　江氏對於孔子「成於樂」之詮釋，實與席勒「優美的心靈」相通。江氏表示，對孔子而言，樂本身便是道德的，它自成一美的世界，這尤其可使人聯想到古代希臘，因其正將美善兩者緊密結合，由此益可見東西方實有相通之處。江氏將孔子之觀點延伸於希臘思想，而席勒亦曾將希臘人視為體現「優美的心靈」之最佳典範，單就此點觀之，實足以證明孔子與席勒兩者在有關

---

[37] 參閱江文也著、楊儒賓譯：《孔子的樂論》（上海：華東師範大學出版社，2007年），頁98-99。

[38] *Über Anmut und Würde*, S. 203-204.

人之自身一問題上竟有神似之見解。以上已論孔子與席勒兩者立論之旨趣，以下則就其有足資比觀者，略作闡發。

二、席勒美學與孔子美育之比較

(一)「中間的心緒」與中和之道

席勒之美學觀是一種「全面的人類學觀點」，他認為人有兩個部分，一為材質衝動，一為形式衝動，前者可代表人置身於一特定情境中（「時間人」），而後者則代表其超脫於時間之外（「理念人」）。他表示，這兩者必須相互依待，於變化中顯現不變，或謂於材質中展現形式，若僅限於片面或固守一端，人即無法呈現其完整性：

> 我們可以說，任何一個人，按其稟賦與使命觀之，其心中都具有一個純粹而理想的人，其存在的偉大使命便是在其一切變動不居中同這一不變的一致性達成和諧。這個或多或少均可明顯見諸任何主體中的純粹之人，係由國家所體現，主體底多樣性便是在這種客觀的、且同時可奉為典範的形式中被統合為一。如今，我們可以兩種不同的方式來設想時間人（Mensch in der Zeit）與理念人（Mensch in der Idee）的相遇，故亦可以這兩種不同的方式來設想國家如何在眾多個體中確保自己的地位：或則純粹之人壓制經驗之人，以國家泯滅個體；或則個體漸進為國家，時間人自行揚昇為理念人。
> 在片面的道德評價（einseitig moralische Schätzung）中，這種區別雖然可以忽略不顧，因為法則只要無條件地生效，理性就滿意了；但在全面的人性學評價（vollständig anthopologische Schätzung）中，這種區別便不可等閒視之，因為此處內容與形式均同樣重要，並且

活生生的感受也同時擁有一分發言權。理性雖然要求一致性，但自然卻要求多樣性，人被這兩個立法機關所責求。對他來說，理性底法則係由無可通融的意識所彰顯，自然底法則係由無可根絕的感受所彰顯。因此，道德的性格若只是以犧牲自然的性格來保障自己的地位，無論何時都可證明是缺乏教養；國家底憲法若只是以一致性來泯滅多樣性，則它仍是非常不完美的。國家不僅應尊重個體中客觀的、種屬的性格，還應尊重主觀的、個殊的性格，在它擴張且不可及的道德王國的同時，不應使現象王國渺無人煙。[39]

席勒於《美育書簡》第 19、20 兩封信中提出「中間的心緒」（mittlere Stimmung）、「自由的心緒」（freie Stimmung）等同義之概念，並謂此一狀態係「被充實的可規定性」（erfüllte Bestimmtbarkeit）[40]。實則，此一心緒係經由一番由化被動為主動、化主動為被動之辯證歷程所成。在此，他區分了「實在性」與「精神之自我意識」，而實在性與此一精神之自我意識可分別對應於「材質衝動」與「形式衝動」。席勒提出所謂「精神之絕對統一」（absolute Einheit des Geistes）之構想，並表示：此兩種衝動雖兀自有別，但並未與此一精神之絕對統一相對立。[41]精神之絕對統一其本身既非材質、亦非形式，既非感性、亦非理性，故席勒又將其稱之為「意」（Wille），而其特徵則為「圓滿的自由」：「此『意』以一種力量（即現實性之根據）來對待這兩種衝動，但這兩種衝

---

[39] *Über die ästhetische Erziehung des Menschen*, S. 313. 亦參 NA: 20, Vierter Brief.

[40] 同上，S. 371. 亦參 NA: 20, S. 375.

[41] 同上，S. 367. 亦參 NA: 20, S. 371. 席勒此處說法似含二義，一則美介乎知性與感性之間，一則美似又冒乎兩端之上。故美斡運其間而成一媒合者，然又駕臨其上而自成一格，且此兩端似均由此同一根源而出。前者之說近於康德，後者之說則近於海德格。至於此一「精神之絕對的統一」狀態，席勒稱為「空的無限」（leere Unendlichkeit）、「純能」（reines Vermögen），其中純為一團潛勢（Potenz），一切事物之可能性均隱伏於內。筆者之所以將此名為「意」，其故在不欲使其與「意志」、「意欲」相混。意志之「志」有「徵向」之義，然此意僅呈現一凝聚狀；意欲之「欲」有「求取」之義，然此意卻呈現一發散之狀態。席勒之所謂「意」則均非指此兩種狀態，其唯是一廓然空曠、渾淪笃漠狀，謂之凝聚不可，謂之發散亦不可。

動的任何一種其本身均無法以力量來對待另一種。」[42]因此，此「意」不僅不受此兩種衝動之壓迫，並且「這兩種對峙的基本衝動只要在人身上活動，則兩者便失去壓迫，且此兩種必然性之並立乃賦予自由以根源。」[43]換言之，當此兩種衝動同時並運之時，則其壓迫之勢力便可相銷相抵，而此一精神之絕對統一、圓滿的自由遂可呈現。席勒表示，此一圓滿之自由實為第一義之自由，而第二義之自由必據此以為本：

> 為求免遭誤解，我須註明：此處所論之自由，並非那種將人視為理體（Intelligenz）、且必定歸屬於他的自由，此一自由無以相授受，而是那種以其糅合之本性為基礎的自由。凡根本只是依理而行者，可證明第一種自由；凡在物質之限制下依理而行、在理性之法則下依欲而行者，可證明第二種自由。我們可由第一種本然可能的自由來說明第二種自由。[44]

依席勒之見，此一第一義之自由方為自由之極詣，它「無以授受」，又為「本然的可能」，故為最高之自由；第二義之自由乃是藉由理性控制感性、以形式限制材質之對照中顯出，故仍有一方牽制一方之活動產生，此已略遜於第一義之自由。對於此一最高之自由本身，席勒解釋道：「自由即無所施於上，這單從其概念便可得知；『自由之本身』乃本然（取其最寬泛義）之功，而非人力，故也僅能透過本然之手段來促進與妨礙之。」[45]但此一不由人力而又自然呈現之自由究竟由何而致？此一「本然之手段」究竟為合？席勒表示，此一方面必須善用其心知力量，使其進入一中間狀態，另一方面則需透過真實之藝術體驗。

---

[42] 同上，S. 368. 亦參 NA: 20, S. 371.

[43] 同上，S. 368。

[44] 同上，S. 370. 亦參 NA: 20, S. 373.

[45] 同上，S. 370.

　　席勒承認臻於第一義之自由當非一蹴而至。人畢竟處身於時空之中，係一歷史之存在，「人以純然的生命為始，以形式為終，作為個體之身分早於作為人格之身分，跨越侷限而邁向無限。因此，感性衝動之作用先於理性衝動，因為各種感受先行於意識，而感性衝動之優位性乃是我們發現整部人的自由歷史之關鍵。」[46]生命、感受等感性作用先於理性，人為感性活動所侷限亦一無可否認之事實。人既受感性之支配，則最初亦無法依理性之自決主動而行。然當人之理性衝動發揮作用時，勢必又對此一感性活動形成一制約之力。人一方既不可排除感性之必然性，但一方亦須受理性之限制，此時之計，唯在既保留感性而亦超化之，然又不可使理性徑予框限之。依席勒之見，人唯須復返於無所限定之被動狀態，此即上述「本然的可能」：

　　人無法直接從感覺邁入思維；他必須退一步，因為唯有在揚棄限定的同時，一個相對的限定才可出現。因此，他必須化被動為主動、化被動之限定為主動之限定，於一剎那際擺脫一切限定，歷經一種純粹的可規定性之狀態，因為由減損跨入增益，必須取道空無。所以，他必須以某種方式歸返於那種純然一無所限的被動狀態，在某物使感官留下印象之前，他曾置身其中。不過，先前那種狀態空洞無物，而此時則端賴這種相同的毫無限定狀，把此一雷同的不可限定的可規定性與最繁多的內容統一起來，因為某個肯定之物應當直接源自於這種狀態。他必須緊握由感官所感覺的規定，因為他不得失去實在性，但同時只要這是限定，它又必須予以揚棄，因為應當產生一個不可限定的可規定性。[47]

　　席勒所謂必須「擺脫一切限定」以歸於一「純粹的可規定性之狀態」、「被

---

[46] 同上，S. 371　亦參 NA: 20, S. 374.

[47] 同上，S. 371.　亦參 NA: 20, S. 374-375.

充實了的無限性」。而此一「被充實了的無限性」與最初之純粹的可規定性狀態不同，因後者乃空洞的無限，此中不具任何實在性。不過，此時經由轉化而還歸之無限性，則已具實在性，且此一實在性在經由揚棄之後遂可更展現其不同面貌，故而更為豐富充實。席勒謂「此下之任務便是同時既棄絕又保存此一狀態之限定，這種狀態之所以可能，唯有透過唯一一種方式，亦即安設另一個與之並立的限定。」[48]席勒乃以天秤喻況此義，「當天秤兩端是空的，它是平的；但是，當兩端重量一致時，它也是平的。」[49]由是觀之，人唯在兩端保持平衡之狀態下，方可臻於此一中間狀態。

　　席勒復將此一「被充實了的無限性」稱之為「心」（Gemüt）[50]。由此可見，吾人若欲達到此一中間狀態，其中關鍵則端賴吾人如何駕馭此心。「心是有規定力量的，只要它根本未被規定；但只要它不自封畛域，亦即在其規定之時不受侷限，它也是有規定力量的。前者純然是一無所規定的狀態（它沒有侷限，因為沒有實在性），而後者是審美的可規定性（它沒有侷限，因為統合了一切實在性）。」[51]因此，「空的無限性」與「被充實了的無限性」，兩者雖同稱無限，然前者一無所立、空洞無物，然後者卻充實豐富。席勒解釋道：

> 心只要有侷限，它便是有所限的；但只要它透過自己絕對的能力來
> 侷限自己，它也是有所限的。心在感覺時，它處於前一狀態，心在
> 思維時，它處於後一狀態。因此，思維之於限定，猶如審美之心之
> 於可限定性；前者是一種源自於內在無窮力量的限定，後者則是一
> 種源自於內在無窮充實的否定。正如感覺與思維彼此唯在一點上相
> 通，即在這兩種狀態中，心都是有所限的，人必定是個某物——不
> 是個體，便是人格——，除此之外，這兩者彼此向來各趨無限；同

[48] 同上。

[49] 同上。

[50] 同上。

[51] 同上，S. 373. 亦參 NA: 20, S. 376-377.

理，審美的可規定性與純然的無規定性也唯在一點上相同，即兩者
均排除任何被限定的存在，除此之外，它們正如一無所有（Nichts）
與涵融一切（Alles）般永不相同。因此，若純然的無規定性係因匱
乏而被設想為空的無限，則與之相對的審美的規定之自由便須視為
被充實了的無限。[52]

「審美的狀態」同時是一「自由的狀態」，然此一自由又不同於「道德的
自由」，即因後者對於身為個體人之感性身分形成壓迫，然前者非是。「道德
的自由」與「審美的自由」之最大差異，即在於道德仍使人思及法則而受法
則之規限，然審美卻能擺脫此一壓迫，而根本不須思及法則。此一審美之自
由雖未以法則為念，然當非率意而行，而是此時無須再匍伏於道德法則之前，
事事以法則為準。「心於此一審美狀態中雖然極高度地免除了一切壓迫，但這
決非意味不依理而行，而審美的自由之所以異於思維時之邏輯必然性與意欲
時之道德必然性，便在於心所據以而行的法則並未被表象出來，且因為此心
並未發現顯現為壓迫的敵對之物。」[53]

心既可不受侷限而由實在性以漸次開展無窮之可能，遂知此心必可由有
限以通於無限。席勒表示，美確實無俾於知識與道德，它既不能「啟迪民智」，
亦無以「奠立性格」，美之所以為美者，其目的原不在此兩者。然美並非因此
與知識及道德毫兩無交涉，蓋依此一「被充實了的無限性」之轉化歷程觀之，
美自身之一大特色乃是既可保存一實在之物，亦同時超越之，使此物益發充
盈豐富。故美之作用雖未直接與知識及道德相關，然卻可間接暗助之，使之
不斷擴充。此中之詭譎義，誠如 Wolfgang Janke 所言：

　　形式就「使之實現」（Ermöglichung）之意義言之，具有一「使（某

---

[52] 同上。

[53] 同上，S. 372. 亦參 NA: 20, S. 375.

種資稟或能力）可能存在（Möglichseins）」之存在方式，「使之實現」
欲確立人之本質（亦即「精神」與「自我意識」）為何。材質就「實
存」（Existenz）之意義言之，具有一「現實存在（Wirklichseins）」
之存在方式，此一實存將人限制於當下之界限所可感知之世界底現
實性中。吾人細察之，則將不難發現人處於此兩種存在時態之中是
分裂的。在現實性之時程中，人係一不具時間之自我意識；在可能
性之時程中，人係一不具自我之世界意識。人處於純粹之實存狀態
中即是世界，因世界係不具形式之時間內容，此即「世間態」
（welthaft），其使人汩沒於為感官與欲望所充斥之剎那遷流中。人
雖真正獲得充足之時間，但同時亦喪失其能力。有所得於現實世界，
即同時有所失於此一發揮能力之自我。反之，在可能性之狀態中，
人處於一在其自己（bei sich selbt）之狀態。他雖有所自持，不向外
界展現自己，然亦同時喪失其現實性、時間與世界。有所得於純然
之自持，即有所失於世界。而此一分裂卻指出必要之統一，在此統
一之中，形式底可能性則可實現出來，材質底現實性亦可納諸形式
能力之中。為了圓成此一統一，人並非處於一「授受」（gegeben）
狀，而是處於一「交付」（aufgegeben）狀。此一「必須實現人之為人」
之任務，即在於實現人之「根本之可能性」（Wesensmöglichkeit）。[54]

　　席勒表示，此一審美自由之要義在於使人回歸「本性」（Natur），其作用
則在使人擺脫限制而趨往一無限之域：

　　美即是本性，無論就其概念或是就其結論言之，人只須歸功於他自
　　己。因此，透過審美之涵養，只要人之人格價值或其尊嚴只能端賴

---

[54] Wolfgang Janke: *Die Zeit in der Zeit aufheben-Der transzendentale Weg in Schillers Philosophie der Schönheit*(Kant-Studien. 58:4, 1976), S. 441-442.

此人本身，則他仍是全然不可限量的，並且美之所達成者，不外乎
使其可因任本性（von Natur wegen）而已，因其本身而為其所欲為
——將自由歸還給他，是其所應是。正是如此方可臻於無限。因為，
我們一想到我們之所以被剝奪了自由，正是因為在感覺時本能之片
面壓迫與在思維時理性之獨斷立法，那麼，就必須把在審美心緒中
歸還給我們的這種能力視為所有贈品中的上品，此即人性。誠然，
按稟賦言之，人在他能夠進入任何被限定的狀態之前早已擁有此一
人性，但按事實言之，在他正在進入任何被限定的狀態的同時卻也
失去了它。若他應可走入與之相反的狀態，則其便須不斷透過審美
之人生重新將人性歸還給他。[55]

由此可知：審美之自由使人回歸本性，時刻展開無窮之可能，此即「人
性」之所在，亦為人之價值創造之根源。此一本然之狀態既經一辯證之發展，
故席勒稱其為「第二創造者」（zweite Schöpferin）[56]。他表示，在此一狀態中
「我們便可均衡地主宰被動與主動的力量，同樣輕鬆地面對嚴肅與嬉戲、平
靜與亢奮、順從與抵抗、抽象思考和直觀。」此時，人之心緒遂可不偏於兩
端而處於一中間狀態，而兩端亦可相互交融。席勒遂將此一狀態稱為「遊戲
衝動」（Spieltrieb），其特徵則為「於時間中揚棄時間」（Zeit in der Zeit aufheben）
[57]，換言之，即是於變動之現實中超越時間，既保存了現實之變化而又不淪
滯於此。對此，席勒說明頗詳：

語言底用法完美說明了「遊戲衝動」這個名稱，因為這種用法慣於
用遊戲這個字來表示一切在主觀與客觀上均非偶然、在外在與內在

---

[55] 同上，S. 372. 亦參 NA: 20, S. 377-378.

[56] 同上，S. 375. 亦參 NA: 20, S. 378.

[57] 同上，S. 349. 亦參 NA: 20, S. 353.

均非逼迫的東西。因為，在直觀美的東西時，心在法則（Gesetz）
與欲求（Bedürfnis）之間處於一種恰到好處的中間位置，正因它分
身於兩者之間，所以它既擺脫法則的逼迫，亦擺脫欲求的逼迫。材
質衝動正如形式衝動一樣，它的要求對心來說是嚴肅的，因為在認
識時，材質衝動與現實性有關，形式衝動與事物底必然性有關；因
為在行動時，材質衝動旨在維持生命，形式衝動旨在保有尊嚴，故
這兩者其目標在於真理與圓滿。但是，尊嚴一旦滲入其中，生命就
變得無所謂了，愛好一旦涉入其中，義務也不再強行逼迫；同理，
形式的真理一旦與必然性底法則兩相契會，心便會自由平靜地接納
事物底現實性、實質的真理，且直接的直觀一旦可與抽象者相伴偕
行，心就不再感到緊張。總言之：當心與理念合一之時，一切現實
者均失去其嚴肅（Ernst），因為它變得渺小（klein）了；當心與感
覺契會之時，一切必然者均失去其嚴肅，因為它變得輕鬆（leicht）
了。[58]

　　席勒藉由此心之運行歷程以呈現此一中間狀態，可知此一狀態係「由動
態之中求得平衡」而來。此一不偏不倚、恰到好處之狀態，似可與孔子以「中
庸」為美之衡量標準相比觀。梁漱溟先生（1893-1988）便以「心之安否」來
描述此一平衡、調和狀態，認為這是一「不思而得」、「不勉而中」之直覺態：

　　大家要看這個不安是哪裡來的，不安者要求安的表示也，要求得一
　　平衡也，要求得一調和也。直覺敏銳且強的人，其要求安，要求平
　　衡，要求調和就強，而得發諸行為。如其所求而安，於是旁人就說
　　他是仁人，認其行為為美德，其實他不過順著自然流行求中的法則
　　走而已。《易經》上說：「一陰一陽之謂道，繼之者善也，成之者性

---

[58]　同上，S. 353. 亦參 NA: 20, S. 357.

也。仁者見之謂之仁，知者見之謂之知，百姓日用而不知，故君子
之道鮮矣。」……這自然流行，日用不知的法則，就是「天理」，完
全聽憑直覺，活動自如，他自能不失規矩，就謂之「合天理」。……
私心人欲不一定是聲色名利的慾望之類，是理智的一切打量計較安
排，不由直覺去隨感而應。孔家本是讚美生活的，所有飲食男女本
能的情欲，都出於自然流行，並不排斥，若能順理得中，生機活潑，
更非常之好的。所怕理智出來分別一個物我，而打量計較，以致直
覺退位成了不仁。[59]

此一「不偏不倚」即「仁」而「中」之境地，實在於不事雕琢而又自然
合乎矩範。對此，郭紹虞先生（1893-1984）即表示「仁既是直覺，所以『為
仁由己』，而不覺其遠，因為仁本不是高不可攀的事物。然而，『仁以為己任，
不亦重乎』？仁卻又是高不可窮。故即以顏子之賢也祇能三月不違，那就因
聽憑直覺活動自如，而自然不失規矩，以作到『生活的恰好』之境地，卻大
非易事。……能夠做到此種境地的人格，那即是『中』也即是『聖』孔子所
謂『從心所欲不踰矩』即是『生活的恰好』之謂。」[60]而張祥龍先生則以為
孔子深知「天時」，故可體會此一「至誠」狀態：

照《中庸》所言：「誠者，天之道也；誠之者，人之道也。誠者不勉
而中，不思而得，從容中道，聖人也。」儒家的最高境界是既合乎
美德而又超出一般道德的最本源的純構成狀態，也就是「仁」的本

---

[59] 梁漱溟：《梁漱溟全集 第一卷》（山東：山東人民出版社，1994 年），頁 454。梁氏亦引孟子之
四端之心以說明此理：「這種好善的直覺同好美的直覺是一個直覺，非二；好德，好色，是一個
好，非二，所以孟子說：『口之於味也有同嗜焉，耳之於聲也有同聽焉，目之於色也有同美焉。
至於心獨無所然乎？心之所同然者何也？謂理也，義也，聖人先得我心之所同然耳；故理義之
悅我心，猶芻豢之悅我口。』這種直覺人所本有，並且原非常敏銳，除非有了雜染習慣的時節。
你怎樣能本然復他敏銳，他就可以活動自如，不失規矩。」參閱同書頁 452。

[60] 郭紹虞：《照隅室雜著》（上海：上海古籍出版社，2009 年），頁 304。

義。……對於孔子而言，天道就是中道。這「中」絕非現成的兩極
端的中間，而意味擺脫了任何現成思維方式的「在構成之中」。這無
所執卻又總為至極的中就是「時中」（ZHONG，四聲）。所謂「誠者
不勉而中」，「發而皆中節，謂之和」。[61]

　　席勒於描狀此心之運行歷程時，曾區分第一義之自由與第二義之自由，
以「本然之功，不待人力」之自由為極詣，以一方仍受一方牽制之有所假借
之自由為略遜於前者云云，繼之則謂唯有遊戲衝動（或謂「被充實了的無限
性」）方使材質與形式兩者打成一片，並以此復歸於本然之自由。席勒謂此本
然狀態當非一「授受」（gegeben）貌，而是一「交付」（aufgegeben）貌，依
Volkmann-Schluck 所言，即是一「脫化」（Entrückung）貌：

　　脫化即是美之本色。美者，即是一光華閃耀者，一切均在其純然一
瞬之中顯現。然美就其本性言之乃具有一脫化之特色。美脫化為一
種不在其位而當下現前之狀態，任一物以自呈其自身。當人聆聽詩
之所言並徜徉其中時，美遂使一物脫化而入於存有者之頓現之美
中，此一存有者畢竟在此，任其返歸自身，寂然不動。故此一在而
位之者（Anwesenheit）其自呈己身之方式有二：唯是就置諸眼下、
握於手中之純憑利用者之意義言之，或就隱遁於不在位中、且同時
使存有者化為自由以自呈其身者言之。[62]

---

[61] 張祥龍：《海德格爾思想與中國天道》（北京：三聯書店，2007 年），頁 247。另，張先生亦表示，「其實孔子學說的一大特點就是通過技藝（禮、樂、射、御、書、數等）來緣發式地格物致知。六經從根本上也是一種文之藝，並非概念知識性的。孔子自兒時開始的人生經歷最深刻地造就了他的思想方式。孔子曰：『吾少也賤，故多能鄙事。』又云：『吾不試，故藝。』（《論》9/6）這種經歷使他無法牽就任何一種概念的或『非藝』的思想方式。另外，『子絕四：毋意、毋必、吾固、毋我。』（《論》9/4）當然，作為一種技能的藝對他來講並非多多益善，關鍵在於能領會藝所開啟的非現成的思想境界。」參閱同書頁 250。張氏謂孔子藉「技藝」以「緣發式地」來達成一格物致知之道，此與席勒美育所強調的觀點極相近。

[62] K. H. Volkmann-Schluck: *Die Kunst und der Mensch - Schillers Briefe über die ästhetische Erziehung des Menschen*.(Frankfurt am Main: Vittorio Klostermann, 1964), S. 24-25。「委蛻」一字之翻譯，筆者

　　就席勒此一於動態歷程中以達於中間狀態之審美活動觀之，或可與孔子自道其「無可無不可」、「扣其兩端而竭焉」（或後人所稱頌之「聖之時者」）之境界相比擬。[63]然孔子此一「無可無不可」之狀態亦非一蹴可就，否則便易淪為「鄉愿，德之賊也」之詐偽。因此，達於此一「無可無不可」之境界

係參考嚴靈峰先生（1903-1999）解說黑格爾「aufheben」一字而來：「Aufheben 或譯作『揚棄』，具有『真除』『委蛻』或『升華』的意味，也就是新生的力量從舊的事物中產生出來，但這新事物早已在舊事物中萌芽，現在雖已新生仍舊還保持舊的因素。也就是說，新的與舊的尚保持縱的歷史的與橫的邏輯的相互聯繫。」參見嚴靈峰：《易簡原理與辯證法》（臺北：正中書局，民 55），頁 3。席勒以「剎那」（Augenblick）來描狀此一時間狀態，並將之視為「恩典」（Gunst），謂此「自天而降」，不待人巧而自至之。據 Volkmann-Schluck 之見，此一特殊之時間相唯可證諸「詩之言說」(das dichterische Sagen)，因其可呈現此一「純粹之當下」，並同時使一事物「自呈之」（Sichzeigen）：「詩形塑並展開一國土，一切事物經其所命名者均在此居其位。此話之義即是：一物於詩之言說本身中居其位。但尚可更進一言：詩之言說使此物居其位，居位即言說自身。詩之言說自居其位。然自何而居？當是自不居位居。故詩之言說並非與已然現成之一物相接，而是一逕略過此物之已然現成，其故即在使此物自不居位居，居位即言說自身。然其特出則在於：此一言說使此物方居其位之際，非將此物由彼運至此，如往昔對於此物有所製作與欲聚然，而是此物於此同時仍以其自身之方式不居其位，故決不可以現成之方式與之相接，亦不可對之有所宰制利用。」參閱同書，S. 24. Volkmann-Schluck 以「自不居位居」（或所謂「由隱之顯」）之方式以詮釋席勒美學之剎那義，筆者認為可與唐君毅先生之詮釋《易傳》中之「藏往知來」義相參：「萬物之生，非只求其現實上之一剎那之生。即此一剎那之生，亦向於後一剎那之生，而求有後一剎那之生以繼之，然後成其為生。遂爾無繼，則生同不生。故生必求繼，唯繼可以成生，而有所謂生，生求有繼之生而生，是謂陽，生得其繼，而自成其為生，即為陰。此即為一始向於終，終還備始，而原始要終之歷程。是即一切生命之所以為生命，亦一切有生之存在之所以為存在。然學者於此，必既本神以知來，又本知以藏往；乃能真原始要終，識得一切當今者皆向於方來，而使來者繼之以成，一切方來者，皆所以酬既往，而使往者底於成。知此往來之不窮而相通，又純賴此心知之明，能通乎神；而此心知之明之能通乎神，則又賴人之有徹始徹終之德行。」參閱唐君毅：《唐君毅全集卷十三　中國哲學原論：原性篇》（臺北：臺灣學生書局，民 80），頁 90。

63　關於「中」字，據陳大齊先生之歸納所見，蓋有兩種：其一為「中為兩端之間，亦即處於兩端間各半的位置上」，其二為「無過與不及」。然此兩種「中」尚有僵板與靈活之別：「兩端之間的中，是固定的，因其固定，故呆板而不靈活。無過無不及的中，是游移而不固定，因其游移，故靈活而不呆板。兩端間的中之所以固定，因其受制於兩端。兩端而有所變動，其中誠亦會隨以移動，但雖移動，依然受制於兩端。故自其與兩端的關係上看來，依然是固定的。無過無不及的中，是人所自由設定的。設定之後，始有過與不及之分。故中能控制過與不及，而過與不及不能控制中。中而移設至另一點上，其移設依然出於人的自由安排，非受過與不及的影響，故自中之所以為中而言，亦即就中的本質而言，依然是可以游移而非固定。」參閱陳大齊：《孔子言論貫通集》（臺北：臺灣商務印書館，民 76），頁 56。

亦須透過一辯證歷程方可。倘將孔子之功夫造境與席勒論心之處相對勘，則可見《論語》所謂「時中」、「執中」與「無可無不可」之歷程與席勒以人性學觀點所提出之「時間人」（Mensch in der Zeit）、「理念人」（Mensch in der Idee）與「遊戲人」之歷程相映發。

　　《論語》載子貢問孔子：「師與商也孰賢？」孔子答：「師也過，商也不及。」子貢繼之追問：「然則師愈與？」孔子謂：「過猶不及。」就孔子批評「師也辟」一語觀之，足見子張之性格「才高意廣，而好為苟難」[64]，故易流於浮誇不實，此反映於言行之上遂不免佚蕩。與子張相反，子夏之舉止則頗嫌拘謹，徒斤斤於事為之末。觀子夏以「灑掃、應對、進退」（〈子張篇〉）等事教導門人，可見其內容大致以生活之瑣事為主。若僅以此為學問之規模，則難免流於卑狹，故孔子以「女為君子儒，無為小人儒」一語告誡子夏（〈雍也篇〉），勉勵其放寬胸懷，培養器識。由孔子評論門人之語可知：超過猶如不及，而不及亦不啻超過，子張之失在「過」，而子夏之失則在「不及」，此兩人各偏一偏，均無法得中道而行。類似孔子當機指點門生之段落，亦可見諸其對冉有與子路之評點，即如陳大齊先生（1886-1983）之分析：

> 互為異端的兩端，可以有互相輔助的功用。孔子舉有實例，見於先進篇的「求也退，故進之；由也兼人，故退之」。進與退，是行動作用的兩端而其性能相反。故進是退的異端，退是進的異端。冉有與子路同以「聞斯行諸」請示，孔子對於冉有，教以即聞即行，對於子路，則勸其稍安勿躁。所問相同，而所答相反，公西華不解，請問異答之故，孔子乃作如上的答語。孔子教人的方式，以因材施教為主，故不拘一格。就德育而言，受教者性情上的缺點不同，教導的內容亦不當同。若其缺點正相反，則引導其趨附的方向亦當相反。冉有的缺點在於逡巡不前，故須激勵其勇猛前進。子路的缺點在於

---

[64] 朱熹：《四書章句集注》（北京：中華書局，1983 年），頁 126。

猛進不息，故須勸勉其多加顧慮。退者激之以進，庶幾阻其益退，
進者勉之以退，庶幾阻其益進。[65]

《禮記・仲尼燕居》亦載孔子與子貢評騭子張、子夏二人之語。子貢最
後問孔子「將何以為此中者也？」孔子以「禮乎禮，夫禮所以制中也」答之。
就孔子之答語觀之，過與不及之判斷標準即在合於禮否。由上述孔子之指點
子夏、子張、冉有與子路四人言之，此四者因其性格不同，或偏於浮誇，或
偏於卑瑣，或偏於因循，或偏於躁進，以致均無法達到恰到好處之狀態。孔
子指點門人乃因機施教，使其由一偏之隅以歸於中，故孔子之施教雖無定準，
然其基本方向則在使其歸於禮，而合禮與否一則在觀察「時機」（「時然後
言」），一則在觀察「根機」（「舉一隅而不以三隅反」）。孔子嘗謂「殷因于夏
禮，所損益，可知也；周因于殷禮，所損益，可知也；其或繼周者，雖百世
可知也。」（〈為政篇〉）由此可知禮之特點即在於「因時制宜」、「因地
制宜」。《禮記・禮器》謂「禮，時為大。」另外，《禮記・學記》則謂：
「當其可之謂時。」此皆顯示禮有權變義。陳昭瑛先生則於其〈「通」與「儒」：
荀子的通變觀與經典詮釋問題〉一文中指陳此義：

> 《論語・子罕》：「子曰：『可與共學，未可與適道；可與適道，未可
> 與立；可與立，未可與權。』」這是儒家典籍中首次論「權」的記載，
> 可見「權」比起「共學」、「適道」、「立」是更艱難的功夫，「因此相
> 對於『仁』是孔門人性論之最高概念，『權』是孔門方法論之最高概
> 念。」《孟子・離婁上》：「男女授受不親，禮也，嫂溺援之以手，權
> 也。」則較清楚的說明了「權」的含義。「禮」自然是「經」，「但是
> 面對『嫂溺』這一特殊具體的情境時，『經』卻必須被修正，這種隨
> 機修正『經』的能力便是孔子所說的『權』，經與權恆處於緊張而互

---

[65] 陳大齊：《孔子言論貫通集》（臺北：臺灣商務印書館，民76），頁 51-52。

動的關係。」「權」因此成為極難的功夫。[66]

　　孔子有鑒於弟子之氣稟各異而對之提出不同實踐途徑，此恰是「權」之體現。此一體現若與席勒上述「時間人」（或「材質衝動」）相比，可見兩者均旨在於具體情境、時間流變之中以求得一平衡發展之道。孔子以「合禮與否」為判斷標準，而席勒則以「形式衝動」來裁成此一材質衝動是否得當。值得注意的是，孔子之「禮」並非一成不變，而是含有伴隨具體情境而略作修飾之變動因素在內；而席勒之「形式衝動」亦並非指僵化之規則而言，而是因材質衝動之變化而有所調整。

　　《論語》書中亦不乏孔子批評因執於一己理想而不知權變者之段落，即如〈微子篇〉便載：「子曰：『不降其志，不辱其身，伯夷、叔齊與！』謂：『柳下惠、少連，降志辱身矣，言中倫，行中慮，其斯而已矣。』謂：『虞仲、夷逸，隱居放言。身中清，廢中權。』『我則異於是，無可無不可。』」伯夷、叔齊、柳下惠、少連、虞仲與夷逸，此六人均為「逸民」之代表，孔子亦盛讚之。鄭玄謂：「逸民者，節行超逸也。包曰，此七人皆逸民之賢者。」依理言之，此六人之志節與行為均超邁群倫之上，足為常人之楷模，然孔子何以又自謂「我則異於是」？此即顯示：此六人在言行舉止上雖足為表率，然孔子卻以為仍有所不足，此即「孔子將自己與這些高尚人士相比，顯示自己靈活性更大，不拘泥於一種型態」，而這正是運用「權變」之恰巧得宜之表現，李澤厚先生便指出：

　　「權」與個體性相關，它是個體的自由性、自主性的實踐和顯現。因既是靈活性，即非可普遍搬用之教條，「權者，反經而善者也」（《孟子‧趙歧注》）。「常謂之經，變謂之權，懷其常經，挾其變權，乃得為賢」（《韓詩外傳》）。此個體之掌握運用之靈活性如何「反」而不

---

[66] 陳昭瑛：《儒家美學與經典詮釋》（臺北：臺大出版中心，2005年），頁96-97。

「反」（經），即「度」的合適，掌握很難，這便是藝術。儒家不強調一成不變的絕對律令、形式規則，而重視「常」與「變」、「經」與「權」的結合。並以「權」比「經」更近於「道」，因「道」必須因「權」才能實現，仍重在實踐和實行，此即「實用理性」。[67]

伯夷、叔齊意志堅定，潔身自好，孟子嘗謂其「非其君不事，非其友不友，不立於惡人之朝，不與惡人言」，由此可見兩人嫉惡之心甚熾，終因不苟流俗而餓死於首陽山下。朱子援莊子之言稱此兩人「天子不得臣，諸侯不得友」[68]，誠為逸民中之「最高者」，然其「遯世離群」之行止，高則高矣，卻「下聖人一等」。柳下惠、少連兩人均曾出仕為官，然因其決不枉道事人，故多遭罷黜。此兩人與伯夷、叔齊相比，雖已「降志辱身」，然其言行「必以其道，而不自失」，故亦堪許。虞仲、夷逸則根本隱居獨善，不論世事，此與柳下惠、少連相比，其雖無「言行可舉」，然又因其「清而不汙」，故亦得孔子嘉賞。觀此六人之行止，誠如錢穆先生（1895-1990）所謂「清風遠韻，如鸞鵠之高翔，玉雪之不污，視世俗由腐鼠糞壤耳」[69]。

然孔子嘉許此六人之逸行，卻自謂與此輩有異，其理何在？依清儒陳乾初之見，「聖人不求異，故異，有可有不可，故無可無不可。蓋伯夷叔齊有不可，無可；柳下惠少連有可，無不可；餘子亦然，皆所以為異也。」孔子之所以異於此六人者，即緣於其「不求異」，而此一「不求異」之態度即其異於此六人之處，換言之，即是於平凡無奇中以呈露其高明廣大。反觀此六人之逸言逸行均在「求異」、「立異」，故不免難與世俗相處。伯夷、叔齊因執守自身之理想而「有不可」，然其避世遠引則難於將理想實現於世，故「無可」；柳下惠、少連雖將其理想付諸實踐，此固然具有通權達變之「有可」，然仍因

---

[67] 李澤厚：《論語今讀》（天津：天津社會科學院出版社，2007年），頁173。

[68] 朱熹：《四書章句集注》（北京：中華書局，1983年），頁186。

[69] 錢穆：《論語新解》（北京：三聯書店，2002年），頁477。

其執一己之理而遭「降志辱身」、「三黜焉」，終則落於「無不可」之局面。綜言之，此六人皆因其有所定執而立異鳴高，遂不免於因執著一己理想而難與現實調和之病。由孔子評說此六人之語觀之，可之六人均偏於一隅而不能得中道而行，遂亦無以達於「無可無不可」之層次。此六人之行止實類於席勒所謂「理念人」之身分，換言之，即是因固執於一理想而無法真正通透現實之變化。孟子謂「執中無權，猶執一也，所惡執一者，為其賊道也，舉一而廢百也。」[70]

孔子之所以以其「不異」而「異」乎此六人者，即在其真可於變動不居之現實中以謀求不變之理想，一方既不自異於人而同時又超乎其上，實可謂於「不異」中以顯其「異」。故孔子之「無可無不可」實與席勒之「遊戲衝動」頗相似，此因前者不執著於理想而輕鄙現實，即世而超世[71]；而後者即在不以形式衝動而侷限材質衝動，以不變之理念壓制現實之變化。[72]孟子贊孔子為「聖之時者」、「可以仕則仕」，以此別於伯夷「聖之清」、伊尹「聖之任」與柳下惠「聖之和」，豈虛言哉？此義則李源澄先生（1909-1958）論之尤精：

---

[70] 參閱趙歧：《孟子趙注》（臺北：臺灣中華書局，民71），〈盡心上13〉。又，《傳習錄》謂：「『問孟子執中無權猶執一。』先生曰：『中只是天理，只是易，隨時變易，如何執得？須是因時制宜，難預先定一箇規矩在。如後世儒者，要將道理一一說得無罅漏，立定箇格式，此正是執一。』」。參閱葉紹鈞點註：《傳習錄》（臺北：臺灣商務印書館，1994年），頁49-50。

[71] 有關孔子「學」之「內在性」（immanence）與「超越性」（trancendence）此兩者間之張力的分析，可參閱李明輝：〈孔子論「學」：儒家的文化意識〉，收錄於《儒家視野下的政治思想》（臺北市：臺大出版中心，2005年），頁10。另參李澤厚：《論語今讀》（天津：天津社會科學院出版社，2007年），頁19-21。

[72] Fingarette 於其《孔子：即凡而聖》一書中謂：「對孔子來說，君子之德的整個關鍵，其基礎、意義和合法性，均起源於這樣的事實：對於人類社群的各種傳統的合法形式來說，君子最完善地塑造了他的性格、舉止和品行。君子不是一個凌駕於大眾之上和大眾對立的孤獨個體。當他的生命與一個社群有機地融合為一體時，他的完善才能夠存在。君子成為這個社群的意義和結構的完美體現，即使這個特定的身體－社會的所在是指那個個體。因此，從這個觀點來看，可以看到君子的存在體現了共同的價值。」參閱彭國翔、張華譯，赫伯特・芬格萊特著：《孔子：即凡而聖》（*the Secular as Sacred*）（南京：江蘇人民出版社，2002年），頁135。

《論語》曰：「允執其中」。《中庸》曰：「執其兩端，用其中於民。」所謂中者，至善之謂，非折中之中也。唯達節之聖人，然後能之。仁心加於位，而得其至善，即謂中道。故中道者，即仁之致盡。其所以謂之中道者，以其無一定之成名，而應物皆得其宜。守先王之理法，不失矩度，此所謂守節也。守節而未至於達節，則不能應變。孔子曰：「可與立，未可與權。」立謂守節，權謂應變。孟子曰：「由仁義行，非行仁義也。」謂不拘於仁義，而能適合於仁義。「伯夷，聖之清者也；伊尹，聖之任者也；柳下惠，聖之和者也。」清者不能任和，和者亦不能任清，可謂「行仁義」，而不可謂「由仁義行」。孟子之稱孔子曰：「可以仕則仕，可以止則止，可以久則久，可以速則速。」又曰：「孔子，聖之時者也。」孔子之自述，亦曰：「我則異於是，無可無不可。」又曰：「從心所欲，不踰矩。」孔子之所以能至此者，亦如輪扁之於輪，庖丁之於牛，為之精熟之效也。《易》曰：「寂然不動，感而遂通天下之故。」心者應萬變而不窮，如明鏡之於形，豈有所逃者？及其既熟，則左右應變無方。《中庸》曰：「不勉而中，不思而得，從容中道，聖人也。」唯孔子，無足以任之。儒家以中道為極則，佛家以方便為究竟，皆是此意。[73]

　　「守節」雖可不失矩範，然未至於「達節」之境地則無法窮其變化，此即僅能孤守此節之一端而無由任運無方。依李氏之見，所謂「中道」者並無一定名稱可言，此唯於應物得宜處上見之。而孔子之所以達於「從心所欲不踰矩」之境界，正因其於應物待世之際可不落兩端而處於一無所偏倚狀。李氏以《莊》書中「庖丁解牛」、「輪扁斲輪」之寓說來闡明此一理境，此亦可印證孔子之人生修養實已臻於與藝術涵養相類之化境，或可謂達到席勒上述「遊戲人」（或謂「第一義之自由」）之最高層次。

---

[73] 李源澄：《李源澄儒學論集》（成都：四川大學出版社，2010 年），頁 5-6。

　　席勒將此一遊戲衝動名為「活的形象」（lebende Gestalt），此即緣於一方使材質具有形式（或謂「於變易中以彰顯不變者」），一方則使形式獲得材質（或謂「不變者須假變易方可彰顯」），彼此共同完成一協調狀態，則人乃可成為一「全人」（ganzer Mensch）、「至善之人」（vollkommender Mensch）。而後人讚揚孔子為「人倫之至者」，豈非與席勒之說同出一揆？孔子之「不異而異」、「和而不同」遂可與席勒論遊戲之理境相佐證：

> 活的形象乃是一體（Eines），一體者並非堅執己身而與多元（Vielheit）並峙，而是和諧意義下之統一（Einheit），若統一益甚，則多亦復多，異亦復異。凡和諧之統一發皇之處，即為任一力量均可奏其全功之處，故此一和諧之統一可與任一力量相應無間。就一般情形言之，直觀之多元係因概念之普遍性而臻於統一。若然，則此一形象仍因其僅存於知性思維之境中，故而了無生意。若由感覺之多元本身出發，並於直觀之中以自臻其統一，如是則直觀與思維彼此呼應，思維深化直觀，直觀活化思維。思維與直觀彼此活化與強化，而此一兼具感性與靈性之雙重本性之人遂可使此兩面合一以成就一最高之功用與真實。人遂以人之方式而處於人之常。此義即席勒名句：「人唯於滿足人之一字之充全意義時，他才遊戲；人唯於遊戲時，方為全人。」[74]

　　由此可知：人並非自我封閉而成「獨一之我」、「單子之我」，亦非自我膨脹而成「獨裁之我」，而是「一」與「多」之交融以成「群我」（或謂「一多互攝」）。故所謂「一體」也者，當非以「一」而限「多」，其「一」乃是凝聚無量之「多」以成其為「一」，故由此所形成之「統一」決非一寡頭之統一，

[74] K. H. Volkmann-Schluck: *Die Kunst und der Mensch - Schillers Briefe über die ästhetische Erziehung des Menschen*.(Frankfurt am Main: Vittorio Klostermann, 1964), S. 15 李明輝「社群」說。

而是兼含差異與之統一，而多元益夥，則益可形成此統一。席勒此一「一多交遍」之義，亦可見諸孟子引〈樂記〉之言以贊孔子為「集大成」、「金聲而玉振」者。按馬一浮先生（1883-1967）之見，所謂「大成」者，係由樂教中取譬而來。因《周禮》司徒之官有大司樂，「掌成均之法，治建國之學政，而合國之子弟。」[75]其中「成均」二字，「成」為成就之謂，「均」為周遍之謂，此係樂教本義，後則衍為大學之義。樂之一終為一成，亦謂一變；均即今之韻字。孟子以樂教之引申義而贊孔子之至德，遂知孔子實臻「八音克諧，無相奪倫」之「神人以合」之化境：

> 孟子說「孔子之謂集大成」，亦是以樂為比。故曰「集大成也者，金聲而玉振之也。金聲也者，始條理也。玉振之也者，終條理也。始條理者，智之事者。終條理者，聖之事也。」（條如木之有條，理如玉之有理。朱注云：「條理，猶言脈絡，指眾音而言。智者，知之所及。聖者，德之所就。」《文集》云：「智是見得徹，聖是行得徹。」）朱子注此章說得最精，言孔子集三聖之事而為一大聖之事，（三聖謂上文伯夷、伊尹、柳下惠。）由作樂者集眾音之小成而為一大成也。「蓋樂有八音」，「若獨奏一音，則其音自為始終，而為一小成，由三子之所知偏於一，而其所就亦偏於一也。八音之中，金石為重，故特為眾音之綱紀。又金始振而玉終詘然，故並奏八音，則於其未作，先擊鎛鐘以宣其聲，俟其既闋，而後擊特磬以收其韻。宣以使之，收以終之。二者之間，脈絡通貫，無所不備，則合眾小成而為一大成，由孔子之知無不盡而德無不全也。」伯夷合下只見得清，其終亦只成就得個清底；伊尹合下只見得任，其終亦只成就得個任底；柳下惠合下只見得和，其終亦只成就得個和底：此便是小成。孔子合下兼綜眾理，成就萬德，便是大成。[76]

---

[75] 馬一浮：《泰和宜山會語》（瀋陽：遼寧教育出版社，1998 年），頁 20。

[76] 同上，頁 21。

　　席勒此一「中間狀態」所表現之精神，遂可與孔子所強調之中庸狀態相
闡發，可見兩人均謀求一不偏不倚、適當均衡之境，「過與不及」均非所
取。[77]

(二)「優美的心靈」與「從心所欲不踰矩」

　　在第二章中，筆者曾對康德與席勒兩人之爭論有一釐清，並得出席勒以
「優美的心靈」為道德之極致的結論。若對比兩人對於道德實踐之描述，可
知康德始終深許一「困知勉行」之態度，而席勒卻極稱讚「從容不迫」之態
度。康德雖在著作中對席勒之論點有所讓步，不過，他依然擔心此一讓步恐
有損於道德根源之純粹性，故之後又否定了席勒之建議。但席勒認為，在道
德實踐之中呈現美感並未因此減損道德之純粹性，毋寧更可擴充履行道德之
力量，蓋因美可提供一從容涵養之地，因此可化解感性與理性之對峙而帶來
的促迫之感。席勒不滿康德此一搖擺之態度，遂暗地批評康德道：

　　由感覺過渡到思考乃至結論的這種倉促（Schnelligkeit）性格，甚至

---

[77] 對於儒家此一「過與不及」之態度，李澤厚先生則提出「度」之一字為界說：「『度』隱藏在技
藝中、生活中，它不是理性的邏輯（歸納或演繹）所能推出，因為它首先不是思維而首先是行動，
它是本體的非確定性、非決定性。……陰陽在浮沉、變化、對應以至對抗中造成生命的存在和能
力。度的恒動性、含混性、張力性……充滿不確定、非約定、多中心、偶然性，它是開放、波動、
含混而充滿感受的……人不是神。波狀曲折的中線作為人的命運所在，正是度的本體性的本真實
在。」李氏以此一「波狀曲折的中線」為喻說本體性之真實存在，亦可與席勒以蛇行狀曲線為至
美之所在相參較。詳參李澤厚：《實用理性與樂感文化》（北京：三聯書店，2005 年），頁 37。
另，李氏以此一「度」字釋論語「君子欲訥於言而敏於行」，指出「行」之一字乃所以見「太初
有為」，而有為即「道」、「神明」：「在《論語》中，孔子多次反對『佞』、『巧言』，欣賞
『木訥』等等，似與今日西方哲學以語言為家園、為人的根本大異其趣。也許這就是『太初有字』
（言）（《新約·約翰 1.1》）與『太初有為』（道）的區別？『道』是道路。在儒者首先是行為、
活動，並且是由人道而天道，前者出而後者明。歌德《浮士德》說，不是太初有字，亦非太初有
力，也非太初有心，而是太初有為（act），似頗合中國哲理，即有高於和超出語言的『東西』。
這東西並非『字』、『心』、『力』，而是人的（在浮士德也許仍是天－上帝的）『行』：實踐、
行為、活動。《論語》全書貫穿著的正是行為優於語言的觀點。」詳參李澤厚：《論語今讀》（天
津：天津社會科學出版社，2007 年），頁 86。

無法察覺或根本察覺不出這種審美心境。具有這種心態的人無法長
久忍受一無所限的狀態，並且迫不及待要求結果，而此輩是無法在
這種審美無限性中發現結果的。反之，有些人享受的是一種全能感，
而非這種能力所造成的單一行為，審美狀態在這些人身上會開展得
更為寬闊。前者極為害怕一片空無，後者卻絲毫無法忍受侷限。不
消說，前者生來就是為了枝節和卑微之事，而後者若將此一能力與
現實同時結合起來，他天生就是為了大局乃至成為大人物。[78]

　　席勒在此分析兩種性格之差異，一為著眼於細端末節，僅見局部而不窺
整體；另一為綜觀全景，而非僅膠著於枝末，而不見根本。席勒認為康德之
倫理學可能有此流弊，而無法真使道德主體具有實踐之力量。然此一力量究
竟自何而來？依席勒所見，此當是源自於一種審美之心境。

　　神學家 Josef Pieper 指出，康德之所以於道德實踐上深許此一「困知勉
行」之態度，其中原因即在其認為「一個人不管做任何事情，如果只是出於
一種自然的傾向——換句話說，不經由付出努力——都是有違真正的道德原
則。」若將此義移諸人之求真活動上，當亦認為哲學本身（所謂「推論思考」）
乃是吃力之舉：

康德曾經把哲學比喻成是一種「海克力斯的工作」，他這樣說的意思
不僅只是把他的話象徵化，同時還賦予這種工作以合法身份：哲學
是純正的，所以必然艱鉅困難。由於「智的直覺」並未花費什麼力
氣，康德對此一觀念不免感到懷疑，他並不期待從智的直覺能夠得
到什麼知識，只因為光用眼睛看的這種行為的本質，基本上並未花
費什麼力氣。

---

[78] *Über die ästhetische Erziehung des Menschen in einer reihe von Briefen*, S. 374-375. 亦參 NA: 20
Band , S. 378.

如此說來，這樣是否會把我們導向一個結論，或至少十分接近這個
結論，意思就是說，我們對真理的認識必然由認知過程有否付出「努
力」來決定？[79]

　　Pieper 遂得出「努力就是良善」的結論。他表示，此一論調實古已有之，
自希臘犬儒學派安提西尼至伊拉斯摩斯以迄康德哲學，甚至近代湯瑪斯·卡萊
爾，均崇尚此一勞動不懈之「工作者」之態度。據文獻所載，安提西尼此人
「不崇尚繆思（他害怕詩，他對詩的興趣完全取決於一首詩的內容是否與倫
理道德有關），他對性愛亦提不起任何興趣，他說他『真想殺掉愛佛蘿黛特』
（Aphrodite，譯按：即是愛和美的女神）。」[80]若對照筆者於第二章中之所敘
述，則亦可於康德回應席勒的簡短文字中發現相同的態度。
　　Pieper 援引神學家多瑪斯·阿奎納「美德的本質在於良善而不在其困難」
之論說，謂「道德之良善其至高的實現原則正是如此：不用花力氣，因為其
本質的根源乃是愛。」[81]依他所見，認知的本質並非取決於如前述思想的努
力和勞累，而是在於能夠掌握事物的本質並在其中發現真理。然則致之之道
何在？此即採取一「遊戲」之態度：

---

[79] 尤瑟夫·皮柏著、劉森堯譯：《閒暇──文化的基礎》（臺北縣：立緒文化，民 92），頁 69。皮
柏在評騭康德之思想型態時，亦援引席勒對康德倫理學所撰寫的諷刺詩，參見同書，頁 70。

[80] 同上，頁 71。對於此一態度，席勒亦有所見。他認為，審美心境旨在體驗一全能感，暫時擺脫一
切束縛拘限，故此心並無一特定之趨向，不然便受知性與道德所夾纏，喪失了純粹的品鑒能力。
換言之，此一審美感受之關鍵在於「見林不見樹」、「在神不在貌」：「若判斷者不是太緊繃便
是太渙散，不是慣於只用知性便是僅用感官去接受一物的話，那麼，縱然最美好的整體他也只是
執著於部分，最優美的形式他也只是執著於素材。此輩只能接受粗糙的元素，在享受一部作品之
前，必須先摧毀其美感有機體，他關心的只是藝術大師憑其無窮技法使之隱遁於整體和諧中的枝
節。他對作品的興趣，或者根本在於道德，或者根本在於情欲，恰好不在該在之處，亦即美。這
種讀者，在享受肅穆和悲壯的詩篇時如閒禱詞，在享受天真和謔浪的詩篇時如飲醇酒；他們根本
毫無品鑒，竟要求悲劇和史詩──縱然是彌賽亞這種作品──具有修身之道，那麼，此輩不免會對
阿納克瑞翁式或卡圖魯斯式的詩篇大動肝火。」原文 *Über die ästhetische Erziehung des Menschen in
einer reihe von Briefe*, S. 379. 亦參 NA: 20, S. 383.

[81] 尤瑟夫·皮柏著、劉森堯譯：《閒暇──文化的基礎》（臺北縣：立緒文化，民 92），頁 72。

> 正如同在善的領域，最偉大的美德無視任何困難；同樣的，在認知
> 上，認知的最偉大形式往往是那種靈光乍現般的真知灼見，一種真
> 正的默觀，這毋寧是一種餽贈，不必經過努力，而且亦無任何困難。
> 多瑪斯特別把默觀和遊戲拿來相提並論，「由於默觀的閒暇特質，」
> 《聖經》上談到神性的智慧時這麼說：「所以神性的智慧一直都帶有
> 某種遊戲的性質，在寰宇中玩耍繞行不止。」
> 誠然，認知的最高實現形式的確是必須經過思考上的特別努力方能
> 達成，甚至可能還必須充足準備才行（否則這種知識的獲得，就嚴
> 格意義言，必是神的恩賜）。但是不管怎樣，努力這種行為不必一定
> 是因，毋寧只是必要條件而已。[82]

就認知之心理活動觀之，其態度必是孜孜以求而毋稍寬貸。但此一認知
之態度尚非認知之最高模式，毋寧更有其無以企及之境臨乎其上。這便顯示：
人之認知形式其進境非只在此止步，倘欲向上一層，則需另覓他途，此即「遊
戲」。

席勒之所以批駁康德倫理學無以臻於此境，即在他不能深知此一審美心
境之作用，遂認為道德實踐唯有透過命令型態方稱究竟。但此一命令態度終
不免使人感到自卑而壓抑，長此以往，則人之履行道德之力量不免日趨衰弱，
甚至此一道德亦有偽作之嫌：

> 甚至人心中的神聖者，亦即道德法則，當其於感性中初次顯現時，
> 也離不了這種偽作。因為它只是一味禁止，一味反對其我愛之感性
> 利益，因此，當人尚未達到視我愛為度外、視理性之音聲為真我之
> 地步，則此一神聖者便總是顯現為一外來者。如此一來，他只覺得
> 這一外來者是個枷鎖，而不覺得它創造了無限的自由。他無法預料

---

[82] 同上，頁 73-74。

心中立法者底尊嚴，只感受到壓迫和順民似的無力反抗。因為在人的經驗中感性衝動先行於道德衝動，所以他讓這種必然性底法則在時間中有一開端、實然的起源（positive ursprung），並由於所有錯誤中這最不幸的錯誤，他將自身中的不變者與永恆者轉變為生滅無常底偶然者。他說服自己將合法與非法的概念視為暫行條例，而此一暫行條例乃是某一意志所引進者，它本身並不具有永久的效力。同理，他在釐清個別的自然現象時，總要跨出自然之範圍，唯有在此範圍之外去尋找其內在的合法性；在釐清道德之事時，總要跨出理性之範圍，並低估其人性，且同時在這條道路上尋找神性。那種憑貶抑其人性為代價的宗教其來歷向來如此，而大家也不認為那種並非源自永恆的法則是無條件且與一切永恆者相連。他所面對的並非神聖、而是強力的存在者，故他敬神之精神乃是使其自卑的恐懼，而非抬昇其自我價值的敬畏。[83]

為了不使履行道德之力量趨於耗弱，甚至避免偽作之情況發生，席勒認為培養此一審美心境乃極重要之事。由此觀之，審美之心境乃可使人保持一從容優游之心態，就以重獲原先失去之力量。席勒嘗於 1796 年撰寫一篇題為〈遊戲的孩童〉之詩作，詩中即以孩童天真無染之態度以譬況此一於遊戲中

---

[83] 對於 Achtung 與 Hochachtung 此兩種心態之細緻差異，席勒於〈論優雅與尊嚴〉一文中亦有詳細釐清：「我們不得混淆『敬畏』與『仰慕』。敬畏（若按其純粹之概念言之）只關乎感性本性與一般而言的純粹實踐理性之責求這兩者間的關係，並不顧及實際的履行。康德在〈判斷力批判〉一書中表示，這種因無以達成（對我們而言係為法則的）理念所形成的不對等的感受，謂之敬畏。因此，敬畏是一種不悅、乃至是壓制的感受。這是一種經驗意志與純粹意志之間的距離感。因此，我使感性本性成為了敬畏底主體就不足為怪了，儘管這僅僅適用於純粹的理性，因為，這種責求我們實現法則的不對等的感受只存在於感性之中。反之，仰慕是指已實際履行法則而言，這種感受並非因法則、而是因此一依法而行之人而來。因此，仰慕是某種輕鬆愉悅之物，因為法則之實現必使理性存在者感到愉悅。敬畏是壓迫，而仰慕是自由之感。這種自由之感乃是因愛而起，而愛是仰慕的成分。歹人也必須敬畏善，但為了仰慕那些行善之人，他似乎不得不棄惡歸善。」參見 *Über die ästhetische Erziehung des Menschen in einer reihe von Briefen*, S. 388-389. 亦參 NA: 20, S. 392-393.

所呈露之悠然心境：

〈遊戲的孩童〉

孩子，在媽媽的膝上嬉戲吧！神聖的島上
煩惱找不到你，憂慮找不到你，
媽媽的手臂慈愛地抱緊你，面臨深淵，
你天真無邪地俯看著漂浮的墳墓微笑。
嬉戲吧，可愛的小天真！你還生活在樂土中，
自由的天性只是聽從快活的本能，
飽滿的精力還造出虛構的條條框框，
雖然心有誠意，還缺少責任心和目的性。
嬉戲吧，消瘦、認真的工作就要臨頭了，
受到控制的義務缺少樂趣和情調。[84]

　　反觀康德倫理學所具有的「工作者」態度實塑造了一種「刻板形象」：「一副正經模樣，不苟言笑，不分青紅皂白，隨時隨地準備去受苦受難。」[85]Pieper謂此實有一大吊詭，因為工作者外觀上雖表現奮勉不已之態度，但實際上卻極為懈怠：

我們現代的人會把「懶惰」的行為看成是「一切罪惡的根源」，但是古代的人並不是這樣解釋。以古代的行為觀念來看，懶惰有其特別的意思：人放棄了隨著其自身尊嚴而來的責任，換句話說，他不想成為上帝要他成為的樣子。齊克果曾經這樣說，*acedia*（懶惰）是

---

[84] F. Schiller: Gedichte. in: *Schiller Sämtliche Werke, Philosophische Schriften*(Berlin: Aufbau Verlag, 2005), S. 238. 亦參 NA: 1. Band, S. 233.

[85] 尤瑟夫・皮柏著、劉森堯譯：《閒暇——文化的基礎》（臺北縣：立緒文化，民92），頁74。

一種「軟弱的絕望」，意思也就是說，一個人「絕望地不想做他自己」。
從形上神學的觀點看，懶惰的意思指的就是，人不肯和他自己的存
在相符，一個人在他自己的一切努力活動背後，他想脫離自己，如
同中世紀的說法，哀傷取代了活在他內心的神聖良善的位置，這種
哀傷正是《聖經》上所說的「俗世的哀傷」。[86]

　　此一工作者之態度竟與自我相疏離，不願直下承擔，回歸真我。Pieper
遂提出一「閒暇」概念，謂人唯於悠閒時方可使人與其本我相協調；反之，「懶
惰」即是人與自身格格不入，處於一分裂狀態。若對照 Pieper 所言，則此一
懶惰之態度是否與席勒上述無法「視我愛於度外」、「視理性之音聲為真我」
之態度相若？席勒詩中所謂「遊戲的孩子」即意在求人之回歸天真無染之境，
並以審美心靈泯除機心自用、向外馳求之習染。[87]Wolfgang Janke 即表示，遊
戲之態度當非去煩解悶、忙裡偷閒之消極義，而是反使人越可凝聚心神：

　　遊戲就其純然之消極（Negation）意義言之，並非不嚴肅，而是具

---

[86] 同上，頁 88。

[87] Günther Debon 嘗將席勒「孩童」（Kind, Knabe）之喻與吾國李贄之「童心說」、袁枚之「性靈說」
相較，亦可參閱，詳見 Günther Debon: "Naiv und Sentimentalisch in der chinesischen Literaurtheorie".
in: *Schiller und der chinesische Geist, Sechs Versuche.* Heidelberger Schriften zur Ostasienkunde, hrsg.
von Günther Debon und Lothar Ledderose; Bd. 5 (Frankfurt/Main: Haag und Herchen, 1983), S. 27-45.
另據 Brelage 表示，席勒於美學論文中使用「Kinder des Hauses」（家中的孩子）與「Knecht」（奴
才）、「Furcht」（恐懼）與「Zuversicht」（信任）以及「Gesetz」（律則）與「Freiheit」（自
由）等字眼，實採用「路德聖經式之語言」，故此中亦有新、舊教對諍之問題：「席勒在批判康德
時使用這些特殊的耶教用語，當非偶然；將『家中的孩子』與『奴才』、『恐懼』與『信任』、
『律則』與『自由』兩相對舉，此即同時指出他與康德發生爭辯的精神來源根據。也就是說，就
『誡命』與『福音』、『法則』與『恩寵』此一論題、亦即就基督新教之核心範圍言之，所有這
些用語均有其神學上之所處地位。席勒對於康德之論難，若依其層次豐富之內涵與語言形式觀之，
不僅可將此一有待進一步闡明的背景特予標出，且還釐清了他批判康德之鋒芒何在，此是康德在
內涵與表述上所無以企及者。」參閱 Brelage: Schillers Kritik an der Kantischen Ethik oder Gesetz und
Evangelium in der philosophischen Ethik., in: Manfred Brelage: *Studien zur Transzendentalphilosophie.*
hrsg. v. Ä. Brelage, Berlin 1965, S. 241-242.

有「揚棄」一字之三重涵義。故遊戲與美之關係並非忙裡偷閒或打發時間以使人去煩解悶，而是恰使人於遊戲中澈底凝聚心神。為求不失凝神為一（Gesammeltheit ins Ganze），人須符應兩項要求。他與美應「只是遊戲」（nur spielen），即他不應混淆美與現實，以致挑起意欲之利害，而是應參與生動形象之遊戲，後者係以「無本之相」（wesensloses Scheinen）為其存有方式。他應「只與美」（nur mit der Schönheit）遊戲，即他應僅在美底範圍內、而非在時間與自由中來揚棄嚴肅性。唯有在遊戲、在對美的適當態度中，人才完全成為他之所應然，此即成為人。[88]

　　席勒謂近代人因文明之發展而使其固有天性碎為斷片，人失去本有之和諧。但發展文明而以犧牲個體性格之完整為代價，此豈非使人淪於不具生命之機械？他之所以再三奉古希臘人為典範，正是因他們並未割解人之整體性，而是充量發展人之各種潛存稟賦：「在希臘國家中，每一個體都享有獨立的生活，必要時又可合為整體。希臘國家這種水螅式的狀態如今已被一架工藝精湛的鐘錶取而代之，此處無限眾多但卻毫無生命的碎片湊在一起，藉以形成一個機械的整體。而今，國家與教會、法律與道德彼此傾軋；享受與工作、手段與目的、努力與酬報截然二分。人永遠被整體之孤零的小碎片所束縛，他也只好將自己變成一個碎片。」[89]

　　鑑於此一機械化之流弊，席勒認為此時重建吾人之審美生活實屬急務。審美之生活不僅可恢復人之和諧本性，使其不再淪為碎片，且亦可自然而然發揮促人履行道德之益處。而審美心境乃是一「寬裕」狀態，此一狀態不僅泛指人之物質條件不虞匱乏，更顯示人於精神層次上毫無促迫的愉悅之感，

---

[88] Wolfgang Janke: *Die Zeit in der Zeit aufheben-Der transzendentale Weg in Schillers Philosophie der Schönheit*(Kant-Studien. 58:4, 1976), S. 453.

[89] *Über die ästhetische Erziehung des Menschen in einer reihe von Briefen*, S. 319-320. 亦參 NA: 20, S. 322-323.

故臻於此一心境即同時成就一完美之人格：

> 在可怕的力量王國與神聖的法則王國中間，審美的教化衝動不經意
> 地建立了遊戲與形象的歡愉之國，在此一國家中，這種衝動使人卸
> 除各種關係的束縛，擺脫一切名為壓迫之物，無論物質還是精神。
> 在以力相爭的力量王國中，人與人以力相會，其力量遭受限制；在
> 義務的倫理王國中，人與人以法則之威嚴相會，其意欲遭受拘束，
> 那麼，在美的國家中，亦即在優美的社交圈中，人與人唯以整體形
> 象現身且以自由遊戲的客體相會。「以自由為因，以自由為果」即是
> 這個王國的基本法。此處個體與整體、整體與個體互不交侵。這並
> 非因為一方屈服而一方勝利的緣故；此處唯有勝利者，而無被征服
> 者。[90]

　　「美的國家」不啻為「優美的社交圈」，此中諸人均可使感性與理性保
持平衡，既不被物質壓迫，亦不被法則束縛，而人與人間既非以力相霸、彼
此傾軋，亦非因法則之強制而不得不然。人至此才成為一自由人、整體人。
人因擺脫各種力量之強制，遂可進退得宜、不卑不亢，既發揮一己之自由，
亦不損害他者之自由，故就任何人言之，其均為「勝利者」，而非「被征
服者」。

　　席勒謂人之所以受各種力量所桎梏，此乃因心力之偏失而然。此心或因
形式衝動勝，受知性所主導，故易淪於抽象僵化；或因材質衝動勝，受意欲
所主導，故易淪於浮泛鬆散。心力既各據一隅以為用，終則喪失其整全之功
能。他於〈卡利雅書簡〉中曾論及人對於對象所採取之態度有四：嗜欲
（Begierde）、知性（Verstand）、意志之選擇（Wahl des Willen）與直觀
（Anschauung）。嗜欲則使對象具有一自然之性狀（physische Besch-

---

[90] 同上，S. 406. 亦參 NA: 20, S. 410.

affenheit），知性則使對象具有一邏輯之性狀（logische Beschaffenheit），意志之選擇則使對象具有一道德之性狀（moralische Beschaffenheit），而直觀則使對象則具有一感通之性狀（ästhetische Beschaffenheit）。據 Volkmann- Schluck 所見，席勒謂對象之所以可呈現為一「感通」性狀者，即是吾人採取一讓對象自行呈現（sich darstellen）之態度，在此一態度下，由對象本身所自行呈現之表象方可恢復吾人全幅心力：

> 吾人可由「對象自行呈現於直觀中」此一方式，亦即使其表象與吾人全幅心力相關涉，吾人遂將其判為一感通的對象。當對象以如此之方式（亦即「其表象令吾人之心力臻於一自由遊戲之境」）自行呈現時，則吾人遂判斷此一對象為美。因此，美既非對象本身之客觀特徵，亦非主體之主觀狀態，而是於主體與客體間形塑一自成一格之居間之地（Zwischenfeld），此中仍保有與對象之關涉，因吾人對於對象之諸表象力唯是入於一遊戲之境。在此一感通態度下，吾人唯讓自身全神貫注於對象之如何顯現上。而掌握對象之顯現方式之為如是者，即為想像力之能力。想像力係一直觀能力，但與受制於當下一瞬之諸官覺有異，它獨具形塑與聯結之任運之力，將一所直觀者本身如其所如地創造出來。想像力係一可自作主宰之感性力量。想像力飄浮於感官之被動與知性之主動之間，並因此建立一使此兩者互媒之「中」（Mitte）。想像力之作品卻並非如此即為美。因想像力此時須以時空連結之法則以為結合之法度，否則便不受限地遊離於非現實之物中且創造一荒誕無稽之相。唯當其於創造之直觀中依理念以軌範其自身時，其所造之相方為美。美者，非理念之感性化。因理念就其根本言之，乃脫離任何感性化之可能。然想像力卻於對象之生成創造或直觀之中依理念以軌範其自身，其所造之相乃成為理念之象徵。美者（作為理念之象徵），缺乏概念之確定性，然此並非因缺失而然者，而是其遠超於任一確定性。故美者，可使

人運思於無窮者，運思於無窮者益甚，則直觀者乃益為直觀。[91]

　　在嗜欲、知性與道德此三種態度之下，人心遂有偏於一方之用，而對象本身乃因人心偏於一方而呈露其片面相，故無以使對象本身徹底呈露，而吾人亦無以展露全幅心力。換言之，上述三種態度乃使對象成為一定執之對象，使對象成為一有限定者。然美卻以不定執之態度以面對此一對象，吾人既不採範圍對象之態度，則客體本身乃因此一不加偏限之態度而自呈其相。雙方關係經此改變後，對象本身乃由一定執之相轉為一不定之相，突破限定以通於無窮。故人心唯與對象保持一直觀之態度，席勒上述所批評之「享受與工作、手段與目的、努力與酬報之截然二分」之弊病，方可化解。[92]

　　席勒亦於〈論優雅與尊嚴〉中論及此一直觀之態度。在此文中，他提出「交感運動」一說，並藉以說明「優美的道德」當非不可能。此說大意謂：心念與履行此一心念之行為可相互貫通，亦即心念所欲達成之目的與履行目的之手段實可一氣呵成，宛如本能所成就，實不待知性互乎其間以為兩者之聯結。知性一旦混入其間，則手段與目的兩者遂無法合一，而由此所產生之行為遂不免有刻意之相，失於自然。依他所見，知性雖具「決斷」（Entschluß）

---

[91] K. H. Volkmann-Schluck: *Die Kunst und der Mensch - Schillers Briefe über die ästhetische Erziehung des Menschen*.(Frankfurt am Main: Vittorio Klostermann, 1964), S. 16-17.

[92] 方東美先生（1899-1977）曾提出「完整的心力」（gasamte Gemütskräfte）之說，藉以修正康德憑知識才能所造成自然界、藝術界和道德界不相通貫之失。此說若與席勒之觀點相對照，當可發現兩者有異曲同工之妙。方氏之修正方案有四：（1）把康德平鋪的三分才能論之心靈直豎起來，看作「完整的心力」而使之具有內在動性發展的脈絡。（2）放棄康德的現象主義，回到萊卜尼慈，認為理性知識的範圍渺無限制。重新確立知識的定義。回到休謨與洛克，認為知識作用不僅起於感覺，也是生於直觀，分析與綜合並非隔絕的作用，理性與經驗更是交融互攝的狀況。另依「唯識論」之主張，由五、六、七三識而上溯至第八識以為所知依根（證自證分），如此方可護持康德所謂統覺之原始的「綜合的統一」。此一理性知識的作用窮原究本，則為體用合一之心王。（3）心不僅是感性、悟性（理解）、理性三種知識才能的湊合「體」，又是具有有機統一性的「用」，亦即前述完整的心力兼有情感、意慾與知能三方面者。這些活力鎔冶在一起，共促心靈一貫向上發展，向外表現，形成不同層疊的主要知識活動與知識方式。（4）心靈活力之向上發展，促成各級思想表現，取得各級統一，再依「能」「所」之配合，循序建立各級的層疊世界。參閱方東美：《生生之德》（臺北：黎明文化，民76），頁231-238。

之功能，但若就此一交感活動觀之，卻於手段與目的之間形成一斷裂之效果。
席勒以談話時之面部表情為例以論說此義：

> 人在說話時，我們看見其目光、臉龐、雙手，甚至經常是整個身體
> 同時一起說話，而且對話時面部經常是最生動的地方。不過，有目
> 的的活動甚至也可以同時被視為交感活動，當某一不由自主者
> （etwas Unwillkürliches）與有目的的活動這一自主者（das
> Willkürliche）彼此糅合時，便馬上出現這種情形。
> 也就是說，此一自主活動的方式並非如此明確地受其目的所決定，
> 因此履行這種活動也不應有太多方式。此時，凡不讓意志或目的所
> 決定的活動，即是以交感方式由人底感覺狀態（Empfindungszustand
> der Person）所決定，且因此成為這種狀態底展現。當我伸手取物時，
> 我正在執行我的目的，我所履行的活動則受制於我所想達成的意
> 圖。但要用什麼方法取物、讓身體挪多遠（或快或慢）、要費多少力
> 氣，在這一瞬間中我並未縝密估算，因而此處乃是聽憑本性而為。
> 但這卻又必須由某種不純被目的所決定的東西所決定，因而我的感
> 受方式即是關鍵所在，且以它所規劃的調子（Ton）來決定活動的方
> 式。[93]

據筆者於本論第二章中之分析：此一交感活動乃是「不由自主」、「無意
為之」之活動。實則，無意為之之活動即為一直覺活動，或如席勒所謂「熱
情吶喊之於慷慨激昂」之一氣相連狀，兩者無分先後、一時并起，心念所存
與身體所行當是一統合狀態，此時尚無知性之分別計慮摻入其中。知性若屬
乎此一一氣相連之活動中，則恐有刻意操縱之嫌：

---

[93] *Über Anmut und Würde*, S.184. 亦參 NA: 20, S. 266-267.

因此，我們雖然可從人底言談來揣測其用意，但他實際上是什麼，則必須試著從其不言之言與神情、亦即從其無意為之的活動來揣測。但是，當我們發現此人竟可有意操控其面部特徵時，則我們此刻便再也不信他的表情，且也不認為那是他內心底表現。

如今，人雖然可由技巧（Kunst）與推敲（Studium）而終使這種並行的活動聽令於意志之操控，就像手法靈巧的魔術師般，可讓有意而為的任何形象落在那面無言的心鏡之上。但此輩渾身上下盡是謊言，一切本性均被技巧所掩蔽。反之，優雅無論何時均是本性、亦即無意為之者（至少看來如此），且主體本身決不可看來有意及優雅的外貌。[94]

席勒亦曾以詩（Poesie）為例以申明此一「無意為之」之義：

謝林在其先驗哲學中因主張「在自然中，為求往有意識者昇進，故以無意識者為始；反之，在藝術中則起步於有意識者而往無意識者邁進」，故我與之發生爭執。此處雖僅涉及天工與人巧（Natur- und Kunstprudukt）之對比，但就此點而言，他卻完全正確。但我深恐這位觀念論者會因理念而過於漠視經驗，而詩人在經驗中卻是以無意識者為始。若詩人極清醒地意識其所作所為，以求在已竟之業中再度力見作品中那初次而幽隱的全幅理念，則他便該暗自竊喜了。這種幽隱卻有力的全幅理念若無法起於一切技法之先，則詩篇亦無由產生。對我而言，詩即是可口授與傳達那無意識者，亦即將其轉化為一客體。非詩人（Nichtpoet）亦可如詩人般為詩之理念所打動，但他卻無法將其轉化為客體，並憑著一股必然之籲求將其展現出來。非詩人亦可如詩人般有意且必然地創造一件作品，但這種作品

94　同上，S.185-186. 亦參 NA: 20, S.267-268.

卻並非以無意識為始，亦非以無意識為終。這仍是有意為之之作（ein Werk der Besonnenheit）。有意與無意合一才造就一位詩的藝術家。……凡可將感受狀態轉化為一客體，且此一客體復可迫使我進入那種感受狀態之人，我便名其為詩人、造物者（Macher）。但依品次（Grad）言之，詩人並非皆出類拔萃。完美之品次係以其內中之富有與涵養且最終將其形之於外、並以其作品所煥發之必然品次為根基。此一感受越主觀，作品便越偶然；此一客觀力量係以理想者為根基。凡詩作均要求此一表現之整體性（Totalität），因為任何詩作均應具備個性（Charakter），否則便一無所成；但完美的詩人卻道出人性之整體。[95]

文中所謂「幽隱卻有力的全幅理念」（eine dunkle, aber mächtige Total-Idee），乃指詩人於興會勃發之際所置身之狀態而言者，而佳作即由此而生。非詩人亦可有此儻來之興會，此與詩人無異。但詩人所以異於常人者，即在其將此一瞬之感興藉技法以使之具象化，此即「口授與傳達那無意識者」，而常人則是至此止步，無以捕捉此一剎那而逝之全幅印象。再者，縱使常人亦具此一感興與技法，但卻未能如詩人般可將此一感興時時沉潛默運於內心之中，俟其醞釀充分，遂不得不然將其形諸外，故其作品常以無意為之為始，亦以無意為之告終。反觀非詩人之所為，雖有此一瞬之感興，但其一則涵泳之功淺，忮求之心切，一則平素訓練之技法亦不足，或則刻意以技法為矜炫之具，故其所作常以有意為之而始，以有意為之為終。由此對照遂可見出：詩人之作可謂「行於所當行，止於所不得不止」，外表上雖有作有為，然則卻行所無事，作無作相，其施為莫非一任本然，不見矯飾；而非詩人之作實可謂「為文造情」、「為情造文」，此或具主觀之感受而無以藉技法將之表出，又或徒恃技法以掩蔽其本然之情感。席勒謂「有意與無意合為一體」方

---

[95] NA: 31, S. 24-25.

可造就「詩的藝術家」，若以此一標準衡諸非詩人，可知後者僅為詩匠亦明。席勒於〈卡利雅書簡〉一文中區分「風格」（Stil）與「格套」（Manier），謂前者之造詣即在其可由個殊性之中以一窺普遍性，而後者或僅偏於個殊性、或僅偏於普遍性，以致無法將兩者合一，故其所作仍未臻精善。[96]席勒亦認為詩人有「品次」之分，此即境界高下與技法勝劣之異，故非可混漫視之。

　　作詩既有「藝」（künstlerisch）「匠」（künstlich）之別，可見前者乃自然為之，後者卻刻意雕琢。若據此反觀席勒對康德倫理學之批判，即可理解為何後者始終以「困知勉行」為道德實踐之標準，而不認此一功夫亦可臻於「從容不迫」之境。席勒視康德之道德法則為一「隔膜」（fremd）、「壓迫」（Zwang）之命令，使人久屈法則之下，終使人成為「奴僕」（Knechtschaft）、「順民」（Untertan）；此若以詩藝類比之，則康德之所謂道德實踐，實猶如非詩人之作品般為有意為之之作，其或徒恃技法為能事已畢，或僅有主觀感受而無以道出人性整體，故均無法產生佳作。因此，當道德實踐若可臻於上述「有意與無意合為一體」之層次時，席勒「優美的心靈」乃可落實。席勒表示，道德行為需發乎本然之功，而非以有意操控之方式產生，否則便無美感：

> 我們必須擬定「內心中的道德根源在有賴於此的感性之中勢必直接創造了『將美的各種條件包含在內』那種狀態」。如今，精神（根據我們所無法窮究的法則）所處之狀態規定了與其相伴的自然為其狀態，且存在於精神中的此一道德涵養的狀態，正好是使美的各種感性條件因此得以滿足的狀態，因此它使美得以可能，而美也僅是是它的作為。不過，實際的美卻源自各種感性條件的結果，亦即自由的自然之功。但因為在自主活動中，自然被視為完成某個目的的手段，故它實際上無法稱為自由；又因為在不由自主的活動中，自然

[96] 參閱〈對自然的簡單模仿，虛擬，獨特風格〉一文，收錄於歌德著、范大燦等譯：《論文學藝術》（上海：上海人民出版社，2004年），頁6-10。

表現了精神之物，而這也不能稱為自由，故這種自由是精神單方面
的准許（Zulassung）。我們也可說，這種美是道德之物對於感性所
施予的恩賜（Gunst），亦猶構造之美可被視為是自然對於其結構形
式的贊同（Einwilligung）。[97]

在自主的活動中，自然被視為達成某一目的之手段，故其本身無法稱為
自由；在不由自主的活動中，復因自然成為精神單方面所規定之自由，故亦
無以稱為自由。自然既非一般意義下之自然，又非精神單方面控制下之自然，
則此一自然究竟為何？席勒遂以政治體制喻況此義，謂美之生起實通於兩
端，一則須依仗感性自然，一則又須根植於精神：

若一個君主制國家以「凡事均按唯一意志來運作」這種方式來治理，
但其治下百姓卻可說他是依其個人意義來生活，且只是聽憑其愛好
而已，則我們便可稱此為自由的政府。不過，統治者或者硬以其意
志而違逆百姓之愛好，或者百姓硬以其愛好而違逆統治者之意志，
則我們將大為懷疑這是否可稱為自由的政府；因為，在前一種狀況
中這並非自由的政府，而在後一種狀況中這根本不成為政府。
我們不難將此義用於精神對於人之修養的管理。當精神在有賴於此
的感性自然中，以「自然極為忠誠地貫徹其意志，且極為傳神地表
達其感受，但卻不與以自然、亦即以現象為本的感性之要求相牴觸」
這種方式來表現自己，便產生了我們所謂的優雅。不過，精神或者
於感性中表現出壓迫，或者自由的感性之功缺少精神底表現，這均
不可謂為優雅。因為，在前一種狀況中根本沒有美，而在後一種狀
況中則無遊戲之美。
因此，唯有內心中超感官的根據才使優雅得以傳神，而也唯有自然

---

[97] *Über Anmut und Würde*, S. 194-195. 亦參 NA: 20, S.278.

中純粹的感性根據才使優雅得以為美。我們不能說精神產生美，正如前述統治者的狀況一樣，我們不能說統治者創造自由；因為只可任（lassen）人自由，但無法給（geben）人自由。[98]

由引文可知：美，或謂自由，必須由感性自然本身之中生起，若於此之外以外物強逼之，或如席勒所喻，百姓本身之自由乃因統治者所「准許」、「給予」而來者，此均無法產生自由。康德倫理學之所以受此嚴格主義之譏，即緣於道德法則高倨「命令」地位，其形勢猶如居上位者宰制居下位者然，居下位者之自由係因居上位者之准許而來。席勒以「任」之一字與「給」之一字之對比，遂使人發現「自由」者當非自上而下之相授受者。[99]此義誠如席勒所示：

當人意識到其純粹的自主性時，他便將所有感性之物驅逐在外，且唯有透過與材質相抽離才可臻於其理性的自由之感。但因感性頑強且大力反抗，於是他便求諸強制（Gewalt）與努力（Anstrengung），因為若不如此便無法使自己與慾念相持，使極為活躍的本能歸於平靜。精神既要自然遵其旨意而行，又要使其旨意搶先於自然，他要讓有賴於他的自然認識「我是你的主子」。因此，感性在其嚴格的紀律下顯現出受壓迫的外貌，且內在的反抗會因此一壓迫而顯露在外。如此一種心境既無益於美（美是自然在其本身的自由中所創造

---

[98] 同上，S. 195-196. 亦參 NA: 20, S. 278-279.

[99] 此義亦可見諸方東美先生對於康德倫理學之批評：「康德……在哲學上一定要把近代科學理論之已成的客觀結構全盤轉移，厝之於超越心靈的統覺之上，然後憑那運用綜合判斷所建立的種種範疇，來宰制整個人類知識領域，以明其『主觀』（此『主觀』在某種分際上直與『客觀』同義）的基礎，亦是『霸氣未全銷』者。在道德形上學的基礎上，他更排除人類任何後天才情氣質，拋開任何社會習俗利害，一味握著純粹意志之符，藉實踐理性之先驗立法性的權威以製訂普遍必然的無上道德律，號令著人人信守遵行，略無例外，甚而因此善良意志之踐履施行，效力推廣，竟變作含賅自然的定律。這不是霸道又是什麼？」參閱方東美：〈黑格爾哲學之當前難題與歷史背景〉，收錄於《生生之德》（臺北：黎明文化，民76年），頁167。

的），亦無益於優雅（藉此才可使人認出與材質相抗的道德自由）。[100]

與此一訴諸強硬與努力恰相對反者，即為「輕盈」與「柔和」，亦即所謂「優美的心靈」、「優美的道德」之所成就者。席勒謂此一心靈既有所誠於中，則亦必形諸外，內在之涵養必顯發於外在之形軀，故心、身兩者須合言之，此亦蘊含一內外一貫之理：

> 因此，在優美的心靈中，感性與理性、愛好與義務保持和諧，而優雅即是其於現象中的表現。唯有以優美的心靈為依歸，自然才可同時擁有自由和維持其形式，因為自然在嚴肅心情之宰制下會損失自由，在感性放縱無節之下會喪失形式。優美的心靈會在此一（天生的構造之美所缺乏的）形相之上流洩出一股不可抗拒的優雅，且我們經常發現它甚至克服了自然缺陷。由此所出發的一切活動將是輕盈柔和而生意盎然。眸光清明四射，內中含情脈脈。雙脣因心地柔和而獲得無以造作的優雅。神情察覺不出緊張，自主活動察覺不出逼迫，因為心靈對此一無所知。音聲化為樂調，且憑其粹然的變奏之流鼓舞其心。天生的構造之美可引起欣悅、讚賞與震驚，但唯有優雅才可令人悠然神往。天生的構造之美擁有朝拜者（Anbeter），而唯有優雅才擁有愛慕者（Liebhaber）；因為我們所朝拜的是造物者，而所愛慕的是人。[101]

席勒由「構造之美」與「優雅之美」兩者為對比，謂前者使人生起一「朝拜」之情，而後者則使人生起「愛慕」之情。既謂之「朝拜」，遂不免使人聯想一種自居卑下而仰望上位者之心情，此或可謂為一準宗教之態度。然「愛

---

[100] *Über Anmut und Würde*, S. 197. 亦參 NA: 20, S. 280.

[101] 同上，S. 204. 亦參 NA: 20.,S. 288.

慕」之情卻未如此，毋寧愛者與被愛者平起並坐，愛者既不為卑，而所愛者亦不為高，在此一不卑不亢之局勢下，兩者當可同情交感。

若依上述 Pieper 之評斷康德哲學之中所隱涵之「工作」精神，遂繼而提出一「閒暇」概念以矯其偏失言之，即可使人一窺席勒對於此一現象所提出之觀點與 Pieper 甚為相契。席勒此一洞見，亦足以使吾人與孔子之美育思想相比觀。席勒謂近代文明之發展乃使人成為一機器中之零件，生活有淪於機械化之虞，故提出審美人生方可使人恢復本性，歸還吾人原有之自由。此一觀點，實與梁漱溟先生評論孔子唯一重要的態度為「不計較利害」相類。梁氏謂此一不計利害之態度可使人不「違仁」、「失中」與「妨害生機」，並於回應胡適先生所提之墨子之應用主義時表示，吾人原本之生活乃一整體，手段與目的之分不過假為分別，「若當作真的分別，……就是將整個的人生生活打成兩斷截；把這一截完全附屬於那一截，而自身無其意味」：

> 這徹底的理智把直覺、情趣斬殺得乾乾淨淨；其實我們生活中處處受直覺的支配，實在說不上來「為什麼」的。……最與仁相違的生活就是算帳的生活。所謂不仁的人，不是別的，就是算帳的人。仁只是生趣盎然，才一算帳則生趣喪矣！即此生趣，是愛人敬人種種美行所油然而發者；生趣喪，情緒惡，則貪詐、暴戾種種劣行由此其興。算計不必為惡，然算計實唯一妨害仁的，妨害仁的更無其他；不算帳未必善，然仁的心理卻不致妨害。美惡行為都是發於外之用，不必著重去看；要著重他根本所在的體，則仁與不仁兩種不同之心理是也。[102]

梁氏因此謂「稍加計算，心理就不活潑有趣，就不合自然」，但孔子卻要「自然活潑去流行的」。有別於此一算計心理活動，梁氏遂提出以「寂」、「感」

---

[102] 梁漱溟：〈東西文化及其哲學〉，《梁漱溟全集　第一卷》（山東：山東人民出版社），頁461。

二字釋「仁」：

> 仁是一個很難形容的心理狀態，我且說為極有活氣而穩靜平衡的一
> 個狀態，似乎可以分為兩條件：（一）寂——象是頂平靜而默默生息
> 的樣子；（二）感——最敏銳而易感且很強。能使人所行的都對，都
> 恰好，全仗直覺敏銳，而最能發揮敏銳執覺的則仁也。……他只要
> 一個「生活的恰好」，「生活的恰好」不在拘定客觀一理去循守而在
> 自然的無不中節。拘定必不恰好，而最大的尤在妨礙生機，不合天
> 理。他相信恰好的生活在最自然，最合宇宙自己的變化——他謂之
> 「天理流行」。在這自然變化中，時時是一個「中」，時時是一個「調
> 和」——由「中」而變化，變化又得一「中」，如是流行不息。[103]

此一於流行中求平穩妥適之「仁」之心態實與席勒「中間狀態」甚相似。
據梁氏觀之，生活的恰好並「不在拘定客觀一理去循守而在自然的無不中
節」，故此一仁心唯於自然而然之情況下方可發揮作用，而席勒所謂「優美的
心靈」所呈現之「自由的自然之功」豈非與此相若？

對此自然而然、不容造作之功夫，唐君毅先生亦論之甚詳。唐氏謂孔子
「無可無不可」、「無適也無莫也」、「毋意毋必毋固毋我」、「吾有知乎哉？無
知也，空空如也」，即含「心無所住、無所滯而無所執」之意，並謂此心以虛
靈明覺為其德性，唯如此，方能「呈現一切實在，一切感相，一切理念，一
切理想」[104]。中國儒、道兩家均旨在發明此一無所不運、涵攝天地萬物之無
限量之心靈，故唐氏指出，道德實踐之事實不如康德所言「純為抽象的立法
行法之事」，而為「具體的成己成物之事」：

---

[103] 同上，頁 455。

[104] 唐君毅：《唐君毅全集卷五 人文精神之重建》，頁 498。

故最高之道德生活，亦非永停於當然之命令與實際行為之永遠相對之中，或永遠之勉強而行之情調中。當是於心所覺為當然者，皆直覺為心之所不容已者，亦即心依其性情而實然地安之而為、樂之而為者。於是道德上之理想境，將當說之為性情中所本有之現實境。……吾人之道德生活，至此境界，則吾人之道德生活，又由自覺而超自覺。至自覺實踐道德理性之事，皆化為超自覺地順性理之流行，隨天機之自運，不復見有所安排與思慮。[105]

康德道德哲學若未接上此段功夫，或「自最本源處用功」，則其應當之命令最後仍必然空懸而升騰：

道德理性本身是內在而超越的，乃天之所命，現現成成，不容造作，非人力功夫所得而施。人力功夫之所得而施，皆只在如何使其相續流行為可能，而使間隔之者之呈現成不可能上。所以這個功夫，只可說在天人之際，或善與不善，理性與非理性間之幾上。……孔子所謂「一日克己復禮，天下歸仁」，孟子所謂「萬物皆備於我矣」，朱子所謂，「吾心之氣和則天地之氣合，吾心之氣順則天地之氣順」，陽明所謂「良知是造化的精靈」，皆可於此得解。[106]

然人之相續不斷呈現此一道德修養之功夫又如何勘驗之？依唐氏觀之，此一天理流行之境「乃直感天理之自上而下自內而外以流行」，在真正之道德生活中，吾人對自家之意念行為，皆有一如孔子所謂自內心深處自動自發之「安或不安之感」，或如孟子所謂「悅心或不悅心之感」，或如大學所謂「好之或惡之之情意」，凡合理者皆「安之、悅之、好之」，反之則為「不悅、不

好、不安」。

此一悅之、好之、安之之情，亦可見諸席勒對於康德倫理學之批評。[107]席勒表示，道德之真相實為「心懷喜悅」（mit Freudigkeit）、「伴隨愛好」（mit Neigung）之情者，而非以法則精神以使人「畏懼」（Furcht）並「懷疑」（Mißtrauen）人性本身：

> 人若毫不羞怯地坦承各種與道德的真相相悖的感受，這對後者顯然不利。不過，美與自由的感受又應如何與嚴肅僵化的法則精神相互協調？這種法則之精神寧願用畏懼、而非用信任來引領他，其不斷努力使本性所統一的人拆成兩截，使一部分起了懷疑來確保對另一部分的統治。哲學家只容許以二分法所顯示的人的本性，在現實中卻是一個相連的整體。理性決不可以為這些心懷喜悅所承認的感受毫無價值而將之摒除在外，而且，人若道德有虧，他也無法提升其個人之敬畏。[108]

若使人性割裂為二，以一部分之懷疑來統治另一部分，此說正同於席勒

---

[107] 論者亦以為此一「悅」、「樂」之感在康德倫理學中僅是一附麗之物：「康德不以情感為決定根據（縱使此一情感是以最精緻、最高貴的型態出之），且不欲使道德之愉悅發揮作用；反之，席勒卻將此一純粹之悅樂、純粹之能力視為道德生命之極境。這可證諸其〈犧牲〉一詩之末段，此處他言及一種非比尋常的『愉悅』，它成為自我犧牲的一部分；或者，在〈論悲劇藝術〉一文中亦出現過『愉悅』，『它從我們的道德本性中湧現』；另外，在〈論崇高 II〉一文之解說中亦出現此類字眼，『這種愉悅（Frohsein）可揚昇至悠然神往之境地，無論其是否為真正的愉悅，天真的心靈寧可要它也不要其他的歡愉。』當然，康德『在這個激起敬畏的人格性之理念中，讓我們親眼目睹自己的本性（按其本分）之崇高性中』也談到這種『慰藉』（Trost），但他明白表示：『這種反饋決非幸福，甚至連幸福最小的一部分也不是。』而這種『反饋』則相當於席勒所謂『道德的愉悅』。但我們必須坦言，若就康德整體系統觀之，此一『精神的愉悅』僅表現為外在的附麗；反之，就席勒而言（至少在其〈辨神論〉一文中），它卻塑造了一種巔峰造極的表現，人生奮鬥的目標，此一想法直至晚期也從未消失。」參閱 Anton Hermann Appelmann: *Der Unterschied in der Auffassung der Ethik bei Schiller und Kant* (mit Quellenbelegen)（G.E. Stechert and company: 1917），S. 19-20.

[108] *Über Anmut und Würde*, S. 186. 亦參 NA: 20, S.268.

上述君主制之國家般，居上位者監控居下位者之活動。由此一譬況，可知康德此一道德法則之精神恰如君主般臨駕百姓之上，使百姓之舉措均受其宰制。反觀席勒以百姓均以「從吾所好」之方式而不知有居上位者為治道之極，遂可知此一「好之」、「樂之」之情亦足證明道德功夫之最高境界乃在不待防檢窮索，且此心自可生起悅樂之情。[109] 梁漱溟於論「孔子生活之樂」時，即謂孔子「吾與點也」一節之旨意乃描述一「過而不留，中心通暢」之樂，而非「念念計慮，繫情於物」者：「我們可以說他這個生活是樂的，是絕對樂的生活。他原不認定計算而至情志繫於外，所以他毫無所謂得失的；而生趣盎然，天機活潑，無入而不自得……所以他這種樂不是一種關係的樂，而是自得的樂，是絕對的樂。」[110]

若就席勒「道德與藝術兩者在實踐上亦有相通之極境」言之，亦可於孔子「志於道，據於德，依於仁，游於藝」等義相通。徐復觀由音樂探究孔子之藝術精神時便指出，「仁是道德，樂是藝術。孔子把藝術的盡美，和道德的盡善（仁），融合在一起……這是因為樂的正常的本質，與仁的本質，本有其自然相通之處。樂的正常的本質，可以用一個『和』字作總括」：

仁者必和，和中可以涵有仁的意味。《論語》「樊遲問仁，子曰愛人」

---

[109] 防檢太甚亦為道德進境中之一病，誠如馬一浮先生引朱熹注「矜」字便謂：「諸相只是一個勝心，勝心即是私吝心，佛氏謂之薩迦耶見，我執法執之所依也。然《論語》有『君子矜而不爭』及『古之矜也廉』，朱子注：『莊以持己曰矜。』又：『矜，謂持守過嚴。廉，謂棱角峭厲。』此『矜』字不是惡德，但雖有持守，乃作意出之，不免厓岸自高，亦是一種病痛。」參閱馬一浮：《泰和宜山會語》（遼寧：遼寧教育出版社，1998年），頁69。唐君毅先生則指出，中國儒者言修養特重「建本教始」，即因一切事「在本上、始上下工夫則易，在末上、終上謀補救則難」，故中國先哲言內心之道德修養，「重在於過惡之機初動時，即加覺察，不俟其發出而氾濫，再加以阻過」，順此流行而去，則可不以機械之道德規律自束：「所謂『不須防檢，不須窮索』，『不須安排』於善惡之念，『才動即覺，才覺即化』；更能備極高明，而致易簡。人誠依此用功，真有自得，則性情之自然流露，亦恆能合理，以幾於聖人之不思而中，不勉而得之境界矣。以此視人在過惡之發出上，與之辛苦奮鬥，立於衝突之地，以求和諧，則本末之道迥殊，而為效之難易，如天淵之別矣。」參閱唐君毅：《中國文化之精神價值》（臺北：正中書局，民86），頁227。
[110] 梁漱溟：〈東西文化及其哲學〉，《梁漱溟全集 第一卷》（山東：山東人民出版社），頁464。

（〈顏淵〉）。孟子也說「仁者愛人」；仁者的精神狀態，極其量是「天下歸仁」，「渾然與物同體」；這應當可以說「樂合同」的境界與仁的境界，有其自然而然的會通統一之點。……樂與仁的會通統一，即是藝術與道德，在其最深的根底中，同時，也即是在其最高的境界中，會得到自然而然的融合統一；因而道德充實了藝術的內容，藝術助長、安定了道德的力量。[111]

準此可知：席勒所謂「遊戲之美」與孔子「志於道，據於德，依於仁，游於藝」之「游於藝」之最高境界相似。依《說文解字》釋「游」字謂：「旌旗之流也。……引申凡垂流之稱，如弁師說冕弁之游是。又引申為出游、嬉游。俗作『遊』。」[112]據朱熹《四書集注》曰：「游者，玩物適情之謂。」[113]故「出游」、「嬉游」、「玩物」者，均旨在使人於一輕鬆從容之境中以遂怡養性情之目的。又「藝」字，亦作「埶」，即今之所謂「種」。段玉裁注謂：「唐人樹埶字作蓺，六埶字作藝，其說見《經典釋文》。然蓺、藝字皆不見於《說文》，周時六藝字蓋亦作埶，儒者之於禮、樂、射、御、書、術，猶農者之樹埶也。又《說文》無勢字，蓋古用埶為之。」[114]由此可見古代藝之一字可與「種」與「勢」字相通，故深習六藝者當如農者之種植然。而栽種、培植即是使此一隱含潛存之力量逐漸發育長養，日後則衍申為「教化」、「教養」義，此與西人云 culture 一字相當。孔子「游於藝」之「藝」字，據何晏《論語集解》注乃「六藝：禮、樂、射、御、書、數六藝。」朱熹於《四書集注》中則謂「藝則禮樂之文，射御書數之法，皆至理所寓，而日用不可闕者也。」故六藝實乃一具體操練之活動，旨在使人於日用間習熟各種技能以涵泳性情，使人之稟賦得其栽培。通觀孔子「志於道、據於德、依於仁、游於藝」之意，

---

[111] 徐復觀：《中國藝術精神》（上海：華東師範大學出版社，2001年），頁10-11。

[112] 許慎撰、段玉裁注：《說文解字注》（臺北：天工書局印行，1992年），頁311。

[113] 朱熹集注：《四書集注‧論語卷四》（臺北：漢京文化事業有限公司，1987年），頁94。

[114] 許慎撰、段玉裁注：《說文解字注》，頁113。

可知孔子認為君子當以道自任，恪守品德之涵養，為人處事均不背於成己達人之胸懷，沉潛於六藝之教。朱子於批註此語時則指出：

> 朝夕游焉以博其義理之趣，則應務更餘，而心亦無所放矣。此章言人之為學當如是也，蓋學莫先於立志，志道則心存於正而不他，據德則道得於心而不失，依仁則德行常用而物欲不行，游藝則小物不遺而動息更養。學者於此更以不失其先後之序，輕重之倫焉，則本末兼該，內外交養，日用之間無少間隙，而涵泳從容，忽不自知其入於聖賢之域矣。[115]

　　朱子謂人於為學時在於博其義理之趣以求此心不失其正，其效則應務「更餘」，而游於藝則動息「更養」。此四者不應失其先後次序、輕重緩急，然四者亦應相契無間，亦即所謂「本末兼該」、「內外交養」。日用間不間斷則有「勿忘」之義，涵泳從容則有「勿助」之義，可知一方既非使此心放失而淪於盲動，一方亦非固執此心而失於板滯，此亦可見出一靜中含動、動中含靜之義。依朱子之見，人若能於此反覆潛玩，則「忽不自知」而入於聖賢之域。而對於此一「忽不自知」而入於聖賢之域之狀態，豈非與席勒上述人於遊戲中所達成之審美狀態相彷？據錢穆先生之見，孔子之「游於藝」其意義便在「游，游泳。藝，人生所需。孔子時，禮、樂、射、御、書、數謂之六藝。人之習於藝，如魚在水，忘其為水，斯更游泳自如之樂。故游於藝，不僅可以成才，亦所以進德。」[116]錢氏以「如魚在水，忘其為水」來描述此一自如之狀態，可謂諦解。由此可見習藝可使人進而體驗一「魚水相得」之渾然不分之整體狀態，使人不復為分裂矛盾，於此亦可不期然而然地完成進德修業之目標，[117]

---

[115] 朱熹集注：《四書集注・論語卷四》，頁94

[116] 錢穆：《論語新解》（北京：三聯書店，2002年），頁170-171。

[117] 徐復觀先生表示，此一最高的藝術精神實與最高的道德精神自然相涵攝，而莊子可為其中代表：「有人主張莊子受了孔子的影響，乃至主張莊子是出於孔門中的顏子的一系，所以再三再四地特

誠如《禮記‧學記》謂:「大學之教也,時教必更正業,退席必更居學;不學操縵,不能安絃;不學博依,不能安詩;不學雜服,不能安禮;不興其藝,不能樂學。故君子之於學也,藏焉、修焉、息焉、游焉。」[118]

實則,對於「游」之一字,唐君毅先生即認為此中含有「悠游迴環」、「虛實相涵」義[119],凡可遊者必有實有虛,而中國之藝術精神其高妙處便在於虛實相涵。孔子游於藝之「游」,與中國後代詩文書畫批評中所謂神與氣,在西方均無適切之名詞足資翻譯,然此一遊之精神卻可見於席勒美學:

> 虛實相涵而可遊,可遊之美,乃迴環往復悠揚之美。此皆似屬於西方所謂優美而非壯美。西方哲人論美之最高境界,恆歸於壯美。而中國人論美則尚優美,凡壯美皆期其不悖優美。叔本華以意志無盡表現而客觀化,與意志之曲於悲劇下,見最高之壯美。康德以內在力量之無限,見最高之壯美。彼等皆不長於論優美。席勒美學論文中,獨謂希臘美神配飄帶,而由飄帶精神論風韻(grace)之優美。然飄帶精神,則實非西方文學藝術之所長。飄帶之特點,在其能遊、能飄,即能似虛似實而迴環自在。[120]

由此可見,席勒之美學觀於西方美學之發展史上實為一異數,與歷來諸家頗有不同。按唐氏所引飄帶之說出於席勒〈論優雅與尊嚴〉一文,席勒此文開篇即引希臘神話典故以為喻說。席勒表示,希臘神話中優美女神所配之

別提到顏子。我想,在道德與藝術的忘我中,在道德與藝術的共感中,莊子之對孔、顏,或感到較之對老子更感親切。所不同的是莊子所走的通路,是老子絕學無欲與絕學無憂的通路,而不是走的孔、顏的克己復禮、博文約禮的通路。」參閱徐復觀:《中國藝術精神》(上海:華東師範大學出版社,2001年),頁55。

[118] 劉方元、劉松來、唐滿先編著:《十三經直解 第二卷下 禮記直解》(南昌:江西人民出版社,1996年),頁510-511。

[119] 唐君毅:《中國文化之精神價值》(臺北:正中書局,1997年),頁305。

[120] 同上,頁306。

飄帶非一般之裝飾，而是寄寓深遠。美神本身縱不佩此飄帶，亦未嘗減損其
天生本具之美感。然美神之美卻非僅以天生之美感為已足，而是因此一飄帶
而更顯其美。此一飄帶雖為一外在之佩飾，然亦可由之以映發其內在精神，
故此一飄帶遂由外在之妝點而轉為內在之修養。席勒表示此一美感具有動
感，飄移不定，飄帶雖外呈質實之相，然亦不礙其為虛靈：

> 優雅乃是一活動（beweglich）之美；亦即，這種美既偶然地產生於
> 主體身上，亦偶然地消失於主體身上。它因此有別於那種定著（fix）
> 之美，這種美是主體本身與生具來的。維納斯可以暫時解下其飄帶
> 并交給朱諾；但祂的美只可連同祂本人一起交出去。沒有飄帶，祂
> 就不再是誘人的維納斯，沒有美，祂就不是維納斯。
> 不過，作為活動之美的象徵，這條飄帶極具特色：它可將優雅底客
> 觀屬性賦予佩帶者；它與其他一切飾品之差異，即在後者只是改變
> 此人在他人眼光中的主觀印象，但卻并未改變此人本身。希臘神話
> 之特殊意義便在於：優雅自行轉化為人底屬性，且佩帶飄帶之人實
> 際上即是（sei）如此可愛，而不僅是似乎（schein）如此。[121]

　　由此可見：「是」（sein）與「似」（schein）之間似具一虛實相涵之關係。
「是」者雖實而虛，「似」者雖虛而實，飄帶之為物，「實」非實質而含虛，「虛」
非虛幻而含實，故可謂「虛而不妄」（非「似」而「是」）、「實而不固」（非「定」
而「遊」）。程兆熊先生（1907-2001）嘗以中國女子所佩飄帶與其長袖長裙而
與希臘美神相擬，謂此中即含「曲中涵直」、「直中涵曲」之義：

> 我們的飄帶，當其飄動時，亦正會有如雪飄梅花之上，或風吹竹動
> 之中。在那裡似虛似實，亦虛亦實，而又不虛不實。那是一會兒虛，

---

[121] *Über Anmut und Würde*, S. 170. 亦參 NA: 20, S. 252.

一會兒實，一會兒在虛實之間，一會兒在虛實之上，又一會而在虛
實之外。在那裡，動靜自如，迴環自在；瞻之在前，忽焉在後；又
無端而隱，忽然不見；無端而現，忽然而大明。其飄然而來，惟來
又非實來。其飄然而去，但去又非實去。說其明明在上，但又欣欣
在下。而且一言其在東，已早在西；一言其居南，又已早居北。但
若言其在西，又早在東；言其居北，則早南矣。飄帶固因風而轉，
但風又豈因飄帶而流？風在飄帶中流，而飄帶更在風流中轉，由此
而一氣流行，又由此而見太虛之境。人在其間，說其為有，則毫髮
都無。說其為無，則毫髮畢露。[122]

(三)「美的王國」與「禮樂之邦」

席勒對其所處時代批判甚力，謂當今之人已不如古希臘人般渾然天成，
此因「希臘人以一切統一的本性來得其各種形貌，而現代人則以一切分離的
知性來得其形貌」。希臘人可以一當百，今人卻無法於一人中體現整體族類，
因此「有哪個單個的近代人敢挺身而出，與單個的雅典人一對一地爭取人性
的尊嚴？」[123]席勒謂當今之人之所以無法如此維護人之尊嚴，其故在文飾太
甚：

教化（Kultur）本身對當今人性造成創傷。一方面，日益擴展的經
驗與確定的思考，使各門學問之區分日趨尖銳，另一方面，如鐘錶
般的國家日益精密複雜，必使各階級與職業之分化日趨嚴格，因此，
人的本性之內在聯繫遂遭撕裂，而破壞性的爭執乃使其各種和諧的
力量割截為二。直覺的知性與思辨的知性如今各懷敵意遍佈於不同

---

[122] 程兆熊：《美學與美化》（臺北：明文書局，民76），頁52-53。

[123] *Über die ästhetische Erziehung des Menschen in einer reihe von Briefen*, S. 319. 亦參 NA: 20, S. 322.

領域，它們帶著疑慮與忌妒來護衛各自的疆界。人們限縮其影響範圍，並替自己安了一位以壓制其餘稟賦為己任的上司。一方面，富麗的想像力使知性的辛勤栽植變成一片荒地，另一方面，抽象的精神卻撲滅了溫暖內心、點燃幻想的火焰。[124]

就人之橫向面言之，人之各種稟賦與力量界劃嚴密，務使之限縮於一定範圍，彼此不相統貫，以致形成支解之結果；就人之縱剖面言之，則其自行建立一位寡頭上司，使自身屈於下屬地位，然亦不自問下情是否得以上達。人之內在兩面既如此，若將此一狀況投映於外，則人之職業與階級之區分遂益形尖銳。倘就人之職業觀之，此一狀況即如席勒所言：

若整個社會以職業作為衡量人的標準，尊重甲是因為其記憶力，尊重乙是因為其如表格般精確的知性，尊重丙是因為其技能；若它一方面並不過問其個性而僅是要求具備知識，但另一方面卻又因其守秩序的精神與守法的態度而寬宥知性之黯淡，若它想使這些單一技能發揮同樣大的深度，卻又同時免除了主體的廣度，那麼，為了全心培植能招徠榮譽與酬勞的單一技能而放棄了其餘各種內心稟賦，這就不足為怪了。[125]

社會之所要求者，僅為人之「記憶力」、「精確的知性」與「技能」，綜言之，即僅要求公民具備一專技為已足，而其餘之稟賦是否得其平衡發展，則非所計。而培養單一技能亦唯求其精（即「深度」），然人之盱覽全局之眼界（即上述「寬度」）卻無暇顧及。僅此職業區分之一端，固可窺見今人實偏蔽狹隘。若再就人之所處階級觀之，其勢亦莫不然：

---

[124] 同上，S. 319. 亦參 NA: 20, S. 323-323.

[125] 同上，S. 320. 亦參 NA: 20, S. 324.

在多數下層階級中，我們目之所接是粗野無法的衝動，在公民秩序
解體之後，它擺脫了束縛，並以不羈的瘋狂來滿足其獸慾。因此，
情況或許是：客觀的人性似乎有理由抱怨國家，但主觀的人性卻必
須稱頌它的種種設施。國家為了防衛人的生存，我們難道還要責怪
它無視於人的本性之尊嚴嗎？國家因重力而分，因聚力而合，我們
難道還要責怪它從未想到這種塑造力嗎？國家的解體就包含了它的
辯詞。一個崩解的社會向後淪為原始之國，而非向前邁入有機之域。
另一方面，開化階級卻表現出一幅怠惰和性格腐敗的噁心畫面，之
所以更加令人作嘔，其原因便在於文飾。「高貴之物一旦腐朽就更可
恥」，我記不得是哪位古代或現今的哲人說過這句話，但若將此話用
於精神之物亦分毫不謬。自然之子若越出常軌會變成瘋子，但文飾
之人卻會成為卑鄙之徒。風雅階級因其知性之啟蒙而感到自豪，這
並非毫無道理，但整體言之，這對其存心亦少有高尚的影響，反倒
因為這些格律而使腐敗更加穩固。[126]

低下階級一旦失控，則獸慾橫流，個人之生存乃無以為繼。為求避免此
禍出現，各個人遂不得不授權於一最高當局，使其代為行使調停制裁之權，
以求各個人有所保障。但就席勒觀之，此亦僅是一權宜之計，蓋設立此一最
高當局之目的不外求保障個人之生存而已，此是就消極一面言之。若論其積
極一面，則需個人發揮其塑造自我之能力，或謂外在之一切施設必須透過人
之本性形成。另就開化階級觀之，其亦因文飾太甚而致虛矯造作，一切禮儀
節文亦未發乎本性，故席勒在此謂之可恥而卑鄙。因此，外在之修飾倘未能
與內在之存心相契，則一切施設亦不過徒具虛文。無論就低下與開化階層觀
之，席勒所提出之改革之道，無非求其均能善自調護其本性，由本性之中以
形塑自身之人格，倘非如此，則鮮不流於「上下交相賊」之局面。

---

[126] 同上，S. 316. 亦參 NA: 20, S. 319-320.

　　就席勒上述行文觀之，其似是反文飾而崇自然。不過，就席勒於後文中針對盧梭所作批評觀之，其旨意卻在於：透過審美之涵養，一則既未使本性率意而行，一則亦不使文飾流於虛偽。因此，自然與文飾兩者在此實具有一循環往復之張力，過與不及均非所取。關於此義，席勒則於〈論優雅與尊嚴〉一文中亦有發明。他表示，「優雅」與「尊嚴」此兩種不同美感須相互輔助，若偏於一隅，則有流於虛假乃至造作之蔽。對於優雅之真與假，席勒之闡說如下：

> 真正的優雅僅是順應與謙讓，反之，虛假的優雅則是逢迎。真正的優雅僅是愛惜自主活動的工具，不欲與本性底自由靠太近；虛假的優雅則不在乎是否適恰使用意欲底工具，且為了不致淪於生硬與笨拙，因此便樂於為這些活動的若干目的獻身，或者取徑迂迴以達此目的。在跳小步舞時，無所憑藉的舞者費力甚多，彷彿轉動磨坊水車一般，其手腳稜角分明，似乎力求幾何學之精準度；舉止造作的舞者其步履卻虛浮無力，宛如畏懼地板，縱然不應挪步，手腳也如蛇狀四處擺晃。女性較為有利於擁有真正的優雅，但她們卻經常犯下虛假的優雅之過錯；除非她們不以嗜欲為誘餌，否則就難免遭人詬病。真正的優雅之微笑變成最可惡的鬼臉，雙眸於流露真實情感之際係如此迷人，此時卻充滿狐媚，真實之口吐出柔軟婉轉的音調係如此難以抗拒，此時卻變成了刻意抑揚的口吻，女性所有可人的音調都變成了騙人的化妝術。[127]

　　「優雅」偏於柔美，故對於女性較為有利，此與男性所呈現之「尊嚴」略異。此美雖偏於陰柔，然其中亦潛寓陽剛之質素，故真正之優雅係柔中含剛、陰中有陽，而其所以吸引人處，即在其「欲迎還拒」中窺出，此即所謂

---

[127] *Über Anmut und Würde*, S. 222-223. 亦參 NA: 20, S. 306-307.

「順應」與「謙讓」；而虛假的優雅則是以奉承逢迎為能事、「以嗜欲為誘餌」，衷無所宰，擅用「取徑迂迴」之手段以使用「騙人的化妝術」。席勒以跳小步舞（Minuett）時所呈現之姿態以區分優雅之真實與虛偽。文中「無所憑藉」之德文為「unbehülflich」，故有無所憑依義。[128]此一舞者雖一無依傍，毫無假借，然其步法與姿態自求嚴明工整，外觀看似輕鬆，實則所費之力甚大。「舉止造作」之德文為「affektiert」，故有刻意妝點義。此一舞者雖有技法可恃，然卻不能將之化為內在之物，故雖步步求工，然卻虛浮無力，毫無神韻可言。至於尊嚴之真與假，亦可由人之神貌中見出：

> 若我們有機會在劇院與舞廳中觀察這種虛假的優雅，那麼，在內閣與學者的研究室（尤其在高等學府）中也經常可以領教這種虛假的尊嚴。真正的尊嚴防止自己受情慾之宰制為足，且在不由自主的活動中防範自然衝動主宰一切，而虛假的尊嚴則憑冰冷的權位操縱自主的活動，壓制對真實的尊嚴來說係為神聖的精神活動，其手法並不下於其壓制感性活動般，且在各種面部特徵中抹除內心一切無言之表現。這種虛假的尊嚴不僅嚴屬對待與之抵抗的本性，並且更無情對待屈服於它的本性，在壓迫中尋求可笑的偉大，並在行不通的地方以遮掩了事。它將人的軀幹隱藏在遮蔽其四肢的寬鬆長袍中，以無用累贅的飾品限制四肢的活動，為了以人造之作品取代自然之恩賜，甚至還削去毛髮，其所作所為不外乎毫不妥協地敵視凡稱之為本性的東西。真正的尊嚴決非恥於本性，而是僅針對粗鄙而已，其於順應之際也依然自由坦蕩，雙目含情，昂揚沉靜的神采浮現於

---

[128] 黎東方先生（1907-1998）指出，「他（指孔子）『在齊聞韶，三月不知肉味』，可見對於音樂的愛好。他同魯國的太師討論樂章的組織，說『始作，翕如也，縱之，純如也，皦如也，繹如也，以成。』這很像是近代交響樂中『米女艾特』（Minuet）的構造。開始的時候，像是緊密地關閉著的，慢慢地展開，到了完全展開的時候，便很單純一致，以同一的情緒來造成某種高超的效果，然後到了末了加以解釋，細細地體驗玩味一番，就完成了。」詳參黎東方：《孔子》（北京：中國工人出版社，2010 年），頁 35。

意味深長的眉宇之上，虛偽的尊嚴則化為一道道皺紋，變得神秘難
解，正如騙子般小心防護各種表情，其面部肌肉緊繃，真實自然的
表現消失不見，整個人便如同一封封緘的信。[129]

「尊嚴」之美感偏於陽剛，故素於男性之上體現。然真正之尊嚴亦未全
然摒除情欲與自然衝動，而是慎防為此兩者所宰制，故陽剛中亦寓有陰柔之
要素。此種美感於外貌上雖呈現莊嚴偉岸之相，然亦平易近人，使人毫無距
離感、壓迫感。席勒文中藉官、學兩界為喻以說明虛偽之尊嚴，可使人一見
此兩者常慣於以權柄操縱一切，居上位者以壓迫居下位者為能事，外觀上雖
一派威嚴，然其存心實冷酷無情。席勒既謂其「抹除內心一切無言之表現」，
即指其心懷詭詐，不敢以真面目示人；復謂其「以人造之作品取代自然之恩
賜」，則指其文飾太甚，流於虛偽。總之，真正之尊嚴雖亦自矜持，然亦決非
刻意埋沒本性之顯露，否則即為故作姿態以掩人耳目罷了：

尊嚴防止愛情流於慾望，而優雅則防止敬畏流於恐懼。
真正的美、真正的優雅決不應挑起慾望。慾望一旦混入其中，這必
定是對象有欠尊嚴，或是觀者有欠性情之德。
真正的偉大決不應引起恐懼。恐懼一旦出現，我們便會知道：這或
是對象有欠趣味與窈窕，或者觀者有欠對其良知的有利證據。[130]

故就席勒所論觀之，其所謂「本性」（Natur）遂有一特殊之涵義，而「人
為」（Kunst）亦然。一則本性中有人為之潤飾，一則人為中亦不可斲傷本性，
故兩者當非冰炭不同爐。席勒所反對者，乃在本性之放縱與人為之矯飾。對
此兩者之關係，席勒於〈卡利雅書簡〉中亦論之甚詳。席勒將自然之美定義

---

[129] 同上，S. 223. 亦參 NA: 20, S. 307-308.

[130] 同上，S. 220. 亦參 NA: 20, S. 304.

為「自由寓於現象之中」。依席勒之見，自然之所以為美，乃吾人將實踐理性
之形式用於自然，而實踐理性之形式即為「自律」，故自然乃因此取得與此一
自律形式相類之面貌，故此一自由雖由吾人所賦予，然則宛如由自然本身中
所形成，故自然「彷彿」成為一具有自由意志之活物。不過，席勒認為此一
自然之美乃吾人因運用實踐理性之形式加以觀照而成，故仍停留於主觀層
次，故需進一步加以客觀表出，此一自然之美方足以言其為美。鑑於此，席
勒遂提出美之另一定義「自然寓於技法之中」。自然之美既需客觀表出，則不
得不轉求技法之助，然此一技法需以助成此一自然以表現其自由為足，否則
便將損害此一自然本身所具之自由。因此，技法應以自然為止歸，此即藝術
之美。無論就「優雅」與「尊嚴」觀之，或就「自然之美」與「藝術之美」
觀之，席勒一向強調兩者需相輔而成，此如《美育書簡》中所謂「形式衝動」
與「材質衝動」相結合以成就一「遊戲衝動」然，此誠如 Beiser 所言：

> 兩種衝動須以「互補」而「對立」之方式以使彼此臻於整全。席勒
> 挪用費希特之用語，將此稱為「互易」（interchange）、「互動」
> （interaction，Wechselwirkung）。席勒強調，圓滿的互動僅是一個我
> 們無止盡地追求的理想與目標。在兩種衝動各自臻於最大值之處，
> 此一理想遂形成完美之和諧。但臻於此一目標極為不易，因為總有
> 此一衝動宰制彼一衝動之虞。席勒表示，文化之任務即在確保任一
> 衝動均保持其適當分寸，其功能為：（1）使感性免於理性的宰制；（2）
> 使理性免於感性的宰制。它的完成要藉由：（1）發展感性的力量；（2）
> 發展理性的力量。陶冶感性衝動乃意味使其與世界多方接觸，並強
> 化其被動性（passivity）。陶冶形式衝動則意味確保其獨立於世界之
> 最大程度，並強化其主動性（activity）。……席勒謂文化之任務是要
> 保障個體性與多樣性，正如保障普遍性與一體性般。[131]

---

[131] Frederick Beiser: *Schiller as Philosopher*.(Oxford: Oxford University 2005), p. 143-144.

　　席勒此一使兩端歸於平衡之見，除孔子由禮樂之教論及此義之外，實則亦當溯諸《周易》一書。劉綱紀先生便指出，《周易》特重「交感」義，亦即指於相對之兩端中謀求和諧，而此一陰陽、剛柔之往復，如睽卦、咸卦、泰卦等，均可顯示宇宙最根本之節奏係處於一動態轉化之歷程，此可由「進退」、「往來」、「開合」、「終始」、「消息」、「盈虛」等狀態中一窺端倪：

　　　　《周易》所說的「感」包含以下幾個方面的意思。第一，它指的是
　　　　兩個事物間的交互作用。……沒有這種交互作用，即沒有「感」的
　　　　發生。因此，「感」雖為「感應」，同時又非單方面的被動接受，而
　　　　是雙方交互作用的結果。第二，交感是普遍現象，不論相異、相反
　　　　的事物，如天地、剛柔、男女、曲信（伸）、愛惡、遠近、情偽之間，
　　　　或其他各種相似、相同的事物之間，都可發生交感。《周易》實際上
　　　　把宇宙萬物理解為一個處於普遍的交互作用之中的動態結構。……
　　　　第三，《周易》所說的交感不只是物質性的，還包含精神上的交感。
　　　　如「聖人感人心而天下和平」，「感而遂通天下之故」。……第四，在
　　　　相反，相異的事物的交感中，《周易》所強調的是雙方的和諧、交融，
　　　　而非分裂、對抗。這顯然與《周易》的「太和」思想相關，並明顯
　　　　表明在「天地氤氳，萬物化醇」一語中。[132]

　　方東美先生則將《周易》一書之精神總括為六種道理：「生之理」、「愛之理」、「化育之理」、「原始統會之理」與「中和之理」。依方氏之見，此一動態宇宙觀乃中西哲學之最大差異處，「從中國哲學家看來，『宇宙』所包容的不只是物質世界，還有精神世界，兩者渾然一體不可分割；不像西方思想的二分法，截然對立，分成互相排斥的兩橛。」[133]而唐君毅先生則認為，依此兩

---

[132] 劉綱紀：《周易美學》（武漢：武漢大學出版社，2006 年），頁 179。

[133] 方東美：《生生之德》（臺北：黎明文化出版社，民 76），頁 152-154。

極交感所成之時位錯綜之八卦，遂可行成一種「上下內外，相感相通，似相
反而相成之關係」：

> 八卦之言諸物之德，亦惟就其與他物生關係時所表現之剛柔動靜之
> 姿態上著眼。……剛柔動靜之德，唯由物之感通而見，亦即皆由虛
> 之攝實、實之涵虛而見。易以八卦指自然物之德，於是可以進而以
> 八卦指一切物在感通之際所表之剛柔動靜之德，以見萬物皆為表現
> 虛實相涵之關係者。以八卦之相配，所成六十四卦即可以表示一切
> 萬物，互以其德行再相感通，而成之一切事變。……剛柔動靜之不
> 相濟，不中不和，則二物皆必須自行變通，分別與其他物之剛柔動
> 靜可相濟者，相與感通，以自易其德；使不得中和於此者，可得中
> 和於彼。[134]

此一「互濟」、「交感」、「虛實相涵」之精神，當可與席勒之美育精神相
映發。若以上述「優雅」與「尊嚴」兩種美感之對舉為例，席勒便將前者稱
之為「女性之德」（weibliche Tugend），將後者名之為「男性之德」（männliche
Tugend）；另外，《美育書簡》中亦有類似之表述，亦即將美分為兩大主幹，
一為「銷融之美」（schmelzende Schönheit），一為「振奮之美」（energische
Schönheit）。而「女性之德」、「銷融之美」與「男性之德」、「振奮之美」各具
四種徵象，由卑至高，層層遞進：

> 嫵媚、優雅、窈窕雖然大致同義，但它們卻不應作同義觀。因為，
> 它們所表達的概念可因其不同徵象而有不同定義。
> 窈窕有動有靜。前者近於性感，若不由尊嚴予以斂抑，則此一舒適
> 之情便易淪為慾念。此可稱之為嫵媚。散漫之人無法因其內在之力

---

[134] 唐君毅：《中國文化之精神價值》（臺北：正中書局，民 86），頁 94。

量而行動，而是必須接受外界之素材，試著輕鬆地練習幻想、由感
覺迅速過渡到行動，以此重建失去的敏捷之力。他可與嫵媚之人相
與周旋而獲得此一力量，因為嫵媚之人可由對談與凝視使其平靜無
波的想像力之海波瀾起伏。

後者則近於尊嚴，它因為節制不平穩的活動而展現出來。緊張之人
便有賴於此，內心的狂躁消散於其呼吸平緩的胸懷之中。此可稱之
為優雅。調笑與機鋒樂於與嫵媚相隨；同情與愛情則樂於與優雅並
肩。當精神煩躁的奧塞羅在戴絲德蒙娜的酥胸上歸於平靜時，則精
神渙散的梭里曼則將在蘿瑟拉娜的引誘之下陷入相思。

尊嚴亦有其不同品次，若近於優雅與美即為高尚，若近於可畏之物
則為尊貴。

優雅之上品為迷人，尊嚴之上品為神聖。我們在迷人者之中似乎忘
懷己身，浸淫於對象之中。享受最高的自由近似於喪失全面的自由，
精神之陶醉近似於欲樂之狂喜。反之，神聖之物則卻將法則擺在我
們面前，迫使我們收視返聽。在神明之前，我們雙眼低垂，忘懷身
外之事，僅感受到我們個人生存之重負。[135]

　　席勒所謂「美」者，乃兼具精神面與感性面而為言，此兩者相互毗鄰，
猶如人之一身然，其靈肉、內外雖相反而實相成。Volkamnn-Schluck 以「tun」
及「lassen」兩字以言席勒所論之美，tun 有主動進取之義，lassen 則有謙讓
自守之義，此兩者並可見諸人之「舉止」（Vertragen）[136]。由此觀之，由此一

---

[135] *Über Anmut und Würde*, S. 221. 亦參 NA: 20, S. 305-306.

[136] K. H. Volkmann-Schluck: *Die Kunst und der Mensch - Schillers Briefe über die ästhetische Erziehung des Menschen*.(Frankfurt am Main: Vittorio Klostermann, 1964), S. 17. 李明輝先生於比較杜維明「體知」與康德「通常的人類知性」這兩種概念時則指出，康德的道德哲學並非建立在「精神與身體的連續性」之基本預設上，這點正是席勒批評康德倫理學並適圖加以修正之處。故席勒之觀點，恰可呼應杜維明先生所提出之「體知」概念。參閱李明輝：〈康德論「通常的人類知性」——兼

因應進退、內外兼賅之義以論美，並進而論及人之整體，遂使人由美感之陶養以成就一整體人，席勒之論美遂可與孔子言文質並重、禮樂生活相闡發，唐君毅先生即謂「禮樂之教育，始於人未能有自覺的理性思維之幼年。人在能有自覺的理性思維之後，人仍當在明顯之行為所自發之態度、儀表、顏色、氣象上加意」，故「聖人之德必須睟面盎背，施於四體」：

> 孔子言君子有九思：「視思明，聽思聰，色思溫，貌思恭，言思忠，事思敬，疑思問，忿思難，見得思義。」皆關涉於吾人純粹之態度者。禮樂之生活，乃超乎自覺的理性之運用者。亦可謂禮樂之生活，為吾人用自覺理性於超理性生活之感性生活，而使之美化，以合乎善者。此非直接用理性於抽象道德標準之思維，亦非用理性於有目的之行為之各種規畫上。夫然，故禮樂能陶養人德性於明顯道德行為之先。禮記謂「禮之教化也微，其止邪也於未形，使人日徙善遠罪而不自知也。易曰，差以毫釐，謬以千里，此之謂也。」[137]

故禮樂之生活可美化人之感性生活，且亦與善相並行而不悖，席勒以「遊戲衝動」綰合「形式」與「材質」兩者，一則使人既不被其材質面所宰制而流於放縱，一則亦不因其形式面之壓迫而材質面有拘束之感，即如 Danton 所言：「『禮』、『樂』顯然為文化之組成要素。它們是兩股趨往和諧的力量，故與席勒的『衝動』極相似。正如中國大多數事物，它們易於從實踐之應用而實際有力地表現出來；它們著重言行更甚於理念；在中國，人之為人便在其為萬事萬物之繩準，並因此成為推動中國人倫理學的力量。這產生了完人，即『君子』，恰如席勒的『衝動』其最終之旨趣在於『道德』（Sitte）。」[138]此

與杜維明先生的「體知」說相比較〉，收錄於《體知與人文學》（北京：華夏出版社，2008 年），頁 227。

[137] 唐君毅：《中國文化之精神價值》（臺北：正中書局，民 86），頁 225-226。

[138] George H. Danton: *Schiller and Confucius*., German Quarterly, 16(1943: Jan./Nov.), p.180.

一著重言行而甚於理念之觀點，亦可與孔子以「音樂」體現、乃至呈顯一己之身心靈相通。陳昭瑛先生於論儒家「體知」一概念時便指出：

> 孔子聞韶「三月不知肉味」而嘆「不圖為樂之至於斯」的一刻是他之音的最高境界。在這一刻，「盡善盡美」的評說以不須言說，甚至有點外在。此刻，美善者也不是韶樂，而是酣暢沉醉於其中的孔子自己。當孔子的靈魂融入韶樂的一刻，韶樂也化作了孔子的血肉。「不知肉味」在於強調此時孔子全副身心都滲透瀰漫著韶樂，淹沒了單一感官對感官對象的接收。我們甚至可以想像孔子隨著韶樂唱歌起舞。聞之不足，則歌；歌之不足，則繼之以舞。……〈樂記〉最後論「歌」的一段，已說及此：「言之不足，故長言之；長言之不足，故嗟嘆之；嗟嘆之不足，故不知手之舞之，足之蹈之也。」[139]

音樂除了可自娛之外，甚至亦有資於政教：

> 知韶樂之仁政精神而許其盡美盡善，知武樂在莊麗威武中有所不足而許其盡美不許其盡善，皆孔子所以知政之道，亦〈樂記〉所稱「聲音之道，與政通矣」之意。〈樂記〉中「治世之音安以樂，其政和」一段便是繼承孔子論韶樂武樂的思想。這可以說是儒家的音樂政治學或音樂社會學的思想。一方面音樂反映社會政治的現實；另一方面，音樂通過反映也對亂世進行「怨以怒」的批判。音樂雖然有被動性，但也具有主動性、能動性，絕不是政治的工具。[140]

故音樂非直接作為政治之手段，而是具有一潛移默化、風行草偃之功效，

---

[139] 陳昭瑛：〈知音、知樂與知政〉，收錄於《體知與人文學》（北京：華夏出版社，2008 年），頁 11-12。

[140] 同上，頁 11。

使人於不自覺中自合矩度。席勒屢以舞蹈活動為例以說明此一陶冶人之美感之功能，他於 1795 年便曾發表一篇以〈舞蹈〉為名之詩作，後刊登於《1796年繆斯女神年鑑》一書中。據專家考證，席勒此詩所述對象原與「音樂之力量」（Macht der Musik）有關[141]，爾後又將音樂、歌詠與舞蹈三者並論，而之所以有此一想法，蓋深受赫德（Herder）之所啟發。茲錄此詩全文如下：

〈舞蹈〉

你瞧！他們錯雜地盤旋為獨特的蛇紋，
步伐在平穩的廣場上翩翩飄蕩，
難道是我看見流動的身影與其身軀分離？
難道這是充滿驚異的天堂之林？
恰如輕盈的氣息在空氣中飄流，
亦似扁舟在銀漢之上輕盈搖晃，
步履有致，依旋律起伏之節奏躍動，
絃聲低鳴，輕盈的身軀亦隨之昂揚。
愛侶穿梭於舞陣之中，
審慎敏捷，不自壓迫亦不受壓迫。
在他面前顯現一條路，又隱沒在他身後，
正如魔掌般悄聲開闔。
你瞧！巡視的目光此時消逝了，
這個飄游世界底細膩構造聳立而起，忽而彼此錯雜。
不對，彼處歡聲四起。節點星散，
次序隨轉變的熱情在我面前自行開展。
這個旋轉的作品永遠自毀而自成，

---

[141] Jochen Golz: "Nemesis oder die Gewalt der Musik"., in: *Interpretationen, Gedichte von Friedrich Schiller*. hrsg v. Nobert Oellers, Philipp Reclam jun. GmbH & Co., Sttutgart, 1996. S. 114.

無聲的法則牽起各種遊戲底變換。

種種型態不斷游移擺蕩，

意象流轉，章法仍具，

各人憑主人般的果敢四處優遊，

無人如奴隸般軟弱，亦無人洶湧而來，

你說這是怎麼一回事？

你想一解究竟？這是力量強大的神性所發出的悅耳之音。

社交舞使嬉鬧的跳躍有條不紊，

猶如復仇女神的金索般，

勒住沸騰的歡樂使之合韻，降服無節的歡樂。

大自然底悅耳之音難道在你四周徒然作響？

你掌握不住這個和諧世界底川流？

掌握不住萬有在你面前敲響的激昂節奏？

掌握不住穿越永恆的空間而旋轉的舞蹈，

光輝的太陽於有意起伏的陣勢中輾轉反復？

你無法主動飛迎那遊戲中你所稱道的分寸？[142]

　　依 Jochen Golz 之詮釋，席勒本詩之題旨係「以自然與人巧中此一變動之律則為序曲，且隨後不斷開展此義」。而對此一「自然」與「人巧」、「變動」與「律則」兩者看似相反卻又相成之關係，席勒於《美育書簡》中論述頗多，誠如 Golz 所分析：

　　我們可問：顯示於詩中、且表現於舞者活動中的律則有哪些共同特徵？這種秩序為各舞者所認識並認同，且納入其「意願」之中。正

---

[142] F. Schiller: "Der Tanz"., in: *Schiller Sämtliche Werke, Gedichte*(Berlin: Aufbau Verlag, 2005), S. 228-229.

因如此，各舞者才自由且不受壓迫地活動，其舞蹈活動才具有「審慎」之姿態，且於舞蹈中獲得理性底自由。詩中「這個飄游世界底細膩構造」一句彷彿瞬間予人以一種錯雜紛陳之印象，但透過舞蹈活動之變換，此一律則卻於其中開展而出。此處視為精神之通則者──亦即隱藏於一對對舞伴往復流動的活動景象背後──尚具另一面向。此處誠可與席勒所論審美之國之意象相關聯，如其於《美育書簡》第 27 信中之所發揮者。彼處謂唯有審美之國家方可將此一社群「真正實現，因此一國家係由個人之本性以完成全體之意志」。唯有美，才可予人以「社群之性格」。而完成此一性格，當非舞蹈莫屬。此一景象於吾人眼前彰顯了一種呈露於舞蹈中的社群性，社群中人（按美之法度以自由行動之存在者）在此遂可尋獲其自身。[143]

由此一詮釋可知：所謂「秩序」（Ordnung）當非硬性規範人之產物，而是自我與他者所「共許」、「認同」之物，雙方均將其納入「意願」中而共遵之，人之活動方不致有束縛壓迫之虞。此一律則遂不復為硬性規定、強人遵守之法令，而是隱然預設雙方均會採取共同之儀節。由此一相互尊重之儀節，遂可形成一社群精神，此即席勒所謂「透過個人之本性以完成全體之意志」者。故社群者，既可保有一己之好惡，然亦與全體之意志不相違，而全體之意志亦非一抽象寡頭之代表，毋寧凝聚無量之一己之意願所形成。席勒所論此一社群性格之塑造，遂可與儒家言禮樂之教相參較。唐君毅先生表示，「禮

---

[143] Jochen Golz: "Nemesis oder die Gewalt der Musik"., in: *Interpretationen, Gedichte von Friedrich Schiller*. hrsg v. Nobert Oellers, Philipp Reclam jun. GmbH & Co., Sttugart, 1996. S. 117-118. 李澤厚先生於註解「性相近，習相遠也」之「習」字時別出一解，謂「習」可作「習禮」解：「『禮』必須『時習之』。此『習』並非記誦、思考，乃行為、活動。Robert Eno 因之認為儒學乃技藝之系統（system of skills）、實踐之規則，而儒家乃『舞蹈大師』（master of dance，見其 The Confucian of Heaven, Suny, 1990），雖頗誇張，卻有道理。巫、舞本同字同源，均遠在古禮儀實踐。中國實用理性乃通過禮樂活動而建立，與西方思辨理性通過爭辯、邏輯建立固不相同也。」參閱李澤厚：《論語今讀》（天津：天津社會科學院出版社，2007 年），頁 295。

之中固恆有樂，樂恆連於詩。詩樂之原於人之心志，亦與禮之聯於行為時之心志同」，故「禮樂恆難分而論」[144]，觀論語記孔子恆與人歌，又記孔子於是日哭則不歌，及「興於詩，立於禮，成於樂」等語，亦可一窺禮樂之教乃以養成「人之內外之德行者」。Fingarette 即指出：

> 人的道德是在人際交往的具體行為中實現的，這些行為具有一個共同模式。這些模式具有某些共同特徵，所有這些模式的共同特徵在於「禮」：它們都是「人際」的表述，都是彼此忠誠與尊重的表述。但這些模式也是具體的，它們詳細區分和限定禮之施行的所有組成部分，這便構成所謂文明的模式，亦即真正人文之婚喪嫁娶和行軍征伐，以及為君、為父、為子等禮儀條文。但人決不可被理解為僅是標準化模式的單元，機械地執行服從宇宙法則或社會法律的刻板儀式。他們亦非自足獨立的個體靈魂，恰巧可與某一社會契約相一致。唯有當其原始衝動受「禮」之形塑時，人才成為真正意義上之人。「禮」是人之衝動之圓滿實現，是人之衝動之文明表現──並非剝奪人性或非人性化的形式主義。「禮」是人與人間動態關係之具體的人性化形式。[145]

席勒謂舞蹈中之人於呈現此一秩序時，一方既「不自壓迫」，一方亦「不受壓迫」，「意象流轉」而又「章法仍具」，此與 Fingarette 論禮之施行時所產生之「從容中道」(effortlessness)義相應，同時亦可證諸孔子贊大舜（聖王）「恭己而正南面」一語：

> 雖然我們誰也沒有強制、逼迫、命令、督促或「做」其他任何使之

[144] 唐君毅：《唐君毅全集卷十五 中國哲學原論 原道篇式》（臺北：臺灣學生書局，民82），頁120。

[145] 彭國翔、張華譯，赫伯特‧芬格萊特著：《孔子：即凡而聖》（the Secular as Sacred）（南京：江蘇人民出版社，2002年），頁6。

發生的事情，我的姿態卻能和諧地與你的姿態協調。繼而，其他參
與者又會順利地遵循我們的姿態。若所有人均「克己復禮」，則全部
之所需即在恰當禮儀情境中一種最初的禮儀姿態，自此以往，一切
均會依之而「發生」。……重要的是，我們不覺得此一從容中道是「機
械的」，也不覺得是「自動的」，若如此，則誠如孔子所再三表明，
這是死板、貧乏和空洞的儀式，其中沒有精神。而真正之禮儀之「發
生」則有一種自發性。它「自然而然」發生，其中蘊含生命，因為
參與禮儀活動者是嚴肅認真的。真正的禮儀要求人必須「祭神如神
在」；否則「如不祭」。……美觀有效的禮儀要求行為者個體之「親
臨」，並與所學禮儀技巧融合無間。[146]

Fingarette 表示強迫的力量明顯可見、可以觸知，但「『禮』之廣泛（而
神聖）之力量的運作卻不可見、不可觸知」，而「禮」透過自發之協調發揮作
用，以虔誠之尊嚴為根基，故「既是精神的，又是審美的」。若以此為對照，
席勒詩中則是以「大自然底悅耳之音」來描狀此一目不可接、耳不可聞之無
言秩序，亦猶復仇女神手持之金索般，勒住無節之歡樂而使之合於韻律，使
人之體態達於一進退有度、其儀不忒之境。

席勒於論「美的國家」之景況時指出，人若處於此一國家中遂可以一人
之身分代表整體之族類，人之衝動亦無傾於一隅之患：

唯有品鑒方可造就社群中之和諧，因為它將和諧建立於個體之中。
其他一切表現形式均會分裂人，它或者完全基於感性本質，或者完
全基於精神本質；唯有美的表現由人本身中形成整體，因為其兩種
本性必須相互和諧。其他一切溝通均會分裂社群，因為它或者完全
關乎自我之感受，或者完全關乎單一成員之自我能力，因而只與個

---

[146] 同上，頁 6-7。

人之各種差異有關；唯有美的溝通統一了社群，因為它與共同者有
關。我們僅是以個體的身分來享受感性之樂，我們心中的群類並未
參與其中；因此，我們無法將我們感性之樂擴及於共有之樂。我們
僅是以族類的身分來享受認知之樂，此時我們從我們的判斷中惶恐
地排除任何個體底痕跡；因此，我們無法使我們理性之樂形成普遍
之樂，因為我們無法從他人底判斷中排除個人底痕跡，正如從我們
的判斷中將其排除出去一樣。我們唯有同時身為個體與族類的身分
來享受美，亦即身為族類底代表者。[147]

　　人之所以發生分裂，即緣於人之自身或偏於感性，以感性之樂為樂，求
一人一身之滿足；或偏於精神，以認知之樂為樂，僅沉於一抽象普遍之世界，
以不沾染經驗為滿足。唯有美，亦即品鑒，方可同時具備兩者，恰如席勒所
稱頌之希臘人般，以一人而身兼族類，於具象中體現抽象，於現實中開展理
想。李澤厚先生亦提出了與席勒美學頗相類似之三階發展型態，其謂之「悅
耳悅目」、「悅心悅意」及「悅志悅神」[148]。簡言之，悅耳悅目唯求生理感官
之滿足，此即如席勒上述「以個體者的身分來享受感性之樂」者；悅心悅意
則進而突破前一階段，不僅以耳目口腹之欲樂為已足，而是漸進於內在心靈
之樂，此則類似於席勒上述「以族類的身分來享受認知之樂」者；至第三階
段，則契入悅志悅神之境界，此為「在道德的基礎上達到某種超道德的人生
感性境界」，此便與席勒上述「唯有同時身為個體與族類的身分來享受美」之
境界相仿：

　　所謂「悅志」，是對某種合目的性的道德理念的追求和滿足，是對人
　　的意志、毅力、志氣的陶冶和培養；所謂「悅神」則是投向本體存

---

[147] *Über die ästhetische Erziehung des Menschen in einer reihe von Briefen*, S. 406-407. 亦參 NA: 20, S. 410-411.

[148] 李澤厚：《美學四講》（臺北：三民書局，民85），頁113-123。

在的某種融合，是超道德而與無限相同一的精神感受。所謂「超道德」，並非否定道德，而是一種不受規律包括不受道德規律、更不用說不受自然規律的強制、束縛，卻又符合規律（包括道德規律與自然規律）的自由感受。……這種悅志悅神，似乎是參與著神的事業，即對宇宙規律性以合目的性的領悟、感受。……中國的這個最高境界不是宗教的，而是審美的，因為它始終不厭鄙、不拋棄感性，不否定、不拋棄內在的和外在的自然。它是在感性自身（包括對象的整體自然和主體的生命自然）中求得永恆，這種審美感當然就不是耳目心意的愉悅的審美感了。[149]

依李澤厚所見，此一「悅志悅神」之境界在中國則呈現為與大自然相融會的「天人合一」之境界，其與西方之相異處，乃在東方「不追求這種超時空的精神本體，而尋求就在此時空中達到『超越』和不朽，即在感性生命和此刻存在中求得永恆」[150]。孔子謂「逝者如斯夫」、孟子云「上下與天地同流」、莊子言「天地與我並生，萬物與我為一」，均透露此一消息。而對於此上下貫通、旁皇四達之境，席勒亦有類似闡明：

感性之善僅能使一人幸福，因為這是以佔有為基礎，這種佔有向來是排他的；這只能使此人得到片面的幸福，因為人格並未參與其中。絕對之善唯有在不預設各種普遍條件下才可使人幸福；因為這只是以否棄來換取真理，且唯有一顆純粹的心靈才相信純粹的意志。唯有美才使全世界幸福，凡體驗美之魔力者，均會忘其侷限。當品鑒掌理一切、美的形象之國自行擴展時，我們便無法忍受特權與獨霸。此一國家向上延伸，以迄於理性憑無條件之必然性來統理一切、所

---

[149] 同上，頁 120。

[150] 同上，頁 121。

有材質均停止活動之處；它向下延伸，以迄於自然衝動憑盲目的逼
迫發揮力量、形式尚未肇端之處。甚至自然衝動在最大的界限上已
失去了立法威力，而品鑒的施行威力卻不容剝奪。[151]

「感性之善」可類比於「悅耳目」之型態，「絕對之善」則可類比於「悅
心意」之型態，而品鑒當可類比於「悅志神」之最高境界。由此觀之，此一
審美國家中人既不耽於感性之善，亦不侷於絕對之善，蓋此兩者均有一偏之
虞。席勒謂美的形象之國無法容忍任何片面之特權與獨霸，換言之，此國以
眾人平等與身心自由為止歸，若非如此，則為專斷與獨裁，人不僅於物質上
遭受壓迫，精神上亦無可避免。李澤厚在談及「悅志神」之階段時，即認為
此一境界係以崇高感受之型態而展現，然此一崇高感在西方卻「表現為對自
然生理的某種壓抑、捨棄、否定甚至摧殘，以透顯其精神性所建的崇高」，故
西方眼中之崇高感「包含著苦痛、慘厲、殘忍、非理性的強力衝突」。而席勒
在批評康德倫理學之「定言令式」過於嚴肅之時，以為唯有美感教育方可化
除此一道德於精神上所產生之壓迫，甚至無人更應懷著愉悅之心情以履行道
德行動：

> 不合社群的慾望必須斷除其私念，舒適之物平時只引誘感官，此時
> 優雅也得將其羅網撒在精神之上。義務，亦即嚴厲的必然性之音聲，
> 也必須變更其譴責的模式，這種模式唯在遇到反抗之時才有其理
> 據，且必須由更高貴的信任來讚揚順服的本性。品鑒將知識從學術
> 底神秘中帶到共識底光天化日之下，眾學派底私產也必須化為全人
> 類社群底公器。在品鑒的領域中，縱然是最有力量的天才也要獻出
> 其無上的尊貴，對赤子之心俯身而就。力量必須讓優美女神所捆縛，
> 傲慢的獅子也必須傾聽愛神底駕馭。[152]

---

[151] *Über die ästhetische Erziehung des Menschen in einer reihe von Briefen*, S. 407. 亦參 NA: 20, S. 411.

[152] 同上，S. 407. 亦參 NA: 20, S. 411-412.

就人之知識領域言之，學術不被少數權威所把持，眾學派之間均能將一己之所見公諸大眾，化私智為公器；就人之道德領域言之，道德實不必以壓制人之感性面為能事已畢，而是可化小我之慾念為公心，使義務與愛好合而為一；就人之品鑒領域言之，天才之稟賦亦非可據為己有，而是必須將其稟賦與世人同享，化個人之才情為公產。就此知、情、意三面觀之，席勒所言，乃是期許人類可將小我向外推擴，以建立「公器」、「公心」與「公產」。席勒於〈快樂頌〉詩中明揭「四海之內皆兄弟」一語，蓋有天下一家、萬邦咸寧之意，而孔子以大同世界為其理想，「人不獨親其親」、「人不獨子其子」，此亦兩家可相互輝映之處。

第五章　餘論

　　筆者於第二章中將席勒之美育思想之規模作一交代，於第三章中比較它與康德倫理學之觀點之差異為何，並同時亦將席勒本人之前後思考歷程鋪敘而出，末後則於第四章中比較席勒與孔子兩人之美育思想可相通之處何在。

　　走筆至此，回顧全文，則筆者尚有兩點可言。其一為翻譯之問題，而此一問題又肇因於席勒本人之行文風格。席勒曾創辦一份名為《季節女神》（*Horen*）的雜誌，而費希特將其所撰文章（題為：〈論哲學之底蘊與形跡〉）投寄此刊，但未獲錄用。費希特深感不滿，遂轉而批評席勒之撰文風格，他表示：席勒此一文風係將學術與詩歌、概念與形象相混用，令人難以索解，此如他於 1795 年 6 月 27 日所言：

> 我了解到我們對普及性的哲學論述所持原則大相逕庭，並非自今日始；讀了您本人的哲學著作，我就認識到這一點。您大多採用分析的方法，走嚴格體系的道路；將推廣的希望寄託在其無數的形象身上，您用形象替代抽象概念的例子幾乎無處不在。……但您的作法卻是全新的，而我在舊人和新人中還不知道有誰能與您相提並論。您把只能自由發揮的想像力束縛起來，想強迫它去思考。它無法做到這一點；我相信，閱讀您的哲學著作時令我、也令人疲憊不堪的吃力的感覺即由此產生。我不得不首先對您的著作進行翻譯，然後才能理解，別人也有同樣的感受。[1]

---

[1]　轉引自席勒著；張玉書選編；張佳珏，張玉書，孫鳳城譯：《席勒文集 VI 理論》（北京：人民文學出版社，2005 年 9 月），頁 309。

　　不過，席勒認為費希特是個「平庸的評判者」。他認為這些攻擊其著作風格的人缺乏和諧感，因為他們堅持要用「赤裸裸、光禿禿」的理智去獲得純粹的認識，因此這些人在閱讀時「自然先要翻譯」，才能理解其文義，他們的行為就像小學生般，「先一個一個地拼讀字母，然後才能閱讀」，並斥責這些人沒有文風感。[2]

　　《美育書簡》的英譯者維金森亦發現此一問題。她於 1959 年所發表的一篇題為〈關於《美育書簡》的語言和結構〉的文章中，便曾表示：在翻譯過程中，她不僅對諸如 gemein（普通的，常見的，通俗的；平凡的，平庸的；共同的，共通的；下流的，卑鄙的；粗魯的，粗俗的，粗野的；十分，非常。）和 bloß（裸露的，無掩飾的，光禿禿的；僅僅，不過；究竟，到底。）這些不起眼的小字的用法頗感不滿，並抱怨在英語「這樣一種眾所周知的與哲學格格不入的語言裡」幾乎找不到相對應的「超驗論詞彙」。維金森發現，席勒將 Natur 一詞「至少用在七個不同的意義上」（自然；天性；自然力；天然；風景，天然風光；稟性；性情氣質；體質，體格；性質，種類；（具有某種性格或氣質的）人；精液；生殖器，陰部），但其語言決非任意使用，而是基於上下文、論證的重要性及書信的整體結構。[3]

　　令人驚訝的是，即使連費希特都必須先經過一道所謂「翻譯」程序，方能理解席勒所欲表達之義為何，毋怪英譯者維金森在譯解席勒之文字時，深覺棘手。筆者在藉由翻譯進而理解的過程中，雖然亦遭遇費希特與維金森所提出之困難，不過，筆者發現，席勒之文字處處飽含意象，字面之義與隱含之義縱橫交錯，且常有一字可觸類引申之情況發生。這種一字兼含歧義、多義之狀況，不禁使筆者認為：席勒之思考模式是否與中文此一象形文字之特徵更貼近？或者說，這是一種近似《周易》一類的「形象思維」？反觀德語及英語此一拼音文字，席勒所欲傳達之思想是否較為不易發揮？甚至常被誤

---

[2] 同上，頁 311。

[3] 同上，頁 312。

解為「模糊」、「不精確」之問題？[4] Volkmann-Schluck 在解讀席勒《美育書簡》中「überflüßig」一字時，便認為此字兼含兩義，一方面為「寬舒」、「不迫」之義，而另一方面為「充實」、「富裕」之義，而此一亟欲以深具意象之方式來呈現某種狀態、意境的字眼，一則「若不足」（wegbleiben; ausbleiben），一則「似有餘」（Reichtum），前者「虛」而後者「實」，彷彿是將兩種矛盾的狀態糅合為一。Volkmann-Schluck 此一解讀方式，似亦與「反者道之動」相接近。張隆溪先生在其〈「反者道之動」：圓、循環與復歸的辯證意義〉一文中表示：

> 宗教和哲學確實都教給我們辯證轉化的智慧，但是我們也許可以說，宗教和哲學是以神祕或抽象的方式教人，但文學不是用晦澀的說教，而是用具體例證傳播類似的思想，文學作品「把普遍觀念與特殊的例子相結合」，由此而展現出「一幅完美的圖畫」。正如菲利普·錫德尼（Philip Sidney）以極為幽雅的語言所說的那樣，詩人「給心靈的力量能夠提供一個形象的地方，哲學家只能做一個冗贅的描述」。[5]

張氏所謂「把普遍觀念與特殊的例子相結合」，亦是席勒「美的文體」所

---

[4] 中文似常有「不精確」之病，但據錢基博先生表示，「我國文字，至今日不過四萬餘，識者以為少，固矣。然此四萬餘字，其中習用者不過三四千字而已。然我人以此三四千字，制為文章，辭無不達，言無不足，而無周轉缺乏之患。此其故何哉？蓋以中國文字，與泰西異，其妙用在能累而成文，故字少而周於用，與夫歐美之一字一義，一物一名者，有間矣。」錢先生謂歐美文字之所以多於中國，在不知「累而成文」，故「字數雖多，徒增其煩擾而已。」他引曾國藩研究文章家用字之法，以為實字有虛用，虛字有實用，此尤歐美人士所不解，故文章家之文字既可虛實互用，文字可不增多，而六書中亦有假借者，一字可表數義，「既省製作之繁，且廣本有之義」。詳參錢基博等著、傅宏星點校：《戊午暑期國文講義匯刊》（桂林：廣西師範大學出版社，2010年），頁 20-22。

[5] 參閱張隆溪著：〈「反者道之動」：圓、循環與復歸的辯證意義〉，收錄於《同工異曲 跨文化閱讀的啟示》（南京：江蘇教育出版社，2006 年），頁 99。

致力追求者。席勒表示,「『美的文體的魔力』之基礎在於『外部的自由與內部的必然性之間的恰到好處的關係』」,它不應節省思考的力氣,或僅僅賦予抽象的概念以美的形式,而是應該通過「突出事物的個性」來發揮想像力,藉此獲得直觀的認識。這種方式,即在通過個別的事例描述一般性的概念,以個體代表種類,解除知性強加給想像力的枷鎖。[6] 席勒在《美育書簡》中並未將自然與理性、物質與精神、內容與形式之對立理解為根本的、必要的,而是它們其理解為「交互影響」(Wechselwirkung)[7],而此一「交互影響」之觀點,是否與中文世界中各種二元命題並不妨礙其統一之觀點更貼近?

其二則為義理溝通之問題。黑格爾認為孔子不過是一位格言家,而《論語》一書亦不過是些日常訓誡,不具哲理思辨之價值。他以「aufheben」一字兼有正反二義為德語之光,認為這是其他語言所未能相及者。錢鍾書先生表示,中文亦有此類「一字多意」之狀況,既可「並行分訓」,亦可「歧出分訓」,並舉《論語‧子罕》「空空如也」之「空」字為例:

> 黑格爾嘗鄙薄吾國語文,以為不宜思辯;又自誇德語能冥契道妙,舉「奧伏赫變」為例,以相反兩意融會於一字,拉丁文中亦無義蘊深富爾許者。其不知漢語,不必責也;無知而掉以輕心,發為高論,又老師巨子之常態慣技,無足怪也;然而遂使東西海之名理同者如南北海之馬牛風,則不得不為承學之士惜之。
>
> 一字多意,粗別為二。一曰並行分訓,如《論語‧子罕》:「空空如也」,「空」可訓虛無,亦可訓誠愨。二曰背出或歧出分訓,如「亂」兼訓「治」,「廢」兼訓「置」……賅眾理而約為一字,並行或歧出之分訓得以同時合訓焉,使不倍者交協、相反者互成。[8]

---

[6] 同註1,《席勒文集 VI 理論》,頁 311-312。

[7] 同上,頁 313。

[8] 參閱錢鍾書:〈一 論易之三名〉《管錐編 第一冊》(北京:三聯書店,2001年),頁 4。

　　錢氏在此反駁了黑格爾之說，不啻證明中文亦有思辯價值。他在後文中亦提及席勒之文章，認為《美育書簡》中即有此一字「同時合訓」、「虛涵二意」之義：

　　席勒《論流麗與莊重》云：「事物變易而不喪失其本來者，唯運行為然」。馮德《心理學》引恆言：「有因斯得果，成果已失因」。歌德深非詩有箋識，以為釋文不啻取原文而代之，箋者所用字一一抵銷作者所用字。此皆祇局於「滅絕」一義也。席勒《美育書札》第七、第一八函等言分裂者歸於合、牴牾者歸於和，以「奧伏赫變」與「合併」、「會通」連用；又謝林《超驗唯心論大系》中，連行皆句，頻見此字，與「解除」並用，以指矛盾之超越、融貫。則均同時合訓，虛涵二意，隱承中世紀神祕家言，而與黑格爾相視莫逆矣。[9]

　　由此觀之，席勒《美育書簡》中所提出之「交互影響」之觀點，便有「使不倍者交協」、「相反者互成」之義。席勒強調形式與材質、精神與物質之間的協調平衡狀態，亦可與儒家美學相呼應，即如陳昭瑛先生所言：

　　孔子說：「禮云禮云，玉帛云乎哉？樂云樂云，鐘鼓云乎哉？」（《論語・陽貨》）即暗示了禮並非只是玉帛等外在形式，樂也不等於鐘鼓之音而已。他說：「人而不仁，如禮何？人而不仁，如樂何？」（《論語・八佾》）可見他企圖以「仁」來充實禮樂的內容。孔子主張形式與內容必須維持平衡，以成一不可分割之整體：「質勝文則野；文勝質則史；文質彬彬，然後君子。」（《論語・雍也》）《論語》還記載「子謂韶：『盡美矣，又盡善也。』謂武『盡美矣，未盡善也。』」（《論語・八佾》）……從孔子的「文質彬彬」、「盡善盡美」，至荀子

---

[9] 錢鍾書：〈一　論易之三名〉《管錐編　第一冊》（北京：三聯書店，2001 年），頁 6-7。

的「稱情而立文」，再到《禮記・樂記》的「情深而文明」，都是從政治、倫理生活中的情文並茂出發，再延伸到音樂；並且都指出內容的深淺好壞影響到形式的藝術效果。[10]

席勒曾撰有一詩題為〈孔夫子的箴言〉，詩中特別彰顯「時間」與「空間」之特點，藉以表達他對孔子之理解。《論語》章節甚多，席勒卻特別著眼於時、空兩者，這亦不禁使人認為他是否深諳《周易》之理？筆者認為，或許這是一個值得繼續追蹤與探討的課題。末後，不妨以歌德在其《西東合集》中的一首小詩作結，以此顯示東西方應不斷追求理解和聯繫的願望：

Wer sich selbt und andre kennt
Wird auch hier erkennen:
Orient und Okzident
Sind nict mehr zu trennen.

自知能知人者
在此就可以明白：
東方和西方
將永不會再分開。[11]

---

[10] 陳昭瑛：《儒家美學與經典詮釋》（臺北市：臺大出版中心，2005 年），頁 29、31。

[11] 張隆溪：〈文化對立批判〉，收錄於《同工異曲 跨文化閱讀的啟示》（南京：江蘇教育出版社，2006 年），頁 21。

參考文獻

一、中文著作

方東美：《原始儒家道家哲學》。臺北：黎明文化事業股份有限公司，1983 年。

───：《生生之德》。臺北：黎明文化事業股份有限公司，1987 年。

───：《中國人生哲學》。臺北：黎明文化事業股份有限公司，1982 年。

王國維原著，佛雛校輯：《王國維哲學美學論文輯佚》。上海：華東師範大學出版社，
　　1993 年。

朱光潛：《朱光潛全集》。安徽教育出版社，1996 年。

───：《西方美學史 上卷》。臺北：漢京出版社，1982 年。

江文也著、楊儒賓譯：《孔子的樂論》。上海：華東師範大學出版社，2007 年。

牟宗三：《圓善論》。臺北：學生書局，85 年 4 月。

何金俐譯、郝大維、安樂哲著：《通過孔子而思》。北京：北京大學出版社，2005 年。

宗白華：《宗白華全集》。安徽：安徽教育出版社，1996 年。

吳　宓：《吳宓詩話》。北京：商務印書館，2005 年。

梁漱溟：《梁漱溟全集》。山東：山東人民出版社，2001 年。

李澤厚：《實用理性與樂感文化》。北京：三聯書店，2005 年。

───：《論語今讀》。天津：天津社會科學院出版社，2007 年。

───：《中國古代思想史論》。臺北市：三民書局，民 89 年。

李明輝：《儒家與康德》。臺北：聯經出版社，1990 年。

───：《儒學與現代意識》。臺北：文津出版社，1991 年。

───：《康德倫理學與孟子道德思考之重建》。臺北：中央研究院中國文哲研究所，
　　2004 年。

───：《當代儒學的自我轉化》。北京：中國社會科學出版社，2001 年。

———：《四端與七情——關於道德情感的比較哲學研究》。臺北：臺大出版中心，2005年。

———：《儒家視野下的政治思想》。臺北：臺大出版中心，2005年。

李源澄：《李源澄儒學論集》。成都：四川大學出版社，2010年。

———：《諸子概論》。上海：華東師範大學出版社，2009年。

余匡復：《德國文學史 上冊》。臺北：志一出版社，1996年。

佛雛著：《王國維哲學譯稿研究》。北京：社會科學文獻出版社，2006年。

林欣白：《席勒生平及其代表作》。臺北：五洲出版社，1976年。

倪梁康：《心的秩序：一種現象學心學研究的可能性》。南京：江蘇人民出版社，
　　　2010年。

———：《現象學與中國文化 第五輯》。上海：上海譯文出版社，2003年。

佛雛：《王國維詩學研究》。北京：北京大學出版社，1999年。

朱熹集注：《四書集注》論語卷四。臺北：漢京文化事業有限公司，1987年。

徐復觀：《中國人之藝術精神》。上海：華東師範大學出版社，2001年。

席勒‧弗里德里希、馮至（譯）：《審美教育書簡 附：論崇高》。上海：上海人民出版
　　社，2003年。

席勒文集 I－VI。北京：人民文學出版社，2005年。

唐君毅：《道德自我之建立》。臺北：臺灣學生書局。

———：《唐君毅全集卷一之一 人生之體驗》。臺北：臺灣學生書局，民74。

———：《唐君毅全集卷二之一 心物與人生》。臺北：臺灣學生書局，民78。

———：《唐君毅全集卷五 人文精神之重建》。臺北：臺灣學生書局，2000年。

程兆熊：《美學與美化》。臺北：明文書局，民76。

陳昭瑛：《儒家美學與經典詮釋》。臺北市：臺大出版中心，2005年。

———：〈知音、知樂與知政——儒家音樂美學中的「體知」概念〉。臺灣東亞文明研
　　究學刊，第3卷第2期，2006年，頁41-60。

陳大齊：《孔子言論貫通集》。臺北市：臺灣商務印書館。民76年。

馬一浮：《泰和宜山會語》。瀋陽：遼寧教育出版社，1998年。

蔡元培著、聞笛‧水如編：《蔡元培美學文選》。臺北：淑馨出版社，1989年。

康德著、李明輝（譯）：《道德底形上學之基礎》。臺北：聯經出版社，2003年。

康德著、李明輝（譯）：《康德歷史哲學論文集》。臺北：聯經出版社，2002年。

康德著、鄧曉芒（譯）：《實踐理性批判》。北京：人民出版社，2003年。

康德著、牟宗三譯：《康德：判斷力之批判 上冊》。臺北：臺灣學生書局，2000 年再版。

康德著、鄧曉芒譯：《判斷力批判》。北京：人民出版社，2004 年再版。

張世英：《境界與文化 成人之道》。北京：人民出版社，2007 年。

張玉能譯：《席勒散文選》。天津：百花文藝出版社，1997 年。

張黎選編：《席勒精選集》。濟南：山東文藝出版社，1998 年。

張威廉主編：《德語文學辭典‧Lexikon der deutschen Literatur》。上海：上海辭書出版社，1991 年。

張隆溪：《同工異曲 跨文化閱讀的啟示》。南京：江蘇教育出版社，2006 年。

張祥龍：《海德格爾思想與中國天道》。北京：三聯書店，2007 年。

───：《孔子的現象學闡釋九講—— 禮樂人生與哲理》。上海：華東師範大學出版社，2008 年。

黑格爾著、朱光潛（譯）：《美學 第三卷》。北京：商務印書館，1997 年。

葉雋：《史詩氣象與自由徬徨 席勒戲劇的思想史意義》。上海：同濟大學出版社，2007 年。

黎東方：《孔子》。北京：中國工人出版社，2010 年。

劉綱紀：《周易美學》。武漢：武漢大學出版社，2006 年。

劉森堯譯、尤瑟夫‧皮柏著：《閒暇 文化的基礎》。臺北縣新店市：立緒文化，民 92 年。

劉義生：《論語表解》。臺北：中華叢書編審委員會，民 57 年。

黃振華：《康德道德哲學原理之分析》，收錄於《臺大文史哲學報》第 10 期（民國 56 年 8 月）

彭國翔、張華譯，赫伯特‧芬格萊特著：《孔子：即凡而聖》。南京：江蘇人民出版社，2002 年。

楊祖漢：《儒學與康德的道德哲學》。臺北：文津出版社，1987 年 3 月。

楊深坑：〈美育在後現代社會中的人格陶冶功能〉，收錄於《教育資料與研究》（第 88 期，2009/06）。

錢鍾書：《管錐篇》。北京：中華書局，1999 年第二版第七次印刷。

───：《談藝錄》。北京：三聯書店，2004 年。

───：《七綴集》。北京：三聯書店，2004 年。

錢基博等著、傅宏星點校：《戊午暑期國文講義匯刊》。桂林：廣西師範大學出版社，2010 年。

錢穆：《論語新解》。北京：三聯書店，2002 年。

嚴靈峰：《易簡原理與辯證法》。臺北市：正中書局，民 55 年。

二、西文著作

Alt, Peter-André: *Schiller: Leben-Werk-Zeit, Eine Biographie.* Beck: Munich, 2000. 2 vols.

Appelmann Anton, Hermann: *Der Unterschied in der Auffassung der Ethik bei Schiller und Kant.*

Beiser, Friedrick: *Schiller as Philosopher* A Re-Examination. Oxford : Oxford Uni- versity Press. 2005.

Borchmeyer, Dieter: *Tragödie und Öffentlichkeit: Schillers Dramaturgie.* Munich: Fink, 1973.

Burschell, Friedrich: *Schiller.* Hamburg: Rowohlt, 1968.

Cassirer, Ernst: "Schiller—Freiheitsproblem und Formproblem in der klassischen Äs- thetik", in *Freiheit und Form.* Berlin: Cassirer, 1916.

Carlyle, Thomas: *Life of Friedrich Schiller.* London: Chapman & Hall, 1873. Re- printed: Columbia S.C.: Camden House, 1992.

Curran, V. Jane and Fricker, Christophe(etd.): *Schiller's "On grace and dignity" in its cultural context: essays and a new translation.* First published by Camden House. 2005.

Düsing, Wolfgang: "Ästhetische Form als Darstellung der Subjektivität: Zur Rezep- tion Kantischer Begriffe in Schillers Ästhetik", in *Friedrich Schiller: Zur Ge- schichtlichkeit seines Werkes*, ed. Klaus Berghahn. Kronberg: Scriptor, 1975.

Feger, Hans: *Friedrich Schiller. Die Realität des Idealisten.* Universitätverlag Winter GmbH Heidelberg, 2007.

Frühwald, Wolfgang: Die Auseinandersetzung um Schillers Gedicht "Die Götter Griechenlands", *Jahrbuch der deutschen Schillergesellschaft* 15 (1969)

Heuer, Fritz: "Zu Schillers Plan einer transzendentalphilosophischen Analytik des Schönen", *Philosophisches Jahrbuch* 80 (1975).

Henrich, Dieter: "Der Begriff der Schönheit in Schillers Ästhetik", *Zeitschrift für philosophische Forschung* 11 (1957).

Hinderer, Walter: *Von der Idee des Menschen. Über Friedrich Schiller*. Würzburg: Königshausen & Neumann, 1998.

————: *Friedrich Schiller und der Weg in die Moderne*. Verlag Königshausen & Neumann GmbH, Würzburg 2006.

Janke, Wolfgang: "Die Zeit in der Zeit Aufheben. Der transzendentale Weg in Schil- lers Philosophie der Schönheit", *Kant-Studien* 58 (1967).

Koepke, Ewald: *Goethe, Schiller und die Anthroposophie. Das Geheimnis der Ergän- zung*. Verlg Freies Geistesleben & Urachhaus GmbH, Stuttgart. 2002.

Koopmann, Helmut(etd.): *Schiller-Handbuch*. Stuttgart: Kröner, 1998.

Kommerell, Max: *Geist und Buchstabe der Dichtung. Goethe Schiller Kleist Hölderlin*. Vittorio Klostermann Frankfurt am Main. 1991.

Knobloch, Hans-Jörg u. Koopmann, Helmut(hrsg.): *Schiller heute*. Tübingen: Stauffenburg-Verl, 1996.

Martinson D., Steven(etd.): *A Companion to the Works of Friedrich Schiller*. First published by Camden House. 2005.

Murray T., Patrick: *The development of german aesthetic theory from Kant to Schiller*. The Edwin Mellen Press Lewiton/Queenston/Lampeter. 1994.

Oberlin, Gerhard: *Goethe, Schiller und das Unbewusste. Eine Literaturpsycho- logische Studie*. Psychosozial-Verlag. 2007.

Oellers, Norbert: *Friedrich Schiller*. Frankfurt: Insel, 1996.

———（hrsg.）: *Gedicht von Friedrich Schiller*. Philipp Reclam jun. GmbH & Co., Stuttgart.

Pott, Hans-Georg: *Die schöne Freiheit: Eine Interpretation zu Schillers Schrift Über die ästhetische Erziehung des Menschen in einer Reihe von Briefen*. Munich: Fink, 1980. Theorie und Geschichte der Literatur und der schönen Künste, Band 56.

Reiner, Hans: *Pflicht und Neigung*. Meisenheim am Glan: Hain, 1951, translated as *Duty and Inclination*. The Hague: Nijhoff, 1983. Trans. Mark Santos.

Riedel, Wolfgang: *Die Anthropologie des jungen Schiller*. Würzburg: Königshausen und Neumann, 1985. Würzburger Wissenschaftliche Schriften, Band XVII.

Sharpe, Lesley: *Friedrich Schiller Drama, Thought and Politics*. Cambridge university press, 1991.

Schiller, Friedrich: *Schiller Sämtliche Werke, Philosophische Schriften*. Berlin: Aufbau Verlag, 2005.

──────: On the Aesthetic Education of Man, in a series of letters (Oxford, Clarendon P., 1967). On the Aesthetic Education of Man, in a Series of Letters, edit. Elizabeth M. Wilkinson & L. A. Willough (Oxford University Press, 1982).

Schneider M., Sabine: *Die schwierige Sprache des Schönen. Moritz und Schillers Semiotik der Sinnlichkeit*. Könighausen & Neumann. 1998.

Staskova, Alice: *Friedrich Schiller und Europa. Ästhetik, Politik, Geschichte*. Hrsg. von Universitätverlag Winter GmbH Heidelberg, 2007.

Ueding, Gert: Schillers Rhetorik: *Idealistische Wirkungsästhetik und rhetorische Tradition*. Tübingen: Niemeyer, 1971.

Wiese, Benno von: *Friedrich Schiller*. Stuttgart: Metzler, 1959.

國家圖書館出版品預行編目(CIP) 資料

席勒與孔子的美育思想探析：由席勒對康德的批
　判談起 / 李宗澤著. -- 初版. -- 臺北市：元華文
　創，民106.08
　　　面；　公分

　ISBN 978-986-393-923-8(平裝)

　1.哲學　2.美育　3.文集

107　　　　　　　　　　　　　106013086

席勒與孔子的美育思想探析
──由席勒對康德的批判談起

李宗澤　著

發 行 人：陳文鋒
出 版 者：元華文創股份有限公司
聯絡地址：100 臺北市中正區重慶南路二段 51 號 5 樓
電　　話：(02) 2351-1607
傳　　真：(02) 2351-1549
網　　址：www.eculture.com.tw
E - m a i l：service@eculture.com.tw
出版年月：2017（民 106）年 8 月 初版
定　　價：新臺幣 450 元

ISBN：978-986-393-923-8(平裝)

總 經 銷：易可數位行銷股份有限公司
地　　址：231 新北市新店區寶橋路 235 巷 6 弄 3 號 5 樓
電　　話：(02) 8911-0825　傳　　真：(02) 8911-0801